KB203324

9급 계리직 **시험대비**

박문각
공무원

기 본 서

합격까지 함께
계리직 만점 기본서

표와 그림으로 효과적인 이론 학습

20개의 토픽으로 이론 완벽 정리

토픽별 확인문제로 실전대비

서호성 편저

서호성 계리직
보험일반

동영상 강의 www.pmg.co.kr

박문각

서호성 계리직
보험일반

이 책의 머리말

안녕하세요. 경제 & 금융 전문 서호성입니다.
박문각에서 계리직 예금, 보험 과목을 담당하게 되었습니다.
계리직 보험과목을 가르치는 저의 생각은 두 가지로 말씀드릴 수 있습니다.

첫째, "보험과목은 이론이기 이전에 우리가 삶에서 가져야 할 소양이다."

계리직 보험과목을 깊이 있는 이론으로 접근하면 매우 어렵습니다. 그러나 생각을 조금만 바꾸면 계리직 공무원이 되기 이전에 해당 과목은 우리의 삶을 경제적으로 윤택하게 하는 데 매우 필요한 기본소양입니다. 따라서 해당 학습의 필요성을 스스로 느끼게 된다면 즐겁게 공부할 수 있는 과목입니다. 저도 여러분이 충분히 이해할 수 있도록 다양한 사례를 통해 이해시켜 드리겠습니다.

둘째, "모두 아는 것이 중요한 것이 아니라 시험에 나오는 것을 아는 것이 중요하다."

수험생들이 객관식 시험을 준비하면서 다양한 내용을 읽어본 것을 중시하는 분들을 많이 보았습니다. 단언컨대 시험에 나오는 내용은 정해져 있습니다. 수업과 교재를 통해 시험에 나오는 것들을 중심으로 기본개념에서 고난이도까지 단계별 학습을 통해 고득점을 확보해 드리겠습니다.

이 두 가지 목표에 도달하기 위해 계리직 보험 경제학 교재를 집필하게 되었습니다. 이 교재의 특징은 다음과 같습니다.

1. 모든 이론을 표로 정리

모든 기본이론을 표로 수록하였습니다. 시험에 나오는 주제별로 정리하였으므로 주제별 구분을 통해 집중된 학습이 가능하게 되도록 하였습니다.

2. 기출문제와 예상문제를 토픽별로 수록하였습니다.

주제별 설명 이후에 해당 문제가 어떻게 나오는가를 보여드리기 위해서 기출문제와 엄선된 예상문제를 수록하였습니다.

가르치는 사람으로서 가장 행복한 순간은 수험생 여러분들이 스스로 어렵다고 생각했던 보험과목이 함께 학습하면서 해볼 만한 재미있는 과목이라는 표정이 얼굴에서 드러날 때입니다. 저와 여러분들이 함께 노력한다면 계리직 보험은 여러분의 통과점에 지나지 않을 것이라고 단언하여 말씀드리겠습니다.

이 책을 출간하면서 많은 도움을 주신 박문각 출판사 관계자분들과 계리직 교수님들께 진심으로 감사 드립니다.

오늘도 하루하루 열심히 준비하시는 여러분들을 마음속으로 언제나 응원하겠습니다.

연구실에서 서호성

CONTENTS

이 책의 **차례**

서호성 계리직 보험일반 ✦

Part

01

보험개론

Chapter 01 보험일반이론

TOPIC 01 위험관리와 보험, 보험의 기능과 종류

❶ 보험의 정의

정의	① 보험이란 피보험자(보험대상자)가 불의의 사고를 당했을 경우 ② 보험회사가 그 손실에 상응하는 금전적 보상을 한다는 계약을 통해 ③ 보험회사에게 전가된 피보험자(보험대상자) 위험의 집합체이다.

❷ 보험의 특성

예상치 못한 손실의 집단화	① 손실의 집단화 : 손실을 한데 모아 개별위험을 집단의 위험으로 전환함으로써 개인이 부담해야 할 실제 손실을 위험 그룹의 평균손실로 대체하는 것 **예** 주택가격이 1억 원인 주택이 1만 가구가 있고 1년 동안 평균 10건의 화재가 발생한다면 1년간 총손실은 10억 원으로 볼 수 있음. 보험이 없을 경우 1만 가구 중 10가구는 불확실한 1억 원의 손실을 각각 부담해야 하지만, 보험이 있음으로써 가구당 손실은 1년간 10만 원으로 확정됨 ② 보험을 통해 불확실한 손실을 확정손실로 전환 ③ 손실을 개인으로부터 그룹 전체의 손실로 분산 ④ 손실을 집단화할 때 주의해야 할 점 : 발생 빈도와 평균손실의 규모 면에서 동종의 손실이거나 그와 비슷한 것이어야 함 ⑤ 다른 특성을 가진 손실을 집단화하게 되면 보험료 책정이나 보상 등에 동일한 기준을 적용하는 과정에서 많은 문제가 발생하게 됨
위험의 분산	① 개별적으로 감당하기 힘든 손실 위험을 집단화하여 서로 분담(risk sharing)하는 것은 손실로부터의 회복을 보다 용이하게 해줌 ② 이러한 상호부조적 관계는 당사자 간의 자율적 시장거래를 통하여 달성된다는 특징을 가짐
위험의 전가	① 보험은 형태상으로 계약에 의한 위험의 전가로 볼 수 있음 ② 손실의 빈도는 적으나, 손실의 규모가 커서 스스로 부담하기 어려운 위험을 보험회사에 보험료 납부를 통해 전가함으로써 개인이나 기업이 위험에 대해 보다 효과적으로 대응할 수 있게 해주는 사회적 장치임

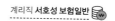

실제 손실에 대한 보상 (실손보상의 원리)	① 계약상의 보험금 지급 사유 발생 시, 보험사가 보상하는 것은 실제로 발생한 손실을 원상회복하거나 교체할 수 있는 금액으로 한정하기 때문에 이론적으로 보험보상을 통해 이익을 보는 경우는 없음 ② 다만, 손실금액을 확정할 수 없는 손실(신체적 손해, 미술품의 파손 등)이 발생할 경우에는 보험계약 시 사전에 결정한 금액을 보상할 수 있음 ③ 이와 같이 보상을 실제 손실 또는 현금 가치로 한정함으로써 보험에 수반되는 도덕적 해이를 줄일 수 있음 ④ 실손보상의 원리는 보험으로 보상을 받기 위해서는 손실을 화폐가치로 환산할 수 있어야 함을 의미하기 때문에 정서적 가치 훼손, 정신적 괴로움과 같은 경우 대체적으로 보험을 통해 보호받을 수 없음
대수의 법칙 적용	① 대수의 법칙은 표본이 클수록 결과가 점점 예측된 확률에 가까워진다는 통계학적인 정리로 보험회사가 위험을 예측할 수 있는 이유가 여기에 있음 예 동전을 던져 앞면이 나올 확률은 50%이지만 4번을 던질 경우 정확하게 앞면이 두 번 나오기는 힘듦. 하지만 1만 번을 던질 경우 앞면이 나오는 경우가 50%에 극히 가까워지게 됨 ② 이와 같이 표본의 수를 늘리거나 실험횟수를 많이 거칠수록 결과는 예측치에 가까워지며 보험사는 이러한 논리로 동질의 위험에 대한 다수의 보험계약자를 확보함으로써 손실의 예측능력을 확보할 수 있음

❸ 위험의 구분

순수위험·투기적 위험	① 사건 발생에 연동되는 결과에 따라: 순수위험과 투기적 위험으로 분류 ② 순수위험: 조기 사망, 화재, 자연재해, 교통사고 등과 같이 사건의 발생 결과 손실만 발생하는 위험(Loss Only Risk) → 순수위험은 손실이 발생하거나 발생하지 않는 불확실성이며, 사건 발생이 곧 손실의 발생이므로 이익이 발생하지 않음 ③ 투기적 위험: 주식투자, 복권, 도박 등과 같이 경우에 따라 이익 또는 손실이 발생할 수 있는 위험 → 원칙적으로 보험상품의 대상이 되는 위험은 순수위험에 국한됨
정태적 위험·동태적 위험	① 위험의 발생상황에 따라: 정태적 위험(개인적 위험)과 동태적 위험(사회적 위험) ② 정태적 위험: 시간에 따른 사회·경제적 변화와 관계없이 발생할 수 있는 위험 예 자연재해, 인적원인에 의한 화재·상해 등, 그리고 고의적인 사기·방화 등 → 정태적 위험은 손실만을 발생시키는 순수위험적 성격을 가지고 있으며, 사회적인 것이 아닌 개인적인 위험으로 개별적 사건 발생은 우연적·불규칙적이나, 집단적으로 관찰 시 일정한 확률을 가지기 때문에 예측이 가능하여 대부분 보험의 대상이 됨 ③ 동태적 위험: 시간 경과에 따른 사회·경제적 변화와 관계가 있는 위험 예 산업구조 변화, 물가변동, 생활양식 변화, 소비자 기호변화, 정치적 요인 등 → 동태적 위험은 사회적인 특정 징후로 예측이 가능한 면도 있으나, 위험의 영향이 광범위하며 발생 확률을 통계적으로 측정하기 어려움. 또한, 동태적 위험은 정태적

정태적 위험 · 동태적 위험	위험과 달리 경제적 손실을 발생시킬 가능성과 동시에 이익을 창출할 기회, 사업기회 등을 제공함으로써 손실 혹은 이익을 초래하는 불확실성으로 투기적 위험과 함께 보험의 대상이 되기 어려운 특성을 가짐

❹ 보험의 대상이 되는 불확실성(위험)의 조건

다수의 동질적 위험 단위	① 건물 화재, 자동차 접촉사고 등과 같이 유사한 속성(발생 빈도 및 손실 규모)의 위험이 발생의 연관이 없이 독립적으로 다수 존재해야 함 ② 대수의 법칙을 적용하여 손실을 예측할 수 있고 보험료를 계산할 수 있어야 함
우연적이고 고의성 없는 위험	손실사고 발생이 인위적이거나 의도가 개입되지 않으며 미리 예측할 수 없이 무작위로 발생하는 손실이어야 함
한정적 측정가능 손실	① 피해의 발생원인, 발생 시점, 장소, 피해의 정도가 명확히 식별 가능하고 손실 금액을 측정할 수 있어야 함 ② 이를 위해서는 객관적 자료 수집과 처리를 통해 정확한 보험금 지급 및 적정 보험료 산정이 가능해야 한함
측정 가능한 손실확률	적정 보험료 및 준비금 산정을 위해 손실사건 발생 확률을 추정할 수 있는 위험이어야 함
비재난적 손실	① 보험회사 혹은 인수집단의 능력으로 보상이 가능한 규모의 손실이어야 함. 다만, 위험분산기법 발달, 보험사의 대규모화 등으로 전가 가능 위험의 범위가 확대되는 추세임 ② 재난적 손실의 예시: 천재지변, 전쟁, 대량실업 등
경제적으로 부담 가능한 보험료 수준	위험에 따른 보험료가 매우 높게 산정되어 가입자가 경제적으로 부담이 불가능한 경우 시장성이 없어 계약이 거래되지 않음

❺ 보험의 긍정적 기능

사회보장제도 보완	① 정부 차원에서 사회보장제도를 확충하고 있으나, 그 수준이 국민 평균적인 기대에 미치지 못하고 있는 상황임 ◎ **사회보장제도** • 사회보험: 국민의 경제적 생활을 보장하기 위해 생활에 위협을 가져오는 사고가 발생할 경우 보험의 원리를 응용해 생활을 보장하고자 하는 사회보장 정책 　예 국민건강보험(장기요양보험), 국민연금, 산재보험, 고용보험 등 4대 보험 • 공공부조: 국가 및 지방자치단체의 비용부담으로 생활 유지능력이 없거나 생활이 어려운 국민에게 최저생활을 보장하고 자립을 촉진하는 경제적 보호제도 　예 기초생활 보장(생계급여, 주거급여, 의료급여, 교육급여, 해산급여, 장제급여, 자활급여)

사회보장제도 보완	• 사회서비스 : '삶의 질' 향상을 위해 사회적으로 꼭 필요하지만, 저수익성으로 민간 참여가 부진하기 때문에 정부·지자체 등이 함께 제공하는 복지서비스 **예** 노인복지, 장애인복지, 아동복지, 건강복지 ② 3층 보장론 : 사회보장제도를 보완하는 방안으로 정부가 최저수준의 국민 생활을 보장해주는 사회보장, 기업이 종업원의 퇴직 후 생활을 보장해주기 위한 기업보장, 그리고 각 개인별 노후를 준비하는 개인 보장의 3대 보장 축 조화에 기반한 복지사회 구현 **예** 정부로부터 수령하는 국민연금, 기업체로부터 수령하는 퇴직금·퇴직연금, 그리고 개인적으로 준비하는 개인연금보험 등 ③ 3층 보장론의 측면에서 볼 때 정부의 사회보험과 민영보험은 상호보완적이면서도 경쟁 관계라는 양면성을 가짐
손해 감소 동기부여	① 보험은 특정 우발적 사고 발생 시 손해를 보상해 주는 것을 목적으로 하며, 사고 발생 자체를 예방 또는 진압하는 것을 목적으로 하지는 않음 ② 하지만 보험회사는 사고 발생에 따른 보상책임 부담을 줄이기 위해 직·간접적인 노력을 하고 있음 **예** 화재보험의 경우 면책제도, 보험료 할인제도 등을 통해 보험가입자의 소방설비 설치 등 사고 예방 노력에 대한 동기를 부여하며, 각종 사고 예방 선전·캠페인 등을 진행하기도 함
기업의 자본 효율성 향상	① 기업은 보험이 없을 경우 우발적 사고에 대비하기 위한 거액의 자금을 준비금으로 적립해야 함 ② 하지만 보험을 이용할 경우 소액의 자본(보험료)을 사용해 사전에 손실을 확정하고 안정적으로 기업을 존속할 수 있어 기업의 자본 효율성을 제고할 수 있음
국가 경제 발전에 기여	① 금융기능 담당 보험사는 향후 보험금 지급을 위해 계약자가 납입한 보험료를 적립하고 이를 효율적으로 운영하여 이익금이 발생할 경우 주주·계약자에 대한 배당을 실시하기도 함 → 보험회사는 보험의 보장기능 외에도 금융기능을 일부 담당하고 있음 ② 국가경제발전에 기여 생명보험의 경우 대부분 장기간에 걸친 계약이기 때문에 자산을 장기적, 그리고 안정적으로 운용할 수 있는 있음 → 국가 기간산업 등에 적립금을 투자함으로써 국가 경제발전에 기여함 ③ 국가 재정부담기능 수행 화재·질병·사망 등 우발적 사고로 국민의 생활이 위협받게 되면 사회 불안이 급증하고 국가는 이들의 생활을 보호하기 위해 재정부담이 확대될 수밖에 없음 → 보험이 존재함으로써 이러한 우발적 사고에 대한 손해를 보험회사가 보상하기 때문에 국가 재정부담의 기능도 수행한다고 볼 수 있음

01

❻ 보험의 부정적 영향

보험회사 측면	① 사행성 보험계약 가능성 　보험회사는 계약자 확대, 보험료 과대계상 등을 통한 이익추구를 위해 피보험 목적물 가액을 과대하게 평가하여 피보험자(보험대상자)의 사행성을 자극하여 도박과 같은 보험계약을 유발시킬 수 있음 ② 보험적립금의 자의적 운용 　또한, 보험업의 운용이 복잡함을 악용하여 보험금 지급을 위한 책임준비금을 적립하는 대신 자금을 부당하게 사용함으로써 피보험자에게 손해를 끼치고 사회에 악영향을 줄 수도 있음
보험가입자 측면	보험 가입 이후 보험사고 발생 시 피보험자는 보험회사로부터 보험금을 지급받게 되며 이에 따라 보험가입자들은 우발적 위험에 대비한 저축을 하거나, 사고 발생을 예방하기 위한 노력을 기울이지 않을 수 있음. 또한, 보험금을 사취하기 위한 방화 등 고의적 사고를 일으키거나, 사건 발생을 가장·위증하는 등 사회질서를 해치는 행위를 유발시킬 수 있음

❼ 보험의 종류

보험의 상법상 분류	① 손해보험: 보험사고로 인하여 발생할 피보험자의 재산상의 손해에 대하여 보험자가 그 손해를 보상 ② 인보험: 피보험자의 생명이나 신체를 위협하는 사고가 발생한 경우 보험자가 일정한 금액 또는 기타의 급여를 지급 ③ 보험의 상법상 분류 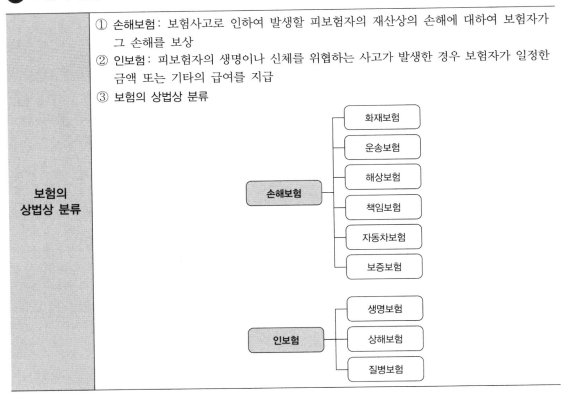

손해보험	① 화재보험 : 화재나 번개로 인하여 재산상의 손해가 발생할 경우 보험증권에 의해 사전에 약정된 보험금을 지급(상품에 따라 태풍, 도난 등과 같은 손인들 및 소화 활동을 할 때 발생한 피해 및 피난지에서의 피난 손해도 보상 포함) ② 운송보험 : 육상운송의 목적인 운송물에 대하여 그 운송에 관한 사고로 인하여 생길 손해의 보상을 목적으로 하는 보험(운송보험의 목적은 운송물으로, 운송에 이용되는 용구 자체나 승객은 운송보험에서 담보되는 보험의 목적은 아님) ③ 해상보험 : 항해에 따르는 사고로 인해 발생할 수 있는 많은 종류의 위험을 종합적으로 담보하고, 보험사고 발생 시 보험증권에 의해 약정된 보험금을 지급 ④ 책임보험 : 피보험자가 보험기간 중의 사고로 인하여 제3자에게 배상할 책임을 질 경우에 보험자가 이로 인한 손해를 보상할 것을 목적으로 하는 보험 ⑤ 자동차보험 : 계약자가 자동차를 소유, 운행, 관리하는 동안 발생하는 각종 사고로 인해 생기는 피해에 대한 보험금을 지급 ⑥ 보증보험 : 각종 거래에서 발생하는 신용위험을 감소시키기 위해 보험의 형식으로 하는 보증제도로서 보증보험회사가 일정한 대가(보험료)를 받고 계약상의 채무이행 또는 법령상의 의무이행을 보증하는 특수한 형태의 보험
인보험	① 생명보험 : 계약자의 사망 또는 일정 연령까지 생존 시 약정한 보험금을 지급하는 보험으로 노후의 생활비, 사망 후 유가족의 생활보호를 위한 자금 등을 마련하기 위해 이용하며, 보험금 지급 사유에 따라 보험기간 중 계약자가 장해 또는 사망 시 보험금을 지급하는 사망보험, 계약자가 보험기간 종료일까지 생존하는 경우에만 지급하는 생존보험, 생존보험의 저축기능과 사망보험의 보장기능을 절충한 생사혼합보험으로 세분화할 수 있음 ② 상해보험 : 계약자가 우발적 사고로 신체에 상해를 입은 경우 보험금액 및 기타의 급여를 지급하는 보험으로 보험사고 발생으로 인한 상해의 정도에 따라 일정한 보험금을 지급하는 정액보험인 경우와 비 정액보험인 경우가 있음 ③ 질병보험 : 보험자가 피보험자의 질병에 관한 보험사고가 발생할 경우 보험금이나 그 밖의 급여를 지급할 것을 약정한 보험으로 그 성질에 반하지 아니하는 범위에서 생명보험 및 상해보험에 관한 규정을 준용

⑧ 생명보험의 역사

고대시대	① 기원전 3세기경의 에라노이(Eranoi) : 집단 구성원이 사망하거나 어려운 일이 생길 때를 대비하여 서로 도움을 주는 종교적 공제단체 ② 로마 제정시대의 콜레기아(Collegia Tenuiorum) : 콜레기아는 사회적 약자나 소외계층 등 하층민들이 서로 돕기 위해 조직했던 상호부조조합으로 구성원이 낸 회비를 추후에 구성원의 사망 장례금, 유가족 지원금 등으로 지급하거나 예배 등 종교활동에 필요한 비용으로 사용함
중세시대	① 13~14세기경 독일에서 발달한 길드(Guild) : 교역의 발달에서 파생된 상호구제제도 ② 길드는 해상교역 중에 발생하는 선박이나 화물의 손해를 공동으로 부담하고 구성원의 사망, 화재, 도난 등의 재해도 구제해 줌

중세시대	③ 길드의 상호구제 기능은 그 필요성에 따라 전문화되고 자본주의 성립과 함께 영국의 우애조합(Friendly Society), 독일의 구제금고(Hilfskasse) 등의 형태로 발전하였으며, 이 시기에 생명보험·화재보험의 초기형태가 나타나게 됨
근대시대	① **톤틴연금(17세기 말 루이 14세)**: 톤틴연금은 대중의 출자로 대량의 자금을 만드는 방법으로 출자자를 연령별 그룹으로 구분하고 그룹별로 결정된 일정 금액을 매년 국가에 납부하고 이를 그룹의 생존자 간에 분배하는 일종의 종신연금과 같은 제도 최초로 사망률, 이자 계산방법 등 근대식 수리기법이 적용된 제도로 이후 근대적 생명보험 발달에 크게 기여하는 역할을 하였던 톤틴연금은 타인의 죽음을 기뻐하는 도덕적 폐단과 국고 부담 과중으로 루이 15세에 의해 1763년 폐지됨 ② 1787년 제국보험회사(Compaie Royale d'Assurance)가 설립 ③ **에쿼터블 생명보험회사(1762년 영국)**: 에쿼터블 생명보험은 최초로 수학적으로 예측한 인간의 예상 수명을 보험에 적용하였고 이에 따라 적절한 보험료를 산출하는 체계화된 시스템과 해약환급금, 신체검사, 가입금액 한도, 배당 등 오늘날 생명보험 운영의 토대가 되는 각종 근대적인 제도를 도입함 ④ 독일에서는 자본주의 경제가 성숙함에 따라 1828년 고타(Gotha) 생명보험회사가 설립 ⑤ 미국은 1812년 펜실베니아생명보험회사 설립 이후 메사추세츠생명, 뉴욕생명, 뉴잉글랜드생명 등이 설립되면서 본격적으로 생명보험이 보급됨

❾ 우리나라 생명보험의 역사

상호부조 제도 (계와 보)	① 계: 삼한 시대부터 시작되었던 '계(契)'는 공통된 이해를 가진 사람들 간의 상호협동조직이었다. 처음에는 '상호부조'라는 목적으로 시작되었으나, 조선 시대에 와서는 친목 도모, 관혼상제 공동부담 등 다양한 계가 등장하게 되며 지금까지도 목돈 마련을 위해 대중적으로 활용되는 수단이기도 함 ② 보: 신라 시대 불교의 '삼보'에서 비롯된 '보(寶)'는 일종의 재단 성격을 가지고 있었으며, 특정 공공사업을 수행할 목적으로 일정한 기본자산을 마련한 뒤 그 기금을 대출해 생기는 이자로 경비를 충당하거나, 자선에 활용하는 제도였음 이후 고려 시대에 국가의 공공목적 수행을 위한 재원의 확보책으로 많이 활용되었으나, 시간이 지날수록 고리대(高利貸)의 성격이 짙어져 사회 문제를 일으키기도 하였음
근대적 생명보험	① 1891년 일본의 데이코쿠 생명이 부산에 대리점을 내며 쿄사이생명, 니혼생명, 치요타 생명 등이 인천·목포 등 항구도시를 중심으로 대리점을 개설 ② 우리나라 **최초의 생명보험사**: 1921년 한상룡씨가 설립한 '조선생명보험주식회사'임 ③ 1922년 최초의 손해보험회사인 '조선화재해상보험주식회사'가 설립됨 ④ 1940년대부터 50년대 말에는 대한생명, 협동생명, 고려생명, 흥국생명, 제일생명(현 알리안츠), 동방생명(현 삼성생명), 대한교육보험(현 교보생명) 등이 설립됨 ⑤ 1960년대 정부의 경제개발계획이 추진되면서 생명보험회사가 국민저축기관으로 지정 ⑥ 1970년대 경제성장과 함께 보험산업도 발전하면서 시장도 개인보험 위주로 전환됨 ⑦ 1980년대 경제 고속성장 및 가계소득 증가로 생명보험산업도 고도성장을 이룸

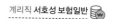

근대적 생명보험	⑧ 1990년대 보험시장 개방, 금융 자율화 정책 등으로 생명보험 시장 내에서도 본격적인 경쟁이 시작되었으며, 규모 위주 성장전략에 따른 과다한 실효 해약 등으로 경영부실이 확대되기 시작하고. 결국 1997년 IMF 외환위기가 발생하고 1998년 4개 생명보험회사의 허가가 취소되는 등 생명보험업계의 대규모 구조조정이 이루어짐
현대적 생명보험	① 2000년대 이후로는「보험업법」개정을 통한 방카슈랑스 제도 도입으로 방카슈랑스전문보험회사가 출범함 ② 이와 함께 홈쇼핑, TM(Tele-Marketing), CM(Cyber-Marketing) 등에서의 판매가 활발해지는 등 생명보험의 판매 채널이 다양해지는 양상을 보이고 있음 ③ 정보통신기술의 발전으로 2013년부터는 인터넷 전문 생명보험회사가 출범하는 등 온라인채널이 지속적으로 확대되는 추세임 ④ 2021년에는 금융소비자의 권익 증진과 건전한 시장질서 구축을 위한 법적 기반 마련을 위해「금융소비자 보호에 관한 법률」(금융소비자보호법)이 시행되었고, 향후 금융소비자 보호의 중요성은 더욱 커질 것으로 전망됨

01

TOPIC 01 확인문제 위험관리와 보험, 보험의 기능과 종류 📑

01 다음 〈보기〉에서 옳은 것을 모두 고르시오.

─── 〈보기〉 ───
ㄱ. 보험은 보험회사가 그 손실에 상응하는 금전적 보상을 한다는 계약이다.
ㄴ. 보험은 확실한 손실을 불확정손실로 전환하는 특성을 가진다.
ㄷ. 보험은 개별적으로 감당하기 힘든 손실 위험을 집단화하는 특성을 가진다.
ㄹ. 실손 보상의 원리에 따라 이론적으로 보험보상을 통해 이익을 보는 경우가 가능하다.

① ㄱ, ㄴ   ② ㄱ, ㄷ
③ ㄴ, ㄷ   ④ ㄷ, ㄹ

02 보험의 대상이 되는 불확실성의 조건 중 옳지 않은 것은?

① 우연적이고 고의성 없는 위험
② 비재난적 손실
③ 측정 불가능한 손실확률
④ 경제적으로 부담 가능한 보험료 수준

03 보험의 기능에 대한 설명 중 다음 〈보기〉에서 옳은 것을 모두 고르시오.

─── 〈보기〉 ───
ㄱ. 3층 보장론의 측면에서 볼 때 정부의 사회보험과 민영보험은 경쟁관계이지 상호보완적 관계
는 아니다.
ㄴ. 소액의 자본(보험료)을 사용해 사전에 손실을 확정하고 안정적으로 기업을 존속할 수 있어
기업의 자본효율성을 제고할 수 있다.
ㄷ. 보험사는 향후 보험금 지급을 위해 계약자가 납입한 보험료를 적립하고 운영하여 이익금이
발생하더라도 주주·계약자에 대한 배당을 하지 않는다.
ㄹ. 보험은 특정 우발적 사고 발생 시 손해를 보상해 주는 것을 목적으로 하며, 사고 발생 자체를
예방 또는 진압하는 것을 목적으로 하지는 않는다.

① ㄱ, ㄴ   ② ㄱ, ㄷ
③ ㄴ, ㄹ   ④ ㄷ, ㄹ

04 보험의 종류에 대한 설명 중 옳지 않은 것을 고르시오.

① 손해보험 : 보험사고로 인하여 발생할 피보험자의 재산상의 손해에 대하여 보험자가 그 손해를 보상

② 인보험 : 피보험자의 생명이나 신체를 위협하는 사고가 발생한 경우 보험자가 일정한 금액 또는 기타의 급여를 지급

③ 화재보험 : 화재나 번개로 인하여 재산상의 손해가 발생할 경우 보험증권에 의해 사전에 약정된 보험금을 지급(상품에 따라 태풍, 도난 등과 같은 손인들 및 소화활동을 할 때 발생한 피해 및 피난지에서의 피난 손해도 보상 포함)

④ 질병보험 : 계약자가 우발적 사고로 신체에 상해를 입은 경우 보험금액 및 기타의 급여를 지급하는 보험으로 보험사고 발생으로 인한 상해의 정도에 따라 일정한 보험금을 지급하는 정액보험인 경우와 비정액보험인 경우가 있음

정답찾기

01 ㄴ. 보험을 통해 불확실한 손실을 확정손실로 전환하는 특성을 가진다.
ㄹ. 실손 보상의 원리에 따라 이론적으로 보험보상을 통해 이익을 보는 경우는 없다.

02 ③ 피해의 발생원인, 발생시점, 장소, 피해의 정도가 명확히 식별 가능하고 손실금액을 측정할 수 있어야 한다.

03 ㄱ. 3층 보장론의 측면에서 볼 때 정부의 사회보험과 민영보험은 상호보완적이면서도 경쟁관계라는 양면성을 가진다.
ㄷ. 보험사는 향후 보험금 지급을 위해 계약자가 납입한 보험료를 적립하고 이를 효율적으로 운영하여 이익금이 발생할 경우 주주·계약자에 대한 배당을 실시하기도 한다.

04 ④ 질병보험 : 보험자가 피보험자의 질병에 관한 보험사고가 발생할 경우 보험금이나 그 밖의 급여를 지급할 것을 약정한 보험으로 그 성질에 반하지 아니하는 범위에서 생명보험 및 상해보험에 관한 규정을 준용한다. 지문은 상해보험에 대한 설명이다.

Chapter 02 생명보험이론

TOPIC 02 생명보험 계약과 생명보험의 기본원리

❶ 생명보험계약 관계자

보험자	① 위험을 인수하는 보험회사 ② 보험자(보험회사)는 보험계약 당사자로서 보험계약자와 보험계약을 체결하고 유지된 계약에 대하여 보험금 지급사유가 발생하였을 경우 보험금을 지급할 의무 ③ 보험사업은 공공의 이익과 밀접한 관련이 있으며 다수의 보험계약자로부터 위험을 인수하여 효율적으로 관리해야 하므로 보험사업을 영위하기 위해서는 금융위원회의 사업허가를 득해야 하는 등의 제한이 있음
보험계약자	① 보험자(보험회사)와 보험계약을 체결하는 보험계약당사자 ② 보험계약자는 보험계약에 대한 보험료 납부 등의 의무와 보험금 청구 권리를 가짐 ③ **보험계약자의 주된 의무**: 보험료 납입의무, 보험계약 시 고지의무, 주소변경 통지의무, 보험금 지급 사유 발생 통지의무 ④ 보험계약자의 자격에는 제한이 없어 자연인·법인 또는 1인·다수 등 상관없이 보험계약자가 될 수 있음 ⑤ 만 19세 미만자의 경우 친권자 또는 후견인(법정대리인)의 동의가 필요함 ⑥ 보험계약자의 자격에는 제한이 없으나 미성년자, 피한정후견인, 피성년후견인의 경우에는 법정대리인의 동의를 필요로 함
피보험자	① 보험계약에서 정의한 보험사고가 발생함으로써 손해를 입는 사람 ② 피보험자는 1인 또는 다수이든 상관이 없음 ③ **자기의 생명보험**: 생명보험에서 피보험자와 보험계약자가 동일할 경우 ④ **타인의 생명보험**: 양자가 각각 다른 사람일 경우 ⑤ 타인의 생명보험일 경우 반드시 그 타인의 서면동의(또는 전자서명 등)를 받아야 하는 제한이 있음
보험수익자	① 피보험자에게 보험사고가 발생 시 보험자에게 보험금 지급을 청구·수령할 수 있는 권리를 가진 사람 ② 수나 자격에 대한 제한이 없음 ③ **자기를 위한 보험**: 보험수익자와 보험계약자가 동일한 경우 ④ **타인을 위한 보험**: 양자가 각각 다른 사람일 경우 ⑤ 보험수익자가 여러 명일 경우 대표자를 지정해야 하며 보험수익자의 지정과 변경권은 보험계약자에게 있음

보험수익자	⑥ 보험계약자와 피보험자가 다른 '타인의 생명보험'일 경우 보험수익자 지정 또는 변경 시 피보험자의 동의가 필요함 ⑦ 보험금을 받는 자를 지정하지 않은 경우: 계약자가 보험계약 시 보험수익자를 지정하지 않은 경우 보험사고에 따라 보험수익자가 결정

보험사고별 종류	보험수익자
사망보험금	피보험자의 상속인
생존보험금	보험계약자
장해 · 입원 · 수술 · 통원급부금 등	피보험자

01

기타	① 보조자: 계약자와 보험자 간의 계약체결을 위해 중간에서 도와주는 자 ② 모집 보조자: 보험설계사, 보험대리점, 보험중개사 등이 보험계약의 체결을 지원함

구분	내용
보험설계사	보험회사, 대리점, 중개사에 소속되어 보험계약 체결을 중개하는 자
보험대리점	• 보험자를 위해 보험계약 체결을 대리하는 자 • 계약체결권, 고지수령권, 보험료 수령권의 권한을 가지고 있음
보험중개사	• 독립적으로 보험계약 체결을 중개하는 자 • 보험대리점과 달리 계약체결권, 고지수령권, 보험료 수령권에 대한 권한이 없음

도식화	

❷ 보험계약의 요소

보험목적물 (보험대상)	① 보험사고 발생의 객체로 생명보험에서는 피보험자의 생명 또는 신체 ② 보험의 목적물은 보험자(보험회사)가 배상하여야 할 범위와 한계를 정해줌
보험사고 (보험금 지급 사유)	① 보험사고: 보험에 담보된 재산 또는 생명이나 신체에 관하여 보험자(보험회사)가 보험금 지급을 약속한 사고(위험)가 발생하는 것 ② 생명보험의 경우 피보험자의 사망 · 생존, 장해, 입원, 진단 및 수술, 만기 등이 보험금 지급 사유로 규정됨

보험기간	① 보험기간: 보험에 의한 보장이 제공되는 기간으로 위험기간 또는 책임 기간이라고도 함 ② 상법에서는 보험자의 책임을 최초의 보험료를 지급 받은 때로부터 개시한다고 규정하고 있음
보험금	① 보험금: 보험기간 내 보험사고가 발생하였을 때 보험자(보험회사)가 지급해야 하는 금액 ② 보험금은 보험계약 체결 시 보험자와 보험계약자 간 합의에 의해 설정할 수 있음
보험료	① 보험료: 보험계약자가 보험사고에 의한 보장을 받기 위하여 보험자(보험회사)에게 지급하여야 할 금액 ② 만약 보험료를 납부하지 않는다면 그 계약은 해제 혹은 해지됨
보험료 납입 기간	① 전기납(全期納)보험: 보험료 납입을 보험기간(보장 기간)의 전 기간에 걸쳐서 납부하는 보험 ② 단기납(短期納)보험: 보험료의 납입기간이 보험기간보다 짧은 기간에 종료되는 보험

❸ 생명보험의 기본원리

상부상조의 정신	① 상부상조의 정신: 다수의 사람들이 모여 언제 일어날지 모르는 각종 사고에 대비해 서로 일정 금액을 모금하여 공동준비재산을 마련해두고 그 구성원 가운데 예기치 못한 불행을 당한 사람에게 미리 약정된 금액을 지급함으로써 서로를 돕는 것임 ② 상부상조의 정신을 과학적이고 합리적인 방법으로 제도화한 것이 생명보험이며 이의 기초가 되는 것으로 대수의 법칙, 생명표, 수지상등의 원칙 등이 있음
대수의 법칙	① 대수의 법칙: 측정대상의 숫자 또는 측정횟수가 많아지면 많아질수록 예상치가 실제치에 근접한다는 원칙 ② 대수의 법칙에 따라 특정인의 우연한 사고 발생 가능성 및 발생 시기 등은 불확실하지만 많은 사람들을 대상으로 관찰해보면 통계적인 사고 발생 확률을 산출할 수 있게 됨 ③ 생명보험에서는 다수의 피보험자로 구성된 동일한 성질의 위험을 가진 보험집단이 존재해야 하고 그 피보험자 수가 많을수록 통계적 수치의 정확성이 커지게 되어 보험자(보험회사)가 정확한 보험요율을 산정하고 미래에 발생할 수 있는 손실의 빈도와 강도에 대하여 보다 정확하게 예측할 수 있음
생명표	① 생명표 또는 사망표: 대수의 법칙에 각 연령대별 생사 잔존상태(생존자 수, 사망자 수, 생존율, 평균여명)를 나타낸 표 ② 생명표는 국민생명표와 경험생명표로 분류할 수 있음 ③ 국민생명표: 국민 또는 특정 지역의 인구를 대상으로 그 인구 통계에 의해 사망상황을 작성한 생명표 ④ 경험생명표: 생명보험회사, 공제조합 등의 가입자에 대해 실제 사망 경험을 근거로 작성한 생명표 ⑤ 우체국보험생명표: 우체국보험 가입자의 실제 사망 현황을 감안하여 작성한 생명표 ⑥ 사람의 사망률은 일반적으로 의료기술 발달, 생활 수준 향상 등에 따라 낮아지는 특성을 가지고 있어 사망상황을 측정하는 방법 및 연도에 따라 생명표를 분류하기도 함

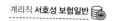

| 수지상등의
원칙 | ① 수지상등(收支相等)의 원칙 : 보험계약자가 납입하는 보험료 총액과 보험회사가 지급하는 보험금 및 사업비 등 지출비용의 총액이 동일한 금액이 되도록 하는 것
② 보험계약자 1인당 보험료를 P, 가입자 수를 n, 보험집단의 사고 발생 건수를 a, 1회 지급 보험금을 R이라고 하면 수지상등의 원칙은 아래와 같은 등식으로 나타낼 수 있음

$$P \times n = R \times a$$
(총보험료) = (사업비 등을 포함한 총보험금)

③ 보험회사에서는 수지상등의 원칙을 실현하기 위해 대수의 법칙이 작용하는 충분한 피보험자 수를 확보한 보험집단을 형성하고 보험집단 내 우연적인 보험사고 발생 확률과 이에 따른 평균적인 손실금액을 산정해 총지급보험금을 예측하며, 이에 부합하는 보험료를 개별보험계약자로부터 징수하여 보험료 총액과 사업비 등을 포함한 지급 보험금 총액 간의 균형이 이루어지도록 해야 함 |

01

TOPIC 02 확인문제 생명보험 계약과 생명보험의 기본원리

01 〈보기〉에서 생명보험계약 관계자에 대한 설명으로 옳은 것을 모두 고른 것은? ²². 계리직

〈보기〉
ㄱ. 보험계약자와 피보험자는 1인 또는 다수 모두 가능하다.
ㄴ. 피보험자와 보험계약자가 각각 다른 사람일 경우 '타인을 위한 보험'이라고 한다.
ㄷ. 보험계약자가 보험계약 시 보험수익자를 지정하지 않은 경우 생존보험금 발생 시 보험수익자는 피보험자이다.
ㄹ. 보험중개사는 독립적으로 보험계약 체결을 중개하는 자로 계약체결권, 고지수령권, 보험료 수령권에 대한 권한이 없다.

① ㄱ, ㄴ   ② ㄱ, ㄹ   ③ ㄴ, ㄷ   ④ ㄷ, ㄹ

02 생명보험계약 당사자에 대한 설명이다. 다음 〈보기〉에서 옳은 것을 모두 고르시오.

〈보기〉
ㄱ. 보험자는 위험을 인수하는 보험회사이다.
ㄴ. 피보험자는 보험자(보험회사)와 보험계약을 체결하는 보험계약당사자이다.
ㄷ. 보험계약자는 보험계약에서 정의한 보험사고가 발생함으로써 손해를 입는 사람이다.
ㄹ. 보험수익자는 피보험자에게 보험사고가 발생 시 보험자에게 보험금지급을 청구·수령할 수 있는 권리를 가진 사람이다.

① ㄱ, ㄴ   ② ㄱ, ㄹ   ③ ㄴ, ㄹ   ④ ㄷ, ㄹ

03 보험 계약의 요소에 대한 설명 중 옳지 않은 것을 고르시오.
① 보험금: 보험기간 내 보험사고가 발생하였을 때 보험자(보험회사)가 지급해야 하는 금액
② 보험료: 보험계약자가 보험사고에 의한 보장을 받기 위하여 보험자(보험회사)에게 지급하여야 할 금액
③ 전기납보험: 보험료의 납입기간이 보험기간보다 짧은 기간에 종료되는 보험
④ 보험 목적물: 보험사고 발생의 객체로 생명보험에서는 피보험자의 생명 또는 신체

04 생명보험의 기본원리에 대한 내용이다. 다음 〈보기〉에서 옳은 것을 모두 고르시오.

─〈 보기 〉─
ㄱ. 대수의 법칙은 측정대상의 숫자 또는 측정횟수와 관계없이 예상치가 실제치에 근접한다는 원칙이다.
ㄴ. 경험생명표는 국민 또는 특정지역의 인구를 대상으로 그 인구 통계에 의해 사망상황을 작성한 생명표이다.
ㄷ. 수지상등의 원칙은 보험계약자가 납입하는 보험료 총액과 보험회사가 지급하는 보험금 및 사업비 등 지출비용의 총액이 동일한 금액이 되도록 하는 것이다.
ㄹ. 상부상조의 정신을 과학적이고 합리적인 방법으로 제도화한 것이 생명보험이다.

① ㄱ, ㄴ　　　　② ㄱ, ㄷ　　　　③ ㄴ, ㄷ　　　　④ ㄷ, ㄹ

01

정답찾기

01 생명보험계약 관계자에는 보험자, 보험계약자, 피보험자, 보험수익자, 모집 보조자등이 포함된다. 모집 보조자는 계약자와 보험자간의 계약 체결을 위해 중간에서 도와주는 보험설계사, 보험대리점, 보험중개사 등을 말한다.
ㄴ. 생명보험에서 피보험자와 보험계약자가 동일할 경우 '자기의 생명보험', 양자가 각각 다른 사람일 경우 '타인의 생명보험'이라고 한다. 한편, 보험수익자와 보험계약자가 동일한 경우 '자기를 위한 보험', 양자가 각각 다른 사람일 경우 '타인을 위한 보험'이라 한다.
ㄷ. 계약자가 보험계약 시 보험수익자를 지정하지 않은 경우 보험사고에 따라 보험수익자가 결정된다. 사망보험금은 피보험자의 상속인, 생존보험금은 보험계약자, 장해·입원·수술·통원급부금 등은 피보험자가 보험수익자가 된다.

02 ㄴ. 보험계약자는 보험자(보험회사)와 보험계약을 체결하는 보험계약당사자이다.
ㄷ. 피보험자는 보험계약에서 정의한 보험사고가 발생함으로써 손해를 입는 사람이다.

03 ③ 단기납보험 : 보험료의 납입기간이 보험기간보다 짧은 기간에 종료되는 보험

04 ㄱ. 대수의 법칙은 측정대상의 숫자 또는 측정횟수가 많아지면 많아질수록 예상치가 실제치에 근접한다는 원칙이다.
ㄴ. 국민생명표는 국민 또는 특정지역의 인구를 대상으로 그 인구 통계에 의해 사망상황을 작성한 생명표이다.

TOPIC 03 보험료계산의 기초와 영업보험료의 구성

❶ 3이원방식

3이원방식	수지상등의 원칙에 의거하여 예정사망률(예정위험률), 예정이율, 예정사업비율의 3대 예정률을 기초로 계산하는 방식
예정사망률 (예정위험률)	① 예정사망률(예정위험률): 특정 개인의 수명을 예측하기 힘들기 때문에 대다수 사람의 일정한 사망(위험) 비율을 관찰하여 사망, 질병, 장해 등 보험사고가 발생할 확률을 대수의 법칙에 의해 미리 예측하여 보험료 계산에 적용하는 것 ② 예정사망률과 보험료의 관계: 예정사망률이 낮아지면 사망보험(피보험자 사망 시 보험금이 지급되는 보험)의 보험료는 내려가고, 생존보험(일정 시점까지 피보험자 생존 시에만 보험금 지급되는 보험)의 보험료는 올라감
예정이율	① 예정이율: 보험자(보험회사)는 장래의 보험금 지급에 대비하여 보험계약자가 납입한 보험료를 적립·운용하게 되며 이에 따라 적립보험료는 시간이 흐르면서 이자와 운용수익이 발생하게 됨. 이러한 기대수익을 사전에 예상하여 일정 비율로 보험료를 할인해 주는 할인율을 의미함 ② 예정이율과 보험료의 관계: 예정이율이 낮아지면 보험료는 올라가고 예정이율이 높아지면 보험료는 내려감
예정사업비율	① 예정사업비율: 보험자(보험회사)가 보험계약을 유지·관리해나가기 위해서는 여러 비용이 수반됨. 따라서 보험자는 보험사업 운영에 필요한 경비를 예상하고 계산해 보험료에 포함시키고 있으며, 보험료 중 이러한 경비의 비율을 의미함 ② 예정사업비율과 보험료의 관계: 예정사업비율이 낮아지면 보험료는 내려가고 예정사업비율이 높아지면 보험료는 올라감

❷ 현금흐름방식

의미	① 현금흐름방식: 기존의 3이원방식 가격요소와 함께 계약유지율, 판매량, 투자수익률 등 다양한 가격요소를 반영하여 보험료를 산출하는 방식 ② 기존의 3이원을 조합하여 정해진 수식으로 보험료를 산출하는 방식이 아닌 다양한 기초율을 가정하여 미래 현금흐름을 예측하고, 이에 따른 목표 수익률을 만족시키는 영업보험료를 역으로 산출하는 방식
특징	① 보험회사는 상품개발의 유연성을 제고할 수 있음 ② 보험소비자는 상품선택의 폭을 확대할 수 있음

구분		3이원방식	현금흐름방식
비교	기초율 가정	3이원(위험률, 이자율, 사업비율)	3이원 포함 다양한 기초율 • 경제적 가정: 투자수익률, 할인율, 적립이율 등 • 계리적 가정: 위험률, 해지율, 손해율, 사업비용 등
	기초율 가정적용	• 보수적 표준기초율 일괄 가정 • 기대이익 내재	• 각 보험회사별 최적가정 • 기대이익 별도 구분
	장점	• 보험료 산출이 비교적 간단 • 기초율 예측 부담 경감	• 상품개발 시 수익성 분석을 동시에 할 수 있으며 상품개발 후 리스크 관리 용이 • 새로운 가격요소 적용으로 정교한 보험료 산출 가능
	단점	상품개발 시 별도의 수익성 분석 필요, 상품개발 후 리스크 관리 어려움	• 정교한 기초율 예측 부담 • 산출방법이 복잡하고, 전산시스템 관련 비용이 많음

01

❸ 영업보험료의 구성

도식화	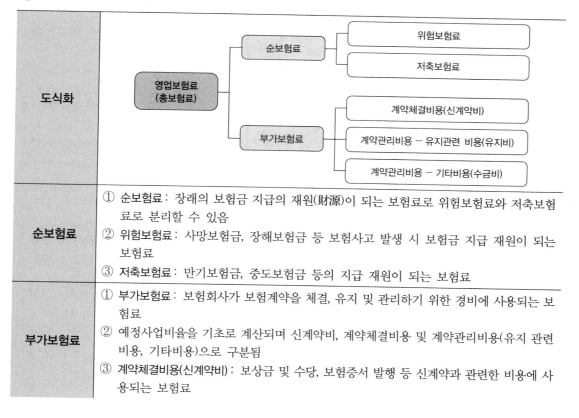
순보험료	① 순보험료 : 장래의 보험금 지급의 재원(財源)이 되는 보험료로 위험보험료와 저축보험료로 분리할 수 있음 ② 위험보험료 : 사망보험금, 장해보험금 등 보험사고 발생 시 보험금 지급 재원이 되는 보험료 ③ 저축보험료 : 만기보험금, 중도보험금 등의 지급 재원이 되는 보험료
부가보험료	① 부가보험료 : 보험회사가 보험계약을 체결, 유지 및 관리하기 위한 경비에 사용되는 보험료 ② 예정사업비율을 기초로 계산되며 신계약비, 계약체결비용 및 계약관리비용(유지 관련 비용, 기타비용)으로 구분됨 ③ 계약체결비용(신계약비) : 보상금 및 수당, 보험증서 발행 등 신계약과 관련한 비용에 사용되는 보험료

부가보험료	④ 계약관리비용 - 유지 관련 비용 : 인건비, 관리비 등 계약이 소멸하기까지 계약을 유지해가는 데 사용되는 보험료 ⑤ 계약관리비용 - 기타비용(수금비) : 보험료 수금에 필요한 경비로 사용되는 보험료
보험료의 산정	① 일시납 보험료 : 보험계약 및 유지에 필요한 모든 보험료를 한번에 납입하는 방식으로 일시납 방식 ② 자연 보험료 　• 매년 납입 순보험료 전액이 그 해 지급되는 보험금 총액과 일치하도록 계산하는 방식 　• 자연 보험료는 나이가 들수록 사망률(위험률)이 높아짐에 따라 보험금 지급이 증가하므로 보험료가 매년 높아지게 됨 ③ 평준보험료 　• 정해진 시기에 매번 납입하는 보험료의 액수가 동일한 산정방식 　• 동일한 보험료를 납입함으로써 계약 후반기에 늘어나는 보험금 지급에 대비하여 전반기에 미리 기금을 조성해 놓는 방식 ④ 유동적 보험료 : 기본적으로 보험계약자는 보험기간 중에 보험회사가 정한 납입보험료의 최저·최고치 규정에 따라 본인이 원하는 만큼의 보험료를 납입할 수 있는 방식

④ 배당

유배당보험	유배당보험의 경우 보험회사는 계약에 대해 잉여금이 발생할 경우 잉여금의 일정 비율을 계약자 배당준비금으로 적립하여 이를 보험계약자에게 배당금으로 지급함
잉여금	① 보험료 산출 시 사용되는 기초율을 예정률이라 하며 여기에는 예정이율, 예정위험률, 예정사업비율이 있음 ② 예정률은 적정수준의 안전성을 가정하고 있으므로 수지계산에 있어서 과잉분인 잉여금을 낳는 것이 일반적임 ③ 보험료의 과잉분에 따른 잉여금은 보험회사의 경영형태 여하에도 불구하고 대부분 계약자에게 정산환원되어야 함 ④ 이를 계약자배당이라 하고, 주식회사의 주주 배당과는 그 성질이 상이하다고 볼 수 있음
배당금의 지급	배당금은 「보험업 감독규정」의 기준에 의해 보험회사의 경영성과에 따라 계약자에게 배당되며 지급방법은 아래와 같음 ① 현금 지급 : 배당금 발생 시 계약자에게 현금으로 지급 ② 보험료 상계 : 계약자가 납입해야 하는 보험료를 배당금으로 대납(상계) ③ 보험금 또는 제환급금 지급 시 가산 : 계약이 소멸할 때까지 혹은 보험계약자의 청구가 있을 때까지 발생한 배당금을 보험회사가 적립하여 보험금 또는 각종 환급금 지급 시 가산 ④ 연금보험에 대한 배당금 지급 : 개인연금 및 연금저축보험의 계약자 배당금은 생명보험사가 정하는 이율로 부리하여 계약 만료 또는 연금개시 후에 증액하여 지급

보험안내 자료상 배당에 대한 예상의 기재금지 및 예외사항	① 「보험업법」은 보험모집 시 미래 경영상황에 따라 변동될 수 있는 불확실한 배당을 과장되게 기재함으로써 발생할 수 있는 과당경쟁 및 고객과의 마찰 등을 방지하기 위해 보험모집에 사용되는 보험안내자료상 보험회사의 장래 이익배당 또는 잉여금 분배에 대한 추정내용을 기재하지 못하도록 규제하고 있다.(보험업법 제95조 제3항) ② 다만, 보험계약자의 이해를 돕기 위하여 금융위원회가 필요하다고 인정하는 경우에는 예외를 두고 있다. 이에 따라 배당이 있는 연금보험의 경우 직전 5개년도 실적을 근거로 장래 계약자배당을 예시할 수 있으나, 보험계약자가 오해하지 않도록 장래의 배당금은 추정에 따른 금액으로 실제 배당금액과 차이가 발생할 수 있음을 명시해야 한다.(보험업 감독규정 제4-34조 제3항)

01

TOPIC 03 확인문제 보험료계산의 기초와 영업보험료의 구성 📑

01 보험료를 계산하는 방식에 대한 설명으로 옳지 않은 것은? 24. 계리직

① 3이원방식은 예정위험률, 예정이율, 예정사업비율을 기초로 하여 계산하는 방식이다.
② 현금흐름방식은 3이원방식을 포함한 다양한 가격 요소를 반영하여 보험료를 산출하는 방식이다.
③ 보험자는 적립보험료의 기대수익을 사전에 예상하여 일정 비율로 보험료를 할인해 주는데, 이 할인율이 높아지면 보험료는 올라간다.
④ 보험자는 보험사고가 발생할 확률을 대수의 법칙에 의해 미리 예측하여 보험료 계산에 적용하는데, 예정 사망률이 높아지면 사망보험의 보험료는 올라간다.

02 3이원 방식에 대한 설명이다. 다음 〈보기〉에서 옳은 것을 모두 고르시오.

─〈 보기 〉─

ㄱ. 3이원방식 : 수지상등의 원칙에 의거하여 예정사망률(예정위험률), 예정이율, 예정사업비율의 3대 예정률을 기초로 계산하는 방식이다.
ㄴ. 예정사망률이 낮아지면 사망보험(피보험자 사망 시 보험금이 지급되는 보험)의 보험료는 올라가고, 생존보험(일정시점까지 피보험자 생존시에만 보험금 지급되는 보험)의 보험료는 내려간다.
ㄷ. 예정이율이 낮아지면 보험료는 낮아지고 예정이율이 높아지면 보험료는 올라간다.
ㄹ. 예정사업비율이 낮아지면 보험료는 내려가고 예정사업비율이 높아지면 보험료는 올라간다.

① ㄱ, ㄴ
② ㄱ, ㄹ
③ ㄴ, ㄹ
④ ㄷ, ㄹ

03 영업보험료에 대한 설명 중 옳지 않은 것을 고르시오.

① 순보험료는 장래의 보험금 지급의 재원(財源)이 되는 보험료로 위험보험료와 저축보험료로 분리할 수 있다.

② 부가보험료는 보험회사가 보험계약을 체결, 유지 및 관리하기 위한 경비에 사용되는 보험료이다.

③ 자연보험료는 나이가 들수록 사망률(위험률)이 높아짐에 따라 보험금지급이 증가하므로 보험료가 매년 높아지게 된다.

④ 순보험료는 예정사업비율을 기초로 계산되며 신계약비, 계약체결비용 및 계약관리비용(유지관련비용, 기타비용)으로 구분된다.

04 배당에 대한 설명이다. 다음 〈보기〉에서 옳은 것을 모두 고르시오.

─〈 보기 〉─

ㄱ. 유배당보험의 경우 보험회사는 계약에 대해 잉여금이 발생할 경우 잉여금의 일정비율을 계약자배당 준비금으로 적립하여 이를 보험계약자에게 배당금으로 지급한다.

ㄴ. 보험료의 과잉분에 따른 잉여금은 보험회사의 경영형태 여하에 따라 계약자에게 정산환원되지 않을 수 있다.

ㄷ. 배당금 지급은 계약자가 납입해야 하는 보험료를 배당금으로 대납은 불가능하다.

ㄹ. 계약이 소멸할 때까지 혹은 보험계약자의 청구가 있을 때까지 발생한 배당금을 보험회사가 적립하여 보험금 또는 각종 환급금 지급 시 가산하여 지급한다.

① ㄱ, ㄴ   ② ㄱ, ㄹ

③ ㄴ, ㄹ   ④ ㄷ, ㄹ

정답 찾기

01 ③ 보험자는 적립보험료의 기대수익을 사전에 예상하여 일정 비율로 보험료를 할인해 주는데, 이 할인율이 높아지면 보험료는 낮아진다.

02 ㄴ. 예정사망률이 낮아지면 사망보험(피보험자 사망 시 보험금이 지급되는 보험)의 보험료는 내려가고, 생존보험(일정시점까지 피보험자 생존시에만 보험금 지급되는 보험)의 보험료는 올라간다.
ㄷ. 예정이율이 낮아지면 보험료는 올라가고 예정이율이 높아지면 보험료는 내려간다.

03 ④ 부가보험료는 예정사업비율을 기초로 계산되며 신계약비, 계약체결비용 및 계약관리비용(유지관련비용, 기타비용)으로 구분된다.

04 ㄴ. 보험료의 과잉분에 따른 잉여금은 보험회사의 경영형태 여하에 불구하고 대부분 계약자에게 정산환원되어야 한다.
ㄷ. 배당금 지급은 계약자가 납입해야 하는 보험료를 배당금으로 대납(상계)이 가능하다.

TOPIC 04 언더라이팅과 클레임

❶ 언더라이팅(Underwriting)과 언더라이터(Underwriter)

언더라이팅 의미	① 언더라이팅의 필요성 : 보험사업은 동질성 있는 피보험자의 위험을 적절한 위험집단으로 분류하고 동일 위험군에 대해 동일한 보험료율을 적용할 수 있도록 보험 가입자 간 공평성을 유지해야 합리적으로 운영될 수 있음 ② 언더라이팅(청약 심사) : 보험 가입을 원하는 피보험자(보험대상자)의 위험을 각 위험집단으로 분류하여 보험 가입 여부를 결정(계약인수·계약거절·조건부인수 등)하는 일련의 과정 ③ 피보험자의 환경·신체·재정·도덕적 위험 등 전반에 걸친 위험평가가 이루어지며, 언더라이팅 과정 및 결과에 따라 보험회사는 보험계약 청약에 대한 승낙 여부와 보험료 및 보험금의 한도를 설정할 수 있음 ④ 앞서 언급한 '위험평가'의 과정을 통한 언더라이팅은 우량 피보험자 선택, 보험사기와 같은 역선택 위험 방지 등 보험사업의 핵심적인 업무에 해당되며 언더라이터(청약심사업무담당자)뿐 아니라 보험고객 모집조직, 상품개발 및 보험계리 조직, 보험금 지급 조사 조직, 경영진에 이르는 모든 관계자들이 전사적·유기적으로 연계된 종합적인 의사결정 과정임
역선택 위험	① 보험계약자 스스로 위험도가 매우 높은 상황임을 알고 있으나, 보험금 등의 수령을 목적으로 위험 사실을 의도적으로 은폐하여 보험을 가입하는 행위 ② 언더라이팅을 통해 이러한 보험사기 가능성이 높은 계약을 사전에 차단함으로써 위험률 차손익을 관리할 수 있으며 선의의 계약자를 보호할 수 있음
언더라이팅의 필요성	① 공평성 유지 : 보험회사는 합리적인 사업운영을 위해 보험계약자를 공평하게 대우해야 하며, 보험계약자는 자신의 위험도에 대한 적절한 보험료를 납부함으로써 양쪽의 공평성이 유지됨 → 보험회사 입장에서 계약수 확대를 위해 무분별하게 위험이 높은 보험계약(현 건강상태 감안 시 높은 수준의 위험 또는 고위험 직업군에 종사하는 피보험자 등)까지 인수할 경우, 당초 예상 대비 실제 보험금 지급액이 증가함에 따라 정상적인 사업운영과 보험가입자 간 공평성을 유지하기가 어려워짐 ② 회사의 경쟁력 유지 : 언더라이팅을 통한 위험 분석 및 선별 능력은 곧 보험회사의 경쟁력으로 직결된다. 언더라이팅이 발달된 보험회사는 영업적인 측면에서의 경쟁력 우위와 함께 보다 적절하고 효율적인 보험리스크 관리를 통해 단기적뿐만 아니라 중·장기적으로도 안정적인 수익을 창출할 수 있으며 선의의 고객 보호에도 기여할 수 있음
언더라이터 (Underwriter)	언더라이팅, 즉 보험계약의 위험을 평가하고 선택하며 위험인수기준과 처리절차(계약인수·계약거절·조건부 계약인수)를 결정하는 직무를 수행하는 전문가

언더라이터의 역할	① 언더라이터는 보험설계사를 통해 접수된 청약서를 검토하고 보험 가입의 승인 여부, 또는 특별한 조건으로 조건부인수를 할 것인지 결정
	② 피보험자의 위험 수준에 따른 적절한 보험료 및 보장 한도를 결정함으로써 보험회사와 보험가입자 간의 공평성을 제고하는 역할도 수행
	③ 양측 모두에게 득이 될 수 있도록 비용에 있어서는 효율적으로, 가입 심사에 있어서는 공정하게 업무를 수행해야 하는 책임을 가짐

❷ 언더라이팅(Underwriting)의 대상

환경적 언더라이팅	① 의미 : 피보험자의 직업, 운전 차량의 종류, 취미생활, 부업 활동, 거주지 위험 등을 조사하는 절차
	② 국내 보험업계에서는 업계 표준직업분류 및 등급표에 따라 위험등급을 비위험직·위험직 1~4등급으로 구분하고 있으며 각 보험사 자체적으로 이를 세분화하여 위험등급을 나누고 등급별 보장범위 및 가입한도 등을 설정하여 운영함
	③ 직업(운전, 취미 등을 포함) 등의 환경적 위험요소에 대해 각각의 위험등급별 보장범위 이내에서는 계약을 인수하고, 보장범위를 초과하는 경우에는 계약을 거절하는 것이 일반적임
신체적 언더라이팅	① 의미 : 개인 신체상 위험을 평가하는 절차로서 언더라이팅에 있어서 매우 중요함
	② 일반적으로 신체적 위험에는 피보험자(보험대상자)의 연령, 성별, 체격, 과거 및 현재 병력, 가족력 등에 따른 사망 또는 발병 가능성 등이 포함되며 세부평가를 위해 피보험자에 대한 전문의의 진단결과나 기타자료를 참고함
도덕적 언더라이팅	① 의미 : 보험업 내에서의 도덕적 위험은 고의적·악의적으로 보험을 악용 또는 역이용하려는 행위와 그 결과를 의미
	② 보험 가입 이후 의식적 또는 무의식적으로 부주의, 과실 등으로 보험사고의 발생 가능성이 높아짐에 따른 손해 확대위험 등도 이에 포함됨
	③ 도덕적 위험은 보험계약의 피보험자가 자기 자신인지, 타인인지에 따라 자기 자신을 이용한 위험과 타인을 이용한 위험으로 구분할 수 있음
	④ 보험회사는 피보험자를 대상으로 사망·입원 등을 보험금 지급 사유로 하는 고액의 보험 가입 후 고의적인 보험사고 유발 또는 사고 과장으로 보험금을 타려는 행위와 부실고지 등을 통해 보험회사를 의도적으로 속이는 행위 등을 사전에 차단하기 위해 도덕적 위험평가를 실시함
	⑤ 도덕적 위험의 영향
	• 도덕적 위험 발생 증가 → 손해율 증가 및 보험회사 경영수지 악화 → 보험료 인상
	• 보험과 보험회사 이미지 악화, 보험에 대한 불신 풍조로 사회 전체적인 피해 증가
재정적 언더라이팅	① 의미 : 재정적 언더라이팅의 목적은 보험계약자의 가입 상품의 보장내용이 청약자의 생활환경·소득수준에 적합한지 여부를 확인함으로써 보험을 투기의 목적으로 가입하는 것을 예방하고 피보험자가 적정수준의 보장을 받도록 하는 것
	② 보험설계사의 입장에서는 다수의 계약보다 단일 고액보장 계약을 선호할 수도 있음. 하지만 언더라이터 입장에서는 보험회사의 위험 노출 수준을 고려하여 비정상적 고액 계약에 대한 주의 깊은 언더라이팅 과정이 필요함

재정적 언더라이팅	③ 실제로 고액의 보험가입자일수록 사망 확률이 높다는 보도 및 연구자료가 있으며 여러 국가들에서 고액계약의 피보험자가 자살, 의문의 죽음, 실종되는 등의 사건이 발생하고 있음 ④ 언더라이터는 재정적 위험평가를 통해 기본적으로 역선택의 예방과 계약 실효를 방지해야 하며 보험회사의 위험 노출 수준을 적절하게 조절해야 할 필요가 있음
도식화	**환경적 언더라이팅** • 운전 및 생활습관 • 흡연, 음주, 취미생활 • 직업 및 거주지 위험 **신체적 언더라이팅** • 연령, 성별, 체격 • 과거 및 현재 병력 • 가족병력 **언더라이팅** **도덕적 언더라이팅** • 보험사기, 보험범죄 • 태만, 과실, 부주의 **재정적 언더라이팅** • 생활환경 및 소득수준 • 보장의 적정 여부

❸ 언더라이팅(Underwriting)의 절차

구성	(1단계) 모집조직에 의한 선택 → (2단계) 건강진단에 의한 선택 → (3단계) 언더라이팅부서에 의한 선택 → (4단계) 계약적부확인 → (5단계) 사고 및 사망 조사
(1단계) 모집조직 (보험설계사) 에 의한 선택	① 의미 : 보험설계사는 고객과 가장 먼저 접촉하여 피보험자의 건강상태, 생활환경 등에 대해 파악하고 1차 위험선택의 기능을 수행하는 것 ② 보험설계사는 피보험자와 보험계약자에게 위험정보 수집을 위한 청약서상 언더라이팅 판단자료를 사실에 입각해 알리도록 해야 하며, 계약조건 결정에 필수적인 기본 정보를 고객에게 정확히 고지·안내해야 함 ③ 보험설계사는 모집단계에서 향후 보험분쟁의 발생을 예방하기 위해 상품에 대한 충분한 설명과 계약상의 중요한 사실을 계약자와 피보험자에게 알려야 하며, 보험료 수령 등이 정확히 이행될 수 있도록 해야 함 ④ 이를 위해 보험설계사는 상품 및 약관 등 기초서류에 대한 정확한 지식을 가지고 있어야 하며, 특히 언더라이팅을 위한 기초정보를 수집하는 과정에서 피보험자와의 불만을 야기하지 않고 정보를 수집할 수 있어야 함 ⑤ 또한, 계약체결 시 보험회사의 언더라이팅 절차를 설명하면서 계약적부확인 등 추가조사가 있을 수 있으며 경우에 따라서는 계약조건이 변경될 수 있음을 계약자와 피보험자에게 충분히 설명해야 함 ⑥ 최근에는 모집조직에 의한 선택과정을 차별화하는 '무심사 보험'과 '간편심사 보험'의 개발이 활발해지고 있음 ⑦ 무심사 보험 : 고령자의 경우 기존 병력으로 인해 일반 고객과 동일한 계약 기준으로 인수가 불가한 경우가 발생할 수 있어 이러한 경우 보험료를 일반보험에 비해 할증하여 보험계약을 인수하는 보험상품

(1단계) **모집조직** **(보험설계사)** **에 의한 선택**	⑧ 간편심사 보험(유병자 보험) : 과거 병력 또는 현재 만성질환을 가지고 있는 고객이나 고령자를 대상으로 계약심사과정과 서류를 간소화한 보험상품. 일반적으로 사망보험금을 낮추는 대신 주요 질병에 대한 진단비와 노후 생활자금 보장 등에 초점이 맞춰져 있음. 심사과정 간소화로 가입절차는 간편하나 보험료는 비교적 높게 책정됨
(2단계) **건강진단에** **의한 선택**	① 의미 : 계약인수 과정에서의 건강진단(건강진단을 필요로 하는 계약의 경우)은 보험회사가 보다 객관적인 입장에서 피보험자의 중요 고지내용에 대한 확인 또는 중요 고지내용의 추가 등을 수행하기 위한 선택과정임 ② 수단으로는 병원진단, 서류진단, 방문 진단이 실시되고 있음 ③ 무진단 계약인수 • 편의성 제고 측면보다는 재무적 관점에서의 비용 절감 측면에서 도입 • 건강진단 절차를 생략함으로써 일부 표준미달체 계약인수에 따른 사망 및 발병률이 증가하여 추가보험금 지급이 발생할 수 있으나 이러한 추가보험금 지급비용과 건강검진 비용을 상계처리 • 무진단 계약인수에 따른 언더라이팅 비용 절감액이 사고보험금 증가액을 상쇄할 수 있는 경우에 한해 재무적 유용성이 확보 • 무진단 보험은 건강진단 절차만을 생략할 수 있는 보험으로 고지의무 등에서 일반 보험과 동일하므로 고지의무가 없는 무심사 보험과 차이가 있음
(3단계) **언더라이팅** **부서에** **의한 선택**	① 의미 : 언더라이팅 부서의 언더라이터가 1단계, 2단계 선택과정에서 수집한 정보를 토대로 피보험자의 위험을 종합적으로 평가하여 청약의 승낙 여부를 결정하고 피보험자 위험도를 분류하여 위험 수준에 따라 계약 내용과 조건, 보험료, 보험금액 등을 최종 결정하는 언더라이팅 과정 ② 언더라이팅 부서의 주요 역할 • 영업적 역할 : 언더라이팅 과정에서 영업력을 축소시키지 않아야 함 • 관리적 역할 : 효율적인 언더라이팅을 통해 관리 부담 축소 및 비용 측면의 효율성 제고 • 공익적 역할 : 모든 피보험자(보험대상자)에 대해 공정하게 언더라이팅을 실시 ③ 언더라이터가 활용하는 주요 수집정보 • 청약서상의 계약 전 알릴 의무사항과 보험설계사의 모집보고서 • 의적진단보고서(병원진단 또는 서류) • 계약적부확인에 의한 조사보고서 등
(4단계) **계약적부확인**	① 의미 : 언더라이터가 3단계 선택과정에서 보험금액이 과도하게 크거나 피보험자의 잠재적 위험이 높은 것으로 의심되는 경우 또는 계약성립 이후라도 역선택 가능성이 높다고 의심되거나 사후분쟁의 여지가 있는 계약에 대해 보험회사 직원이나 계약적부확인 전문회사 직원이 피보험자의 체질 및 환경 등 계약선택상 필요한 모든 사항을 직접 면담·확인하는 것 ② 계약적부확인은 계약선택의 합리성을 제고하고, 고객의 고지 의무사항 위반 계약을 조기에 발견함으로써 양질의 계약을 확보하고 역선택 방지 및 보험사고 발생 시 분쟁을 최소화하며 보험금을 신속하게 지급하는 데 목적이 있음 ③ 계약적부 조사 과정에서 고객의 고지의무 사항 위반 수준에 따라 해당 계약을 감액하거나 해지, 무효, 취소 처리할 수 있는 사항 • 청약서에 피보험자의 자필서명이 누락된 경우 • 피보험자가 보험 가입에 동의하지 않은 경우

01

(4단계) 계약적부확인	• 피보험자가 청약서상 고지사항에 대해 고지하지 않거나 병력을 축소 고지한 경우 • 피보험자의 직업 · 운전 · 취미 등의 위험이 청약서에 고지한 내용보다 높은 경우 등 ④ '표준약관'에서는 피보험자의 고지의무 위반 사실을 안 날로부터 1개월 이내, 계약체결 일로부터 3년 이내에 해지하거나 보장을 제한할 수 있도록 규정
(5단계) 사고 및 사망 조사	보험계약 체결 이후 보험사고 발생으로 보험계약자가 보험금 지급을 신청한 경우 고지의 무와 관련하여 의심 가는 사항이 있는 계약에 대해 실시하는 사후적 심사과정이며 이를 통해 역선택에 따른 보험금 지급을 최소화할 수 있음

❹ 표준미달체 / 우량체의 인수

의미	① 국내 보험업계에서의 언더라이팅은 표준체 중심으로 되어 있음 ② 4가지 언더라이팅 대상(환경적, 신체적, 도덕적, 재정적)에 대한 평가 결과가 표준체 기준 위험보다 높은 경우 표준미달체, 위험이 낮은 경우 우량체로 분류됨
표준미달체의 계약인수	① 보험료 할증 : 표준미달체의 위험 수준이 시간 흐름에 따라 증가하는 체증성의 경우와 일정한 상태를 유지하는 항상성의 경우 주로 적용 ② 보험금 삭감 : 보험 가입 후 시간 흐름에 따라 위험 수준이 감소하는 체감성 위험에 대 해 적용하며 보험 가입 후 일정 기간 내 보험사고 발생 시 미리 정해진 비율로 보험금 을 감액하여 지급 ③ 부담보 : 보험 가입 기간 중 특정 신체 부위 및 특정 질환에 대해 일정 기간 또는 전 기간 동안 질병으로 인한 수술 및 입원 등의 각종 보장을 제외하는 조건부 계약의 형태

❺ 언더라이팅(Underwriting)의 실무

청약서 작성 시 주의사항	① 청약서 작성 시 반드시 보험계약자와 피보험자의 자필서명이 필요한 사항 • 계약 전 알릴 의무사항의 고지사항 작성 • 보험계약 청약서 및 계약 전 알릴 의무사항의 성명과 서명란 • 신용정보의 제공 · 활용에 대한 동의란 ② 피보험자가 과거 또는 현재 병력이 있을 경우 계약 전 알릴 의무사항의 고지사항을 피보험자가 작성해야 하며 질병명(진단명), 치료내용, 치료 시기 및 기간, 현재 상태 등 병력정보에 대해서도 정확하게 기재하도록 설명해야 함 ③ 청약서 기재사항은 원칙적으로 보험설계사가 임의대로 수정할 수 없으며, 변경이나 수 정이 필요한 경우 새로운 청약서 발행이 필요함. 다만, 부득이한 경우 보험회사 별로 차이가 있을 수 있으나, 보험계약자 및 피보험자의 동의를 득한 후 수정할 수 있으며 청약서 원본과 부본 상에 두 줄로 삭선 처리 후 정정 서명을 받아야 함 ④ 보험계약자와 피보험자가 동일하지 않은 경우 피보험자와의 관계와 함께 근무처, 직 위, 수행업무 등 직업과 관련된 사항, 그리고 집과 직장 주소 모두 상세하고 정확하게 기재하도록 설명해야 함

청약서 작성 시 주의사항	⑤ 피보험자의 체격, 흡연, 음주 관련 정보의 경우 언더라이팅 측면에서 중요한 정보이므로 피보험자가 직접 작성하도록 안내해야 하며 운전, 취미 등 기타사항과 타 보험사 가입 보험상품, 해외 출국 예정 여부에 대해서도 정확하게 고지하도록 설명해야 함
보험 가입한도	① 고위험군 피보험자의 위험부담이 저위험군 피보험자에게 전이되지 않도록 통제하기 위한 수단으로 보험료를 차등 부과하는 등의 위험군별 보험 가입한도를 운영함 ② 이러한 보험 가입한도 기준은 보험회사별 경영방침 및 판매전략에 따라 일부 상이할 수 있으나 보험업 전반적인 공익성 및 보험가입자의 보호 측면에서 엄격히 규제되고 있음 ③ 일반적으로 가입한도 운영기준에는 직업(업종) 위험등급과 운전 위험등급이 있으며, 이러한 분류 목적은 직업 세분화를 통해 다양한 위험을 보다 합리적으로 선택하고 동일 위험군으로 분류된 피보험자 집단 간 위험도를 등급별로 건전하게 유지하는 데 있음 ④ 직업 위험등급과 운전 위험등급이 상이할 경우 더 높은 위험등급을 적용하게 됨. 위험 등급은 업계 전체의 경험사망률을 기반으로 설정되나, 해당 등급별 가입한도는 보험회 사별 운영기준에 따라 상이할 수 있어 청약서 뒷면에 가입한도를 표기함으로써 계약 자 및 피보험자에게 이를 고지함 ⑤ 대부분의 국내보험회사는 청약서상에 사망보험금, 장해보험금, 입원보험금의 가입한도를 명시하고 있음 ⑥ 또한, 업종별 위험등급을 크게 5등급 체계로 분류하여 같은 위험등급일 경우 그 위험의 실제 난이도와 관계없이 가입한도를 동일하게 적용하는 것이 일반적임
건강진단 가입한도 설정이 필요한 경우	① 보험회사에서 정한 건강진단 범위를 초과하여 가입하는 경우 • 일반적으로 연령이 높을수록 위험 발생 가능성이 높아 보험 가입에 있어서 가입 가능한 상품 또는 지급한도 등에 제한이 있을 수 있음. 이러한 경우 진단보험금 기준이 낮게 설정되어 있어 건강진단을 받을 가능성이 높아짐 • 실무적으로는 보험회사에서 청약서를 발행 또는 입력 시 자동적으로 건강진단 대상 여부를 통보해 줌 ② 피보험자가 과거 또는 현재 병력이 있는 경우 • 피보험자가 청약서상 질문에 해당하는 병력을 고지했거나 현재 병력을 가지고 있는 경우 건강진단이 필요함 • 실무적으로는 보험회사의 운영방침에 따라 과거 및 최근 보험금(장해 급여금, 진단 급여금, 납입면제, 입원급여금 등)을 수령한 이력(해당 보험사 또는 타 보험사)이 있는 경우에도 건강진단 대상에 해당할 수 있음 ③ 언더라이터의 건강진단 지시 • 언더라이팅 과정에서 고객이 제공한 고지사항 상에 문제점이 발견된 경우 또는 계약적부과정 등에서 추가적으로 과거 및 현재 병력 등이 발견되었을 경우 건강진단 대상에 해당할 수 있음 • 실무적으로는 보험설계사가 피보험자의 단순 질병에 대해 해당 언더라이터에게 건강진단 여부를 문의하여 처리하는 경우도 있을 수 있음 ④ 보험회사 입장에서 모든 질병에 대한 건강진단은 비효율적일 수 있으며, 보험설계사의 과도한 진단 여부 문의 역시 업무상 효율성을 저하시킬 수 있기 때문에 업무 간소화 및 편리성을 위해 보험회사별로 건강진단이 필요 없는 질병 등을 선정하여 운영하기도 함

특이계약 (외국인, 해외체류자)	① 외국인 • 외국인, 재외국민 및 외국 국적 동포의 경우 법무부 등록 또는 국내거소신고를 통해 외국인등록증 또는 국내거소신고증이 발급되며 이를 통해 실명확인이 가능함 • 외국인은 체류 목적 및 체류예정 기간에 따라 위험을 평가해 보험계약 인수 여부를 결정함. 보험사별로 차이가 있으나, 일반적으로는 단기 체류의 경우 인수를 거절하고 방문 동거, 거주, 재외동포, 영주의 경우 큰 제한 없이 인수함 ② 해외체류자 • 해외거주자 혹은 예정자의 경우 거주지역의 위험도 및 거주목적을 기반으로 위험을 평가함. 보험사별로 차이가 있음 • 일반적으로 계약인수를 거절하는 경우 : 이민 또는 귀화 목적으로 거주하는 경우, 열대·한대·동란 및 전쟁지역 등의 지역을 목적지로 하는 경우, 해외 노무자·탐험대·등반, 해외 체류 기간이 일정 기간을 초과하는 경우 역시 보험사별 차이가 있을 수 있으나, 일반적으로는 계약인수를 거절함

❻ 클레임(Claim) 업무

클레임 업무의 정의와 분류	① 의미 : 보험업에서 클레임(Claim)이란 보험금 청구에서 지급까지 일련의 업무를 뜻하며 보험금 청구 접수, 사고조사, 조사건 심사, 수익자 확정, 보험금 지급 등의 업무가 포함됨 ② 부수적 업무 • 지급 청구건이 약관 규정상 지급 사유에 해당되지 않는 경우 이에 대한 부지급처리 업무 • 클레임 업무 과정에서 발생 가능한 민원업무 및 법원 소송업무 • 보험가입자의 채권자가 보험금액 등을 압류하는 경우에 발생하는 채권가압류 처리 등 ③ 클레임은 보험사고의 분류와 동일하게 생존, 사망, 장해, 진단, 수술, 입원, 통원 등으로 구분할 수 있으며, 발생 원인이 사고 혹은 질병인지에 따라 재해와 질병으로 구분할 수 있음
클레임 업무의 필요성	① 회사의 효율적 운영 : 클레임 업무는 잘못 처리되었을 경우 현실적으로 상당한 금액이 보험금으로 지출되기 때문에 회사의 경영수지에 큰 영향을 미칠 수 있음 ② 선의의 가입자 보호 자신의 위험을 숨기고 보험을 가입한 후 보험사고가 발생하거나 고의적인 보험사고를 야기하는 경우를 정확히 찾아내지 못하여 정당치 못한 보험금이 지급된다면 다수의 선의의 가입자들에게 막대한 피해를 야기하게 됨
클레임 업무 담당자에게 요구되는 요건	① 조사 경험 및 조사 기법 : 사고조사 및 현장조사 등 다양한 조사 업무를 경험해야 하며 이를 통한 조사 기법을 터득하고 현실적으로 적용할 수 있어야 함 ② 법률 지식 : 보험 관련 법규와 약관을 올바르게 해석하고 적용할 수 있어야 함. 적절한 클레임 심사를 위해서는 보험 관련 법률 지식을 숙지하고 해당 보험사고와 관련된 약관 및 법 규정을 조사 업무에 적용할 수 있어야 하며 이를 통해 법원 소송 및 민원 발생에도 효율적으로 대응할 수 있음 ③ 의학 지식 : 사고 및 현장조사와 관련하여 의사와 면담이 필요할 경우 해당 건과 관련된 중요한 질문을 통해 업무처리에 필요한 답변을 얻어낼 수 있으며, 보험계약자 또는 피보험자가 계약 전 알릴 의무 위반 시 인과관계 여부 판단 및 각종 검사결과를 통한 환자의 이상 여부를 파악할 수 있음

TOPIC 04 확인문제 언더라이팅과 클레임

01 〈보기〉에서 언더라이팅(청약 심사)의 수행 절차를 바르게 나열한 것은?

─────── 〈 보기 〉 ───────
ㄱ. 계약적부 확인
ㄴ. 사고 및 사망조사
ㄷ. 모집조직에 의한 선택
ㄹ. 건강진단에 의한 선택
ㅁ. 언더라이팅부서에 의한 선택

① ㄷ → ㄹ → ㅁ → ㄱ → ㄴ
② ㄷ → ㅁ → ㄹ → ㄴ → ㄱ
③ ㄹ → ㄷ → ㅁ → ㄱ → ㄴ
④ ㄹ → ㄷ → ㅁ → ㄴ → ㄱ

02 언더라이팅의 대상에 대한 설명 중 옳지 않은 것을 고르시오.

① 환경적 언더라이팅에서는 국내 보험업계에서는 업계 표준직업분류 및 등급표에 따라 위험 등급을 비위험직·위험직 1~4등급으로 구분하고 있다.
② 신체적 언더라이팅에서는 일반적으로 신체적 위험에는 피보험자(보험대상자)의 연령, 성별, 체격, 과거 및 현재 병력, 가족력 등에 따른 사망 또는 발병 가능성 등이 포함된다.
③ 도덕적 언더라이팅에서는 보험 가입 이후 의식적인 것만 포함되며 무의식적인 것은 포함되지 않는다.
④ 재정적 언더라이팅에서는 보험을 투기의 목적으로 가입하는 것을 예방하고 피보험자가 적정 수준의 보장을 받도록 하는 것이다.

정답찾기

01 ① 모집조직에 의한 선택 → 건강진단에 의한 선택 → 언더라이팅 부서에 의한 선택 → 계약적부확인 → 사고 및 사망조사

02 ③ 도덕적 언더라이팅에서는 보험 가입 이후 의식적 또는 무의식적으로 부주의, 과실 등으로 보험사고의 발생 가능성이 높아짐에 따른 손해 확대위험 등도 이에 포함된다.

정답   **01** ①   **02** ③

03 언더라이팅 실무에 대한 설명이다. 다음 〈보기〉에서 옳은 것을 모두 고르시오.

―――――――――― 〈 보기 〉 ――――――――――

ㄱ. 청약서 작성 시 반드시 보험계약자와 피보험자의 자필서명이 필요한 사항에는 계약전 알릴
   의무사항의 고지사항 작성 등이 있다.
ㄴ. 국내보험회사는 청약서상에 사망보험금, 장해보험금, 입원보험금의 가입한도를 명시하고
   있다.
ㄷ. 언더라이팅 과정에서 고객이 제공한 고지사항상에 문제점이 발견된 경우 또는 계약적부과
   정 등에서 추가적으로 과거 및 현재 병력 등이 발견되었을 경우라도 건강진단 대상에 해당
   하지 않는다.
ㄹ. 보험사별로 차이가 있으나, 일반적으로는 단기체류, 방문동거, 거주, 재외동포, 영주의 경우
   큰 제한 없이 인수한다.

① ㄱ, ㄴ   ② ㄱ, ㄹ
③ ㄴ, ㄹ   ④ ㄷ, ㄹ

04 클레임 업무에 대한 설명 중 옳지 않은 것을 고르시오.

① 보험업에서 클레임(Claim)이란 보험금 청구에서 지급까지 일련의 업무를 뜻하며 보험금 청
   구 접수, 사고조사, 조사건 심사, 수익자 확정, 보험금 지급 등의 업무가 포함된다.
② 클레임은 보험사고의 분류와 동일하게 생존, 사망, 장해, 진단, 수술, 입원, 통원 등으로 구분
   할 수 있으며, 발생 원인이 사고 혹은 질병인지에 따라 재해와 질병으로 구분할 수 있다.
③ 클레임 업무는 잘못 처리되었을 경우 현실적으로 상당한 금액이 보험금으로 지출되기 때문
   에 회사의 경영수지에 큰 영향을 미칠 수 있다.
④ 클레임 업무 담당자는 관련 법률지식이 필요하지만 의학적 지식은 필요하지 않다.

정답찾기

03 ㄷ. 언더라이팅 과정에서 고객이 제공한 고지사항상에
문제점이 발견된 경우 또는 계약적부과정 등에서 추가적
으로 과거 및 현재 병력 등이 발견되었을 경우 건강진단
대상에 해당할 수 있다.
ㄹ. 보험사별로 차이가 있으나, 일반적으로는 단기체류
의 경우 인수를 거절하고 방문동거, 거주, 재외동포, 영
주의 경우 큰 제한 없이 인수한다.

04 ④ 클레임 업무 담당자는 법률지식과 의학지식 등을 모
두 갖추어야 한다.

TOPIC 05 생명보험 세제

❶ 생명보험의 세제혜택 부여 목적

사회보장 기능 강화 및 복지국가 실현	① 사회보장제도의 한계 : 국가에서 책임지고 시행하고 있는 사회보장제도는 국민 개개인의 다양한 위험 보장을 감당하기에 재정적 한계 등 현실적 어려움이 존재하기 때문에 보험의 순기능을 활용하여 이를 보완하고 있음 ② 우리나라 : 빠른 고령화에 비하여 소득대체율이 낮아 국민 개개인으로 본다면 조기퇴직 증가 등으로 노후를 위한 은퇴준비 기간 및 자금이 부족한 실정임 ③ 이에 따라 국가는 국민 개개인의 미래보장을 보완하기 위한 수단 중 하나로써 생명보험의 긍정적 기능을 인정하여 다양한 세제혜택을 부여하고 있음
산업자금 조달을 위한 저축 유인책 기능수행	① 대부분의 생명보험계약은 만기가 10년 이상으로 적립금 자산을 활용해 장기간에 걸쳐 안정적으로 유가증권 투자 및 대출 운용이 가능함 ② 이를 통해 다음과 같은 국가경제발전에 필요한 역할을 수행할 수 있음 　• 사회간접자본 및 국가경제발전에 필요한 산업자금 지원역할 수행 　• 투자확대를 통한 경제활성화 　• 일자리 창출 등 ③ 생명보험의 경제발전 측면 순기능을 확대하기 위해서도 생명보험에 대한 세제혜택이 지속적으로 유지될 필요가 있음

❷ 일반 보장성보험료의 세액공제

일반 보장성보험	① 일반 보장성보험 : 만기 환급되는 금액이 납입보험료를 초과하지 않는 보험 ② 보험계약 또는 보험료 납입영수증에 보험료 공제대상임이 표시된 보험계약으로 생명보험, 상해보험 및 화재·도난 기타의 손해를 담보하는 손해보험 등이 이에 해당함
세액공제 사항	① 일용근로자를 제외한 근로소득자가 기본공제대상자를 피보험자로 하는 일반 보장성보험에 가입한 경우 ② 과세 기간에 납입한 보험료(100만원 한도)의 12%(지방소득세 별도)에 해당되는 금액을 종합소득산출세액에서 공제받을 수 있음
근로소득자	① 세액공제 대상을 근로소득자로 제한하고 있어 연금소득자 또는 개인사업자 등은 보장성 보험에 가입하더라도 세액공제를 받을 수 없음 ② 근로소득자 : 사장·임원·직원 등이며, 일용근로자는 제외. 다만, 개인사업자에게 고용된 직원이 근로소득자일 경우에는 세액공제 가능
기본공제 대상자	① 피보험자에 해당하는 기본공제대상자는 본인을 포함한 배우자 및 부양가족으로 근로소득자 본인에 대해서는 별도의 요건이 없으나, 배우자 및 부양가족 등은 근로소득자 본인이 보험료를 납입하더라도 소득 및 연령 요건 미충족 시 세액공제를 받을 수 없음

| 기본공제
대상자 | ② 다만, 기본공제대상자가 장애인일 경우 연령에 상관없이 소득금액 요건만 충족 시 세액공제가 가능함
③ 기본공제대상자 요건 | | | | |

보험료 납입인	피보험자	소득금액 요건	연령 요건	세액공제여부
본인	부모	연간 100만원 이하	만 60세 이상	가능
본인	배우자	연간 100만원 이하	상관없음	가능
본인	자녀	연간 100만원 이하	만 20세 이하	가능
본인	형제자매	연간 100만원 이하	만 20세 이하 또는 만 60세 이상	가능

보장성보험 중도해지 시 세액공제 여부	과세 기간 중 보장성보험을 해지할 경우 해지 시점까지 납입한 보험료에 대해 세액공제가 가능하며 이미 세액공제 받은 보험료에 대한 추징 또한 없음

❸ 장애인전용 보장성보험료의 세액공제

개요	근로소득자가 기본공제대상자 중 장애인을 피보험자 또는 수익자로 하는 장애인전용보험(보험계약 또는 보험료 납입영수증에 장애인전용보험으로 표시) 및 장애인전용보험전환특약을 부가한 보장성 보험의 경우 과세기간 납입 보험료(1년 100만원 한도)의 15%(지방소득세 별도)에 해당되는 금액을 종합소득산출세액에서 공제받을 수 있음

장애인전용
보험전환특약
	① 전환대상상품 : 보장성보험 전 상품(판매중지 상품 포함)
	  ※ 계약자가 법인인 상품, 장애인전용보험 등은 제외
	② 전환대상계약 : 전환대상상품의 피보험자(또는 수익자)가 소득세법상 장애인 계약
	  ※ 피보험자가 다수일 경우, 피보험자 모두 장애인인 경우 적용가능(수익자도 동일)

보장성보험료 세액공제 가능 여부	① 근로소득자 본인이 보험료를 납입하는 보장성보험의 피보험자가 연간 소득 100만원을 초과하는 배우자인 경우 : 세액공제 적용 대상이 아님 ② 근로소득자 본인이 보험료를 납입하는 각 보장성보험의 피보험자가 각각 연간 소득 100만원 미만의 부양가족 중 만 59세 부모와 만 20세 형제일 경우 : 만 20세 형제의 경우 요건에 충족하여 세액공제 적용 대상이나, 부모의 경우 적용 대상이 아님 ③ 보장성보험의 피보험자가 태아인 경우 : 출생전이므로 기본공제대상자에 해당하지 않음 ④ 보험계약기간이 '20.6월부터 '21.5월까지인 보장성보험의 보험료를 '20.6월에 일시 납부했을 경우 : '20년(납부일이 속하는 과세기간)의 근로소득에서 세액공제(기간별 안분 계산 ×) ⑤ 보장성보험의 '20년 중 2개월치 보험료를 미납하여 '21년 중 납부한 경우 : 세액공제는 납부일이 속하는 과세기간에 적용되므로 미납분 보험료의 경우 실제 납부한과세 기간에 공제 가능 ⑥ 자영업을 영위하는 사람(장애인)이 본인 명의로 보장성보험에 가입한 경우 : 자영업자는 근로소득자에 해당하지 않으므로 세액공제 대상에서 제외

❹ 연금계좌의 세액공제

개요	① 연금계좌에는 연금저축계좌와 퇴직연금계좌가 있음 ② 연금저축계좌 : 금융회사와 체결한 계약에 따라 '연금저축'이라는 명칭으로 설정하는 계좌이며 연금저축보험, 연금저축신탁, 연금저축펀드가 이에 해당함 ③ 퇴직연금계좌 : 퇴직연금을 지급받기 위해 가입하는 계좌로 확정급여형(DB형), 확정기여형(DC형) 및 개인형 퇴직연금(IRP) 등이 있다. 이 중 확정급여형(DB형) 퇴직연금은 세액공제 대상에서 제외됨
세액공제 사항	① 종합소득자가 과세기간 중 연금저축계좌에 납입한 금액 600만원 한도의 12%(지방소득세 별도) 세액공제 받을 수 있음 ② 다만 종합소득금액 4천 500만원 이하 또는 근로소득만 있는 경우 총 급여액 5천 500만원 이하인 거주자는 15%(지방소득세 별도)를 해당 과세기간 종합소득산출세액에서 공제함 ③ 보장성보험료 세액공제가 근로소득자에 한해 가능한 것과 달리 연금계좌의 세액공제는 근로소득 외의 종합소득이 있는 경우에도 가능함 ④ 연금계좌 세액공제 납입한도 및 공제율

종합소득금액 (근로소득만 있는 경우 총급여액)	세액공제 대상 납입한도 (퇴직연금 합산시)	공제율 (지방소득세 미포함)
4천 500만원 이하 (5천 500만원 이하)	600만원 (900만원)	15%
4천 500만원 초과 (5천 500만원 초과)		12%

❺ 저축성보험의 보험차익 비과세

개요	① 저축성보험의 보험차익 : 보험계약에 따라 만기 또는 해지환급금(피해자 사망, 질병, 부상, 상해 등에 따른 보험금은 제외) 등에서 납입보험료 총액을 뺀 금액을 뜻함 ② 일반적으로 저축성보험의 보험차익은 이자소득으로 「소득세법」상 과세대상이지만 아래의 ⓐ~ⓒ까지의 조건 충족 시 이자소득세가 비과세됨 ③ 다만, 보험계약 체결 이후 비과세 요건을 미충족하게 되는 경우 비과세 대상이 되지 못함. 단, ⓑ~ⓒ에 해당되는 보험계약이 계약체결 이후 비과세 요건을 충족하지 못하더라도 ⓐ의 요건을 충족하는 경우 비과세 대상으로 인정됨
ⓐ (ⓑ와 ⓒ를 제외한 저축성 보험)	① 최초 보험료 납입 시점부터 만기일 또는 중도해지일까지 기간이 10년 이상이어야 함 ② 계약자 1인당 납입 보험료 합계액이 '17년 3월 31일까지 가입한 경우 2억원 이하 ③ '17년 4월 1일부터 가입한 경우 1억원 이하인 계약의 보험차익에 대해 비과세함 ④ 단, 최초 보험료 납입일로부터 만기일 또는 중도해지일까지의 기간은 10년 이상이나, 납입 보험료를 최초납입일부터 10년이 경과하기 전에 확정된 기간 동안 연금형태로 분할하여 지급받는 경우는 비과세 요건에서 제외

ⓑ (월적립식 저축성 보험)	① 최초 보험료 납입 시점부터 만기일 또는 중도해지일까지 기간이 10년 이상으로 아래 각 요건을 모두 충족하는 계약에 대해 보험차익을 비과세 • 최초 납입일로부터 납입기간이 5년 이상인 월적립식 보험계약 • 최초 납입일로부터 매월 납입 기본보험료가 균등(최초 계약 기본보험료의 1배 이내로 기본보험료를 증액하는 경우 포함)하고 기본보험료 선납기간이 6개월 이내 • 계약자 1명당 매월 납입 보험료 합계액이 150만원 이하('17년 4월 1일부터 가입한 보험계약에 한해 적용) ② 월적립식 보험료 합계액은 만기 환급금액이 납입보험료를 초과하지 않는 보험계약으로 아래 조건을 충족하는 순수보장성보험은 제외 • 저축을 목적으로 하지 않고 피보험자의 사망·질병·부상 등 신체상의 상해나 자산의 멸실·손괴만을 보장하는 보험계약 • 만기 또는 보험 계약기간 중 특정 시점에서의 생존을 보험사건으로 보험금을 지급하지 않는 보험계약
ⓒ (종신형 연금보험) 다음의 요건들을 갖춘 종신형 연금보험	① 계약자가 보험료 납입기간 만료 후 만 55세 이후부터 사망시까지 보험금·수익 등을 연금으로 지급받는 계약 ② 연금 외의 형태로 보험금·수익 등이 지급되지 않는 계약 ③ 사망시「통계법」제18조에 따라 통계청장이 승인하여 고시하는 통계표에 따른 성별·연령별 기대여명 연수(소수점 이하는 버리며, 이하 이 조에서 "기대여명연수"라 한다) 이내에서 보험금·수익 등을 연금으로 지급하기로 보증한 기간(이하 "보증기간"이라 한다)이 설정된 경우로서 계약자가 해당 보증기간 이내에 사망한 경우에는 해당 보증기간의 종료시] 보험계약 및 연금재원이 소멸하는 계약 ④ 계약자, 피보험자 및 수익자가 동일한 계약으로 최초 연금지급개시 이후 사망일 전에 중도 해지할 수 없는 계약 ⑤ 매년 수령 연금액(연금수령 개시 후에 금리변동에 따라 변동된 금액과 이연하여 수령하는 연금액은 포함하지 아니한다)이 아래의 계산식에 따른 금액 이내인 계약 (연금수령 개시일 현재 연금계좌 평가액 ÷ 연금수령 개시일 현재 기대여명연수) × 3

❻ 비과세 종합저축(보험)에 대한 과세특례

개요	① 비과세종합저축은 만 65세 이상 또는 장애인 등을 가입대상으로 함 ② 1인당 저축원금 5천만원*까지 납입 가능함 * 세금우대종합저축에 가입한 거주자로 그 계약을 유지하고 있는 대상은 5천만원에서 세금우대 종합저축 계약금액 총액을 뺀 금액을 상한으로 함 ③ 여기서 발생한 이자소득은 전액 비과세(직전 3개 과세기간 중 소득세법 제14조 제3항 제6호에 따른 소득의 합계액이 1회 이상 연 2천만원을 초과한자 제외)이며, 고령자, 장애인 등에 대한 복지강화와 생활안정 지원 등을 위해 한시적으로 운용되는 상품이기 때문에 2025년 12월 31일까지 가입이 가능함

비과세 종합저축 가입 요건: 아래 각 요건을 모두 갖춘 저축	① 「금융실명거래 및 비밀보장에 관한 법률」 제2조 제1호에 따른 금융회사 등 및 아래에 해당하는 공제회가 취급하는 저축(투자신탁·보험·공제·증권저축·채권저축 등 포함) 　- 군인공제회, 한국교직원공제회, 대한지방행정공제회, 경찰공제회, 대한소방공제회, 　과학기술인공제회 ② 가입 당시 저축자가 비과세 적용을 신청할 것
비과세 종합저축 가입 대상 한정	① 만 65세 이상 거주자 또는 「장애인복지법」 제32조에 따라 등록한 장애인 ② 「독립유공자 예우에 관한 법률」 제6조에 따라 등록한 독립유공자와 그 유족 또는 가족 ③ 「국가유공자 등 예우 및 지원에 관한 법률」 제6조에 따라 등록한 상이자 ④ 「국민기초생활보장법」 제2조 제2호에 해당되는 수급자 ⑤ 「고엽제후유의증 등 환자지원 및 단체 설립에 관한 법률」 제2조 제3호에 따른 고엽제 　후유의 증환자 ⑥ 「5·18민주유공자 예우 및 단체설립에 관한 법률」 제4조 제2호에 따른 5·18민주화운 　동 부상자

> ## 추가자료
> ◎ 보험계약세제 법률조항
>
> **보장성보험료의 세액공제: 「소득세법」 제59조의4(특별세액공제)**
> ① 근로소득이 있는 거주자(일용근로자는 제외한다. 이하 이 조에서 같다)가 해당 과세기간에 만기에 환급되는 금액이 납입보험료를 초과하지 아니하는 보험의 보험계약에 따라 지급하는 다음 각 호의 보험료를 지급한 경우 그 금액의 100분의 12(제1호의 경우 100분의 15)에 해당하는 금액을 해당 과세기간의 종합소득산출세액에서 공제한다. 다만, 다음 각 호의 보험료별로 그 합계액이 각각 연 100만원을 초과하는 경우 그 초과하는 금액은 각각 없는 것으로 한다. <개정 2015.5.13.>
> 1. 기본공제대상자 중 장애인을 피보험자 또는 수익자로 하는 장애인전용보험으로서 대통령령으로 정하는 장애인전용보장성보험료
> 2. 기본공제대상자를 피보험자로 하는 대통령령으로 정하는 보험료(제1호에 따른 장애인전용보장성보험료는 제외한다)
>
> **연금계좌의 세액공제: 「소득세법」 제59조의3(연금계좌세액공제)**
> ① 종합소득이 있는 거주자가 연금계좌에 납입한 금액 중 다음 각 호에 해당하는 금액을 제외한 금액(이하 "연금계좌 납입액"이라 한다)의 100분의 12[해당 과세기간에 종합과세표준을 계산할 때 합산하는 종합소득금액이 4천 500만원 이하(근로소득만 있는 경우에는 총급여액 5천 500만원 이하)인 거주자에 대해서는 100분의 15]에 해당하는 금액을 해당 과세기간의 종합소득산출세액에서 공제한다. (이하 생략)

저축성보험의 보험차익 비과세 : 「소득세법」 제16조(이자소득) 제1항 제9호

① 이자소득은 해당 과세기간에 발생한 다음 각 호의 소득으로 한다.

9. 대통령령으로 정하는 저축성보험의 보험차익. 다만, 다음 각 목의 어느 하나에 해당하는 보험의 보험차익은 제외한다.

　가. 최초로 보험료를 납입한 날부터 만기일 또는 중도해지일까지의 기간이 10년 이상으로서 대통령령으로 정하는 요건을 갖춘 보험

　나. 대통령령으로 정하는 요건을 갖춘 종신형 연금보험 (이하 생략)

비과세 종합저축(보험) : 「조세특례제한법」 제88조의2

① 다음 각 호의 어느 하나에 해당하는 거주자가 1명당 저축원금이 5천만원(제89조에 따른 세금우대종합저축에 가입한 거주자로서 세금우대종합저축을 해지 또는 해약하지 아니한 자의 경우에는 5천만원에서 해당 거주자가 가입한 세금우대종합저축의 계약금액 총액을 뺀 금액으로 한다) 이하인 대통령령으로 정하는 저축(이하 이 조에서 "비과세종합저축"이라 한다)에 2025년 12월 31일까지 가입하는 경우 해당 저축에서 발생하는 이자소득 또는 배당소득에 대해서는 소득세를 부과하지 아니한다. (이하 생략)

TOPIC 05 확인문제 생명보험 세제

01 보장성보험료의 세액공제에 대한 설명으로 옳은 것은? 23. 계리직

① 근로소득이 없는 연금소득 거주자도 세액공제 대상이다.
② 보장성보험을 해지할 경우, 이미 세액공제 받은 보험료는 기타 소득세로 과세된다.
③ 보험료를 미리 납부했을 경우, 그 보험료는 실제 납부일이 속하는 과세기간에 세액공제가 가능하다.
④ 장애인전용보장성보험의 경우, 납입한 보험료(100만 원 한도)의 12%에 해당하는 금액을 해당 과세기간의 종합소득산 출세액에서 공제한다.

02 일반 보장성 보험료의 세액공제에 대한 설명이다. 다음 〈보기〉에서 옳은 것을 모두 고르시오.

〈보기〉

ㄱ. 일반 보장성보험은 만기 환급되는 금액이 납입보험료를 초과하는 보험이다.
ㄴ. 일용근로자를 포함한 근로소득자가 기본공제대상자를 피보험자로 하는 일반 보장성보험에 가입한 경우 가능하다.
ㄷ. 세액공제 대상을 근로소득자로 제한하고 있어 연금소득자 또는 개인사업자 등은 보장성 보험에 가입하더라도 세액공제를 받을 수 없다.
ㄹ. 기본공제대상자가 장애인일 경우 연령에 상관없이 소득금액 요건만 충족 시 세액공제가 가능하다.

① ㄱ, ㄴ   ② ㄱ, ㄷ   ③ ㄴ, ㄷ   ④ ㄷ, ㄹ

정답찾기

01 ① 세액공제 대상을 근로소득자로 제한하고 있어 연금소득자 또는 개인사업자 등은 보장성보험에 가입하더라도 세액공제를 받을 수 없다.
② 과세기간 중 보장성보험을 해지할 경우 해지 시점까지 납입한 보험료에 대해 세액공제가 가능하며 이미 세액공제 받은 보험료에 대한 추징 또한 없다.
④ 근로소득자가 기본공제대상자 중 장애인을 피보험자 또는 수익자로 하는 장애인 전용보험(보험계약 또는 보험료 납입영수증에 장애인전용보험으로 표시) 및 장애인전용보험전환특약을 부가한 보장성 보험의 경우 과세기간 납입 보험료(1년 100만 원 한도)의 15%에 해당되는 금액을 종합소득산출세액에서 공제받을 수 있다.

02 ㄱ. 일반 보장성보험은 만기 환급되는 금액이 납입보험료를 초과하지 않는 보험이다.
ㄴ. 일용근로자를 제외한 근로소득자가 기본공제대상자를 피보험자로 하는 일반 보장성보험에 가입한 경우 가능하다.

정답   **01** ③   **02** ④

03 연금계좌의 세액공제에 대한 설명 중 옳지 않은 것을 고르시오.

① 퇴직연금을 지급받기 위해 가입하는 계좌로 확정급여형(DB형), 확정기여형(DC형) 및 개인형 퇴직연금(IRP) 등이 있다. 이 중 확정기여형(DC형) 퇴직연금은 세액공제 대상에서 제외된다.

② 종합소득자가 과세기간 중 연금저축계좌에 납입한 금액 600만원 한도의 12%(지방소득세 별도) 세액공제 받을 수 있다.

③ 다만 종합소득금액 4천 500만원 이하 또는 근로소득만 있는 경우 총 급여액 5천 500만원 이하인 거주자는 15%(지방소득세 별도)를 해당 과세기간 종합소득산출세액에서 공제한다.

④ 보장성보험료 세액공제가 근로소득자에 한해 가능한 것과 달리 연금계좌의 세액공제는 근로소득 외의 종합소득이 있는 경우에도 가능하다.

04 저축성 보험의 보험차익 비과세에 대한 설명이다. 다음 〈보기〉에서 옳은 것을 모두 고르시오.

─────〈 보기 〉─────

ㄱ. 일반적으로 저축성보험의 보험차익은 이자소득으로 「소득세법」상 과세대상이 아니다.

ㄴ. 최초 보험료 납입 시점부터 만기일 또는 중도해지일까지 기간이 5년 이상이면 비과세된다.

ㄷ. 계약자 1인당 납입 보험료 합계액이 '17년 3월 31일까지 가입한 경우 2억원 이하이면 비과세된다.

ㄹ. 최초 보험료 납입일로부터 만기일 또는 중도해지일까지의 기간은 10년 이상이나, 납입 보험료를 최초납입일부터 10년이 경과하기 전에 확정된 기간 동안 연금형태로 분할하여 지급받는 경우는 비과세 요건에서 제외한다.

① ㄱ, ㄴ   ② ㄱ, ㄹ
③ ㄴ, ㄹ   ④ ㄷ, ㄹ

정답찾기

03 ① 퇴직연금을 지급받기 위해 가입하는 계좌로 확정급여형(DB형), 확정기여형(DC형) 및 개인형 퇴직연금(IRP) 등이 있다. 이 중 확정급여형(DB형) 퇴직연금은 세액공제 대상에서 제외된다.

04 ㄱ. 일반적으로 저축성보험의 보험차익은 이자소득으로 「소득세법」상 과세대상이다.
ㄴ. 최초 보험료 납입 시점부터 만기일 또는 중도해지일까지 기간이 10년 이상이면 비과세된다.

정답   **03** ①   **04** ④

Chapter 03 보험윤리와 소비자보호

TOPIC 06 보험영업윤리

❶ 보험회사 영업행위 윤리준칙과 보험영업활동 기본원칙

보험회사 영업행위윤리 준칙	① 영업활동 기본원칙 : 보험소비자 권익 제고를 위해 신의성실, 공정한 영업풍토 조성, 보험관계 법규 준수 등 보험상품 판매 과정에서 준수해야 할 기본 원칙 ② 판매관련 보상체계의 적정성 제고 : 보험소비자의 권익 침해를 방지하기 위해 평가 및 보상체계에 판매실적 외 불완전판매 건수, 고객수익률, 소비자만족도, 계약 관련 서류 충실성 등 관련 요소들을 충분히 반영하여 운영 ③ 영업행위 내부통제 강화 : 윤리준칙 준수 여부에 대한 주기적 점검 및 위법·부당행위 내부신고제도 운영 등 ④ 보험소비자와의 정보 불균형 해소 : 충실한 설명의무 이행, 계약체결 및 유지단계에서 필요한 정보 제공 등 ⑤ 합리적 분쟁해결 프로세스 구축 : 독립적이고 공정한 민원 처리를 위한 민원관리 시스템 구축, 분쟁 방지 및 효율적 처리방안 마련 등
보험 영업활동 기본원칙	① 보험회사는 보험상품을 판매하고 서비스를 제공하는 일련의 과정에서 보험소비자의 권익이 침해되는 일이 발생하지 않도록 노력해야 함 ② 보험모집자는 금융인으로서 사명감과 윤리의식을 가지고, 보험소비자의 권익 보호를 최우선 가치로 삼고 영업활동을 수행해야 함 ③ 보험회사는 보험모집자의 도입·양성·교육·관리 등에 있어서 법령을 준수하고 건전한 금융거래질서가 유지될 수 있도록 노력해야 한함 ④ 보험회사 및 보험모집자는 부당한 모집행위나 과당경쟁을 하지 않고 합리적이고 공정한 영업풍토를 조성함으로써 모집질서를 확립하고 보험계약자의 권익 보호에 최선을 다해야 함 ⑤ 보험회사 및 보험모집자는 보험상품 판매에 관한 보험 관계 법규 등을 철저히 준수해야 하며, 법령 등에서 정하고 있지 않은 사항은 사회적 규범과 시장의 일관된 원칙 등을 고려하여 선의의 판단에 따라 윤리적으로 행동해야 함

❷ 보험상품 판매 전·후 보험소비자와의 정보 불균형 해소

신의성실의 원칙	① 보험회사 및 보험모집자는 보험소비자의 권익을 보호하기 위해 보험 영업활동 시 합리적으로 행동하고 적절하게 판단해야 하며, 보험소비자가 합리적인 선택을 할 수 있도록 지원해야 함 ② 보험회사는 보험상품 판매과정에서 보험소비자에게 피해가 생긴 경우에는 신속한 피해 구제를 위해 노력해야 함 ③ 보험모집자는 보험소비자와의 신뢰 관계를 성실하게 유지해야 하며, 이를 위해 정직, 신용, 성실 및 전문직업의식을 가지고 보험 영업활동을 수행해야 함
보험소비자에게 적합한 상품 권유	보험회사 및 보험모집자는 보험소비자의 연령, 보험 가입목적, 보험상품 가입 경험 및 이해수준 등에 대한 충분한 정보를 파악하고, 보험상품에 대한 합리적 정보를 제공하여 불완전판매가 발생하지 않도록 노력해야 함
부당한 영업행위 금지	① 보험소비자의 보험 가입 니즈와 구매 의사에 반하는 다른 보험상품의 구매를 강요하는 행위를 금지함 ② 새로운 보험상품을 판매하기 위해 보험소비자가 가입한 기존 상품을 해지하도록 유도하는 행위(보험계약 승환)를 금지함 ③ 보험회사로부터 승인받지 않은 보험안내자료나 상품광고 등을 영업에 활용하는 행위를 금지함 ④ 보험소비자에게 객관적이고 올바른 정보를 제공하지 않아 보험소비자가 합리적인 선택을 불가능하게 하는 행위를 금지함 ⑤ 보험회사의 대출, 용역 등 서비스 제공과 관련하여 보험소비자의 의사에 반하는 보험상품의 구매를 강요하는 행위를 금지함 ⑥ 보험소비자가 보험상품의 중요한 사항을 보험회사에 알리는 것을 방해하거나 알리지 아니할 것을 권유하는 행위를 금지함 ⑦ 실제 명의인이 아닌 자의 보험계약을 모집하거나 실제 명의인의 동의가 없는 보험계약을 모집하는 행위(허위작성)를 금지함 ⑧ 보험소비자의 자필서명을 받지 아니하고 서명을 대신하는 행위를 금지함
충실한 설명의무 이행	① 보험회사 및 보험모집자는 보험상품을 권유할 때 보험소비자가 보험상품의 종류 및 특징, 유의사항 등을 제대로 이해할 수 있도록 충분히 설명하여야 함 ② 보험회사는 보험계약 체결 시부터 보험금 지급 시까지의 주요 과정을 보험업 법령에서 정하는 바에 따라 보험소비자에게 충분히 설명하여야 함 ③ 보험회사는 중도해지 시 불이익, 보장이 제한되는 경우 등 보험소비자의 권익에 관한 중요사항은 반드시 설명하고, 상품설명서 등 관련 정보를 보험소비자에게 제공해야 함 ④ 보험회사 및 보험모집자는 보험상품의 기능을 왜곡하여 설명하는 등 보험계약자의 이익과 필요에 어긋나는 설명 행위를 해서는 안 됨
보험계약 유지관리 강화	보험회사는 보험소비자에게 보험료 납입안내, 보험금 청구절차 안내 등 보험계약 유지관리 서비스를 강화하여 보험소비자의 만족도를 제고하도록 노력해야 함

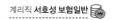

❸ 보험소비자에 대한 정보 제공

정보의 적정성 확보	① 보험모집자는 보험회사가 제작하여 승인된 보험안내자료만 사용해야 하며, 승인되지 않은 보험안내자료를 임의로 제작하거나 사용할 수 없음 ② 보험회사는 보험상품 안내장, 약관, 광고, 홈페이지 등 보험소비자에게 정보를 제공하 는 수단에 대하여 부정확한 정보나 과대광고로 보험소비자가 피해를 입는 일이 없도 록 해야 함 ③ 보험회사는 보험상품에 대한 판매 광고 시, 보험협회의 상품광고 사전심의 대상이 되 는 보험상품에 대해서는 보험협회로부터 심의필을 받아야 하며, 공정한 거래질서를 해 치거나 보험소비자의 윤리적·정서적 감정을 훼손하는 내용을 제외해야 함 ④ 보험소비자에게 제공하는 정보는 보험소비자가 알기 쉽도록 간단·명료하게 작성되 어야 하며, 객관적인 사실에 근거하여 보험소비자가 오해할 우려가 있는 정보를 배제 해야 함
정보의 시의성 확보	① 보험소비자에 대한 정보 제공은 제공시기 및 내용을 보험소비자의 관점에서 고려하고, 정보 제공이 시의적절하게 이루어질 수 있도록 운영해야 함 ② 보험회사는 공시자료 내용에 변경이 생긴 경우 특별한 사유가 없는 한 지체없이 자료 를 수정함으로써 보험소비자에게 정확한 정보를 제공해야 함
계약체결· 유지단계의 정보 제공	① 보험모집자는 보험소비자에게 보험계약 체결 권유단계에 상품설명서를 제공해야 하 며, 보험계약 청약 단계에 보험계약청약서 부본 및 보험약관을 제공해야 함 ② 보험모집자는 보험소비자에게 제공하는 보험안내 자료상의 예상 수치는 실제 적용되 는 이율이나 수익률 등과 다를 수 있다는 점을 분명하게 설명해야 함 ③ 보험회사는 1년 이상 유지된 계약에 관해 보험계약관리내용을 연 1회 이상 보험소비 자에게 제공해야 하며, 변액보험에 대해서는 분기별 1회 이상 제공해야 함 ④ 보험회사는 저축성보험에 대해 판매 시점의 공시이율을 적용한 경과 기간별 해지 환급 금을 보험소비자에게 안내하고, 해지 환급금 및 적립금을 공시기준에 따라 공시해야 함 ⑤ 보험회사는 미가입 시 과태료 부과 등 행정조치가 취해지는 의무보험에 대해서는 보 험기간이 만료되기 일정 기간 이전에 보험 만기 도래 사실 및 계약 갱신 절차 등을 보험소비자에게 안내해야 함

❹ 모집질서 개선을 통한 보험소비자 보호

완전판매 문화 정착	보험회사는 보험소비자 보호 강화를 위해 완전판매 문화가 정착되도록 노력해야 하며 보 험모집자의 모집관리지표를 측정·관리하고 그 결과에 따라 완전판매 교육체계를 마련해 야 함
건전한 보험시장 질서 확립	① 불완전판매 등 보험모집자의 부실모집 행위에 대하여 양정기준을 운영함으로써 보험 모집자의 불완전판매 재발을 방지해야 함 ② 보험소비자 등에게 「금융소비자 보호에 관한 감독규정」 제14조 제4항에 따른 금융소 비자 의사에 반하여 보험계약 체결을 강요하여서는 안 됨

보험회사와 보험모집자의 불공정행위 금지	① 보험회사 및 보험모집자는 위탁계약서의 내용을 충실히 이행해야 하며, 위탁계약서에 명시된 것 이외의 항목에 대해서는 부당하게 지원 및 요구를 하지 않아야 함 ② 보험회사는 정당한 사유 없이 보험모집자에게 지급되어야 할 수수료의 일부 또는 전부를 지급하지 않거나 지급을 지연해서는 안 됨. 또한, 기지급된 수수료에 대해 정당한 사유 없이 환수해서는 안 됨 ③ 보험회사는 보험설계사에게 보험료 대납 등 불법 모집행위를 강요하는 행위를 하여서는 안 됨
보험모집자의 전문성 제고	① 보험모집자는 판매하는 상품에 대한 모집자격을 갖추어야 하며, 판매하는 상품에 대한 충분한 지식을 갖추어야 함 ② 보험회사는 보험설계사의 전문성 제고를 위한 교육프로그램을 운영하여 보험설계사가 종합적인 재무·위험 전문 컨설턴트로서 보험소비자에게 최고의 서비스를 제공할 수 있도록 지원해야 함 ③ 보험회사는 협회에서 시행하는 우수인증설계사에 대한 우대방안을 마련하여 불완전판매가 없는 장기근속 우수한 설계사 양성을 도모해야 함

❺ 개인정보의 보호와 판매 관련 보상체계

개인정보의 수집 및 이용	보험회사는 보험상품 판매를 위해 개인정보의 수집 및 이용이 필요할 경우 명확한 동의절차를 밟아야 하며 그 목적에 부합하는 최소한의 정보만 수집·이용해야 함
개인정보의 보호 및 파기	① 보험회사는 수집한 개인정보를 고객의 동의 없이 제3자에게 제공해서는 아니되며, 개인정보가 외부에 유출되지 않도록 기술적·관리적 조치를 취해야 함 ② 보험회사는 수집한 개인정보를 당해 목적 이외에는 사용하지 아니하며, 그 목적이 달성되었을 때에는 수집한 정보를 파기해야 함
판매 관련 보상체계	① 보험회사는 보험상품을 판매하는 과정에서 판매 담당 직원과 보험소비자의 이해 상충이 발생하지 않도록 판매 담당 직원 및 단위조직*(이하 '판매 담당 직원 등'이라 한다)에 대한 평가 및 보상체계를 설계해야 함 * 판매 담당 직원 등의 범위: 보험소비자에게 금융상품을 직접 판매하는 직원과 이러한 직원들의 판매실적에 따라 주로 평가받는 직원 및 영업 단위조직으로 보험설계사와 보험대리점은 포함되지 않음 ② 보험회사는 판매 담당 직원 등에 대한 평가 및 보상체계에 판매실적 이외에도 불완전판매 건수, 고객수익률, 소비자만족도 조사결과, 계약 관련 서류의 충실성, 판매 프로세스 적정성 점검결과 등 관련 요소들을 충분히 반영하여 평가결과에 실질적인 차별화가 있도록 운영해야 함. 다만, 구체적인 반영항목 및 기준은 각 보험회사가 합리적으로 마련하여 운영할 수 있음 ③ 보험소비자들이 판매 담당 직원의 불건전영업행위, 불완전판매 등으로 금융거래를 철회·해지하는 경우 보험회사는 판매 담당 직원에게 이미 제공된 금전적 보상을 환수할 수 있으며, 이를 위해 보상의 일정 부분은 소비자에게 상품 및 서비스가 제공되는 기간에 걸쳐 분할 또는 연기하여 제공할 수 있음

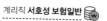

판매 관련 보상체계	④ 판매 담당 직원 등에 대한 성과·보상체계 설정 부서, 성과평가 부서, 상품개발·영업 관련 부서, 준법 감시 부서 등이 불완전판매 등 관련 정보를 수집·공유하고 특정 보험상품에 대한 판매 목표량과 판매실적 가중치 부여의 적정 여부, 부가상품 판매에 따른 불완전판매 발생 사례 및 발생 가능성 등에 대해 정기적으로 협의·검토해야 함

❻ 분쟁 방지 및 민원 처리

불완전판매 등에 대한 관리	① 보험회사는 보험상품 판매과정에서 불완전판매가 발생하지 않도록 보험소비자 보호 관점에서 지속적으로 관리해야 함 ② 보험회사는 상품 및 서비스와 관련한 주요 보험소비자 불만 사항에 대해 그 불만 내용과 피해에 대한 분석을 통해 불만의 주요 원인을 파악하고 이를 관련 부서와 협의하여 개선해야 함
민원관리 시스템 구축	① 보험회사는 독립적이고 공정한 민원 처리와 구제절차를 마련하여 운영해야 하며, 보험소비자가 시의적절하고 효율적으로 이용할 수 있도록 해야 함 ② 보험회사는 보험소비자가 다양한 민원접수 채널을 통해 민원을 제기할 수 있도록 해야 하고, 해당 민원을 One-Stop으로 처리할 수 있도록 전산화된 시스템을 구축해야 함 ③ 보험회사는 민원관리시스템을 통한 민원 처리 시 접수 사실 및 사실관계 조사현황 등을 보험소비자에게 고지해야 하며, 민원인의 의견을 검토하여 민원예방에 노력해야 함
분쟁 방지 및 효율적 처리방안 마련	① 보험회사는 보험소비자와의 분쟁을 해결하는 부서를 지정하고, 분쟁이 발생하지 않도록 분쟁 예방 대책을 마련해야 함 ② 보험회사는 분쟁 발생 시 조기에 분쟁이 해소될 수 있도록 노력해야 하며, 분쟁과 관련하여 정당한 사유 없이 보험소비자의 피해가 발생하지 않아야 함 ③ 보험회사는 분쟁 발생 시 보험소비자에게 분쟁 해결에 관한 내부 절차를 알려야 함 ④ 보험회사는 보험소비자가 분쟁 처리 결과에 이의가 있는 경우, 이의제기 방법 또는 객관적인 제3자를 통한 분쟁해결 방법에 대해 안내해야 함

❼ 분쟁 방지 및 민원 처리

운영	보험회사는 금융사고를 미연에 방지하고 사고 발생 시 피해를 최소화하기 위해 내부 신고 제도를 운영함
신고대상 행위	① 횡령, 배임, 공갈, 절도, 뇌물수수 등 범죄 혐의가 있는 행위 ② 업무와 관련하여 금품, 향응 등을 요구하거나 수수하는 행위 ③ 업무와 관련된 상사의 위법 또는 부당한 지시행위 ④ 기타 위법 또는 부당한 업무처리로 판단되는 일체의 행위

8 보험범죄

의미	① 보험범죄란 보험계약을 악용하여 보험 원리상 지급받을 수 없는 보험금을 수령하거나 실제 손해액 대비 많은 보험금을 청구하는 행위 또는 보험 가입 시 실제 위험 수준 대비 낮은 보험료를 납입할 목적으로 행하는 일체의 불법행위 ② 연성 사기와 경성 사기로 구분
연성 사기	① 우연히 발생한 보험사고의 피해를 부풀려 실제 발생한 손해 이상의 과다한 보험금을 청구하는 행위 ② 그 유형으로는 경미한 질병·상해에도 장기간 입원하는 행위, 보험료 절감을 위해 보험 가입 시 보험회사에 허위 정보를 제공(고지의무 위반)하는 행위 등이 있음
경성 사기	① 보험계약에서 담보하는 재해, 상해, 도난, 방화, 기타의 손실을 계획적, 의도적으로 조작하는 행위 ② 경성 사기의 유형으로는 피보험자의 신체에 상해를 입히거나 방화·살인 등 피보험자를 해치는 행위 또는 생존자를 사망한 것으로 위장함으로써 보험금을 받으려는 행위가 이에 속하며 사기행위를 통한 보험금 부정 편취하는 과정에서 추가적인 피해자가 발생하게 됨

9 보험범죄의 특성

관련·후속 범죄 유발	보험금을 부정적으로 편취하기 위해 보험계약 체결 전 고지해야 할 중요한 사항을 고의로 위조·변조하기도 하며, 보험계약 체결 후에는 보험금 청구를 위해 살인, 방화 등 다른 범죄가 함께 발생하는 경우가 많음
범죄입증의 어려움	① 보험범죄가 성립되기 위해서는 고액의 보험금을 편취하기 위해 다수의 보험에 계약한 사실이나 보험사고가 고의·허위에 의한 것임을 입증해야 하나, 보험사고의 과실이나 고의를 구분하는 것이 어려움 ② 특히 생명보험의 경우 사고 발생 후 상당 기간이 경과한 후 보험금을 청구하는 경우가 많아 입증이 더욱 어려울 수 있음
수법의 다양화·지능화·조직화	① 보험사기 조사 등 보험회사의 보험범죄 대처가 강화되면서 보험사고를 고의로 일으키거나 보험금 편취 목적의 보험 가입 사실을 숨기기 위해 치밀하고 다양한 형태의 수법이 사용되고 있음 ② 최근 개인의 단독 범행뿐 아니라 가족, 조직폭력배, 전문 브로커 등에 의한 조직적·계획적 보험사기가 증가하고 있는 추세임
보험사기 피해전가	보험사기로 인한 부정한 보험금 지급이 많아지면 보험회사는 수지상등의 원리에 의해 불가피하게 보험료를 인상하게 되는데 이는 선의의 일반계약자에게 그 피해가 전가되는 형태로 보험사기 피해가 확대됨

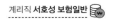

⑩ 보험범죄의 유형

사기적 보험계약 체결	① 보험계약자가 보험계약 시 자신의 건강·직업 등의 정보를 허위로 고지하거나 타인에게 자신을 대신해 건강진단을 받게 하는 행위 등을 통해 중요한 사실을 숨기고 사기적으로 보험계약을 체결하는 행위 등을 의미 ② 사기적 보험계약 체결 예시 • 암 등 고위험군 질병을 진단받은 자가 보험 가입을 위해 진단 사실을 은폐 • 피보험자가 제3자를 통한 대리진단으로 다수의 보험에 가입하는 행위 • 이미 사망한 자를 피보험자로 보험에 가입하는 행위 • 자동차 등과 관련하여 보험사고 발생 후 사고일자 등을 조작·변경하여 보험에 가입하는 행위
보험사고의 위장 또는 허위사고	① 보험사고 자체를 위장·날조하거나 보험사고가 아닌 것을 보험사고로 조작하는 행위 ② 보험사고 위장 또는 허위사고 예시 • 피보험자가 생존 중이나, 사망보험금 편취를 위해 사망한 것처럼 위장하는 행위 • 보험사고를 조작하여 병원 또는 의원으로부터 허위진단서를 발급받아 보험금을 청구하는 행위 • 기존 다른 사고로 인한 부상을 경미한 사고로 인해 발생한 것처럼 조작하여 보험금을 청구하는 행위
보험금 과다청구	① 보험사고에 따른 실제 피해보다 과다한 보험금을 지급받기 위해 병원과 공모하여 부상 정도나 장해등급을 상향, 또는 통원치료를 하였음에도 입원 치료를 받은 것으로 서류를 조작하는 행위 등 사기적으로 보험금을 과다청구하는 행위 ② 보험금 과다청구 예시 • 보험가입자가 피보험자와 병원에 내원하여 '일반 질병'을 보험계약에서 정한 '특정 질병'으로 허위진단서를 발급받아 보험금을 과다 청구하는 경우 • 병원 입원 기간 동안 외출, 외박 등을 통해 정상적인 사회활동을 하였음에도 입원한 것처럼 진단서를 발급받는 행위
고의적인 보험사고 유발	① 보험금을 부정 편취하는 행위를 말함. 최근에는 가족 또는 지인들과 사전 공모하여 고의로 사고를 일으키는 등 계획적·조직적 보험범죄 양상을 보이고 있음 ② 고의적인 보험사고 유발 예시 • 피보험자 본인이 신체 일부를 절단 또는 고층에서 뛰어내리거나 운행 중인 차량에 고의로 충돌하는 행위 • 보험수익자가 보험금을 노리고 피보험자의 신체에 고의로 상해를 입히거나 살해하는 행위

⓫ 보험범죄 방지 활동

정부 및 유관기관의 방지 활동	① 보험범죄가 급증함에 따라 정부 및 금융감독원, 보험협회 등 유관기관은 보험사기 적발 및 예방을 위한 대책과 방지 활동을 강화하고 있음 ② 검·경찰과 유관기관이 함께 참여하는 '보험범죄전담 합동대책반'을 구성·운영해온 바 있으며, 경찰청은 기획 수사 및 특별단속을 지속적으로 실시하고 있음 ③ 보험회사에서는 자체적으로 보험심사시스템을 구축하는 등 언더라이팅을 강화하여 역선택을 방지하고 보험사기 특별조사반을 설치하여 금융감독원의 보험사기대응단 및 생·손보협회의 보험범죄방지부서와 유기적인 협조체제를 갖추고 보험범죄에 대처하고 있음
보험모집 종사자의 방지 활동	보험설계사 등 보험모집자는 업무 특성상 보험계약자 등과 1차적 접점 관계에 있으며 보험계약자 또는 피보험자의 건강상태 및 재산 상황 등을 가장 먼저 인지할 수 있는 위치에 있어 보험계약 모집이나 보험금 지급 신청 시 보험계약자의 보험범죄 유발 가능성 등을 파악하고 모방범죄 등을 예방하기 위한 활동에 참여해야 함

확인문제 보험영업윤리

01

01 보험회사의 영업행위 윤리준칙에 대한 설명 중 옳지 않은 것을 고르시오.

① 보험소비자의 권익 침해를 방지하기 위해 평가 및 보상체계에 판매실적 외 불완전판매 건수, 고객수익률, 소비자만족도, 계약 관련 서류 충실성 등 관련 요소들을 충분히 반영하여 운영을 통해 판매 관련 보상체계의 적정성을 제고해야 한다.

② 윤리준칙 준수 여부에 대한 주기적 점검 및 위법·부당행위 내부신고제도 운영을 통해 영업행위의 외부통제를 강화해야 한다.

③ 충실한 설명의무 이행, 계약체결 및 유지단계에서 필요한 정보 제공을 통해 보험소비자와의 정보불균형을 제고해야 한다.

④ 독립적이고 공정한 민원처리를 위한 민원관리 시스템 구축, 분쟁방지 및 효율적 처리방안 마련 등을 통해 합리적 분쟁 프로세스를 구축해야 한다.

02 보험소비자에 대한 정보제공에 대한 설명이다. 다음 〈보기〉에서 옳은 것을 모두 고르시오.

────── 〈 보기 〉 ──────

ㄱ. 보험모집자는 보험회사가 제작하여 승인 여부와 관계없이 보험안내자료를 임의로 제작하거나 사용할 수 있다.

ㄴ. 보험소비자에 대한 정보제공은 제공시기 및 내용을 보험소비자의 관점에서 고려하고, 정보제공이 시의적절하게 이루어질 수 있도록 운영해야 한다.

ㄷ. 보험회사는 미가입 시 과태료 부과 등 행정조치가 취해지는 의무보험에 대해서는 보험기간이 만료되기 일정 기간 이전에 보험만기 도래 사실 및 계약 갱신 절차 등을 보험소비자에게 안내해야 한다.

ㄹ. 보험모집자는 보험소비자에게 제공하는 보험안내자료상의 예상수치는 실제 적용되는 이율이나 수익률 등과 다를 수 없다는 점을 분명하게 설명해야 한다.

① ㄱ, ㄴ　　　　② ㄱ, ㄷ　　　　③ ㄴ, ㄷ　　　　④ ㄷ, ㄹ

정 답 찾 기

01 ② 윤리준칙 준수 여부에 대한 주기적 점검 및 위법·부당행위 내부신고제도 운영을 통해 영업행위의 내부통제를 강화해야 한다.

02 ㄱ. 보험모집자는 보험회사가 제작하여 승인된 보험안내자료만 사용해야 하며, 승인되지 않은 보험안내자료를 임의로 제작하거나 사용할 수 없다.
ㄹ. 보험모집자는 보험소비자에게 제공하는 보험안내자료상의 예상수치는 실제 적용되는 이율이나 수익률 등과 다를 수 있다는 점을 분명하게 설명해야 한다.

정답　**01** ②　　**02** ③

03 보험범죄에 대한 설명 중 옳지 않은 것을 고르시오.

① 보험범죄는 연성사기와 경성사기로 구분될 수 있다.

② 보험범죄는 관련·후속 범죄 유발가능성이 매우 높다.

③ 보험범죄는 보험사고의 과실이나 고의를 구분하는 것이 어려운 경향이 있다.

④ 보험사기로 인한 부정한 보험금 지급이 많아지면 일반 보험계약자와는 관계없이 보험회사만 손실을 본다.

04 보험범죄의 유형에 대한 설명이다. 다음 〈보기〉에서 옳은 것의 개수는?

─〈보기〉─

ㄱ. 피보험자가 제 3자를 통한 대리진단으로 다수의 보험에 가입하는 행위는 사기적 보험계약체결에 해당한다.

ㄴ. 보험사고를 조작하여 병원 또는 의원으로부터 허위진단서를 발급받아 보험금을 청구하는 행위는 보험사고의 위장에 해당한다.

ㄷ. 병원 입원 기간 동안 외출, 외박 등을 통해 정상적인 사회활동을 하였음에도 입원한 것처럼 진단서를 발급받는 행위는 보험금 과다청구에 해당한다.

ㄹ. 보험수익자가 보험금을 노리고 피보험자의 신체에 고의로 상해를 입히거나 살해하는 행위는 고의적인 보험사고 유발에 해당한다.

① 1개   ② 2개   ③ 3개   ④ 4개

정답찾기

03 ④ 보험사기는 선의의 일반계약자에게 그 피해가 전가 되는 형태로 보험사기 피해가 확대된다.

04 모두 옳은 지문이다.

정답   **03** ④   **04** ④

TOPIC 07 보험모집 준수사항

01

① 보험모집 개요

보험모집	① 보험모집: 보험회사와 보험에 가입하려는 소비자 사이에서 보험계약의 체결을 중개·대리하는 행위 ② 일반적으로는 소비자를 대상으로 보험상품을 판매하는 행위로 정의할 수 있음
보험모집의 자격	① 「보험업법」상 보험을 모집할 수 있는 자격은 아래와 같이 제한됨 ② 보험설계사: 보험회사, 보험대리점 또는 보험중개사에 소속되어 보험계약 체결을 중개하는 자 ③ 보험대리점: 보험회사를 위하여 보험계약의 체결을 대리하는 자 ④ 보험중개사: 독립적으로 보험계약의 체결을 중개하는 자 ⑤ 보험회사의 임직원(대표이사, 사외이사, 감사 및 감사위원은 제외)

② 「보험업법」 상 준수사항

보험안내자료 (제95조)	① 보험모집을 위해 사용하는 보험안내자료는 명백하고 알기 쉽게 적어야 함 ② 주요 내용 • 보험회사의 상호나 명칭 또는 보험설계사, 보험대리점 또는 보험중개사의 이름·상호나 명칭 • 보험 가입에 따른 권리·의무에 관한 주요 사항 • 보험약관으로 정하는 보장에 관한 사항 • 보험금 지급제한 조건에 관한 사항 • 해약환급금에 관한 사항 • 「예금자보호법」에 따른 예금자 보호와 관련된 사항 등
설명의무 (보험업법 제95조의2 등)	① 보험회사는 보험계약의 체결 시부터 보험금 지급 시까지의 주요 과정을 대통령령으로 정하는 바에 따라 일반보험계약자에게 설명하여야 함 ② 다만, 일반보험계약자가 설명을 거부하는 경우에는 설명하지 않아도 됨 ③ 보험회사는 일반보험계약자가 보험금 지급을 요청하는 경우 대통령령으로 정하는 바에 따라 보험금 지급절차 및 지급내역 등을 설명해야 하며, 보험금을 감액하거나 지급하지 않는 경우 그 사유에 대해 설명해야 함

통신수단을 이용한 모집 관련 준수사항 (제96조)	① 전화·우편·컴퓨터 통신 등 통신수단을 이용하여 모집을 하는 자는 보험업법상 보험모집을 할 수 있는 자이어야 함 ② 사전에 통신수단을 이용한 모집에 동의한 자를 대상으로 해야 함 ③ 또한, 통신수단을 이용해 보험계약을 청약한 경우 청약의 내용 확인 및 정정, 청약 철회 및 계약 해지도 통신수단을 이용할 수 있도록 해야 함 ④ 계약 해지하고자 하는 경우에는 보험계약자가 계약을 해지하기 전에 안전성 및 신뢰성이 확보되는 방법을 이용하여 보험계약자 본인임을 확인받은 경우에 한정함
보험계약 체결 또는 모집에 관한 금지행위 (제97조)	① 보험계약자 또는 피보험자로 하여금 이미 성립된 보험계약을 부당하게 소멸시킴으로써 새로운 보험계약(기존보험계약과 보장내용 등이 비슷한 경우)을 청약하게 하거나 새로운 보험계약을 청약하게 함으로써 기존보험계약을 부당하게 소멸시키거나 그 밖에 부당하게 보험계약을 청약하게 하거나 이러한 것을 권유하는 행위 ② 실제 명의인이 아닌 자의 보험계약을 모집하거나 실제 명의인의 동의가 없는 보험계약을 모집하는 행위 ③ 보험계약자 또는 피보험자의 자필서명이 필요한 경우에 보험계약자 또는 피보험자로부터 자필서명을 받지 아니하고 서명을 대신하거나 다른 사람으로 하여금 서명하게 하는 행위 ④ 다른 모집 종사자의 명의를 이용하여 보험계약을 모집하는 행위 ⑤ 보험계약자 또는 피보험자와의 금전대차의 관계를 이용하여 보험계약자 또는 피보험자로 하여금 보험계약을 청약하게 하거나 이러한 것을 요구하는 행위 ⑥ 정당한 이유 없이 장애인차별금지 및 권리구제 등에 관한 법률」2조에 따른 장애인의 보험 가입을 거부하는 행위 ⑦ 보험계약의 청약 철회 또는 계약해지를 방해하는 행위
특별이익제공 금지 (제98조)	① 보험계약의 체결 또는 모집에 종사하는 자는 그 체결 또는 모집과 관련하여 보험계약자나 피보험자에게 특별이익을 제공하거나 제공하기로 약속하여서는 아니 됨 ② 주요 내용 • 금품 • 기초서류에서 정한 사유에 근거하지 아니한 보험료의 할인 또는 수수료의 지급 • 기초서류에서 정한 보험금액보다 많은 보험금액의 지급 약속 • 보험료 대납 • 보험회사로부터 받은 대출금에 대한 이자의 대납 • 보험료로 받은 수표 또는 어음에 대한 이자 상당액의 대납 • 「상법」 제682조에 따른 제3자에 대한 청구권 대위행사의 포기 등
수수료 지급 등의 금지 (제99조)	보험회사는 보험업법상 보험을 모집할 수 있는 자 이외의 자에게 모집을 위탁하거나 모집에 관하여 수수료, 보수, 그 밖의 대가를 지급하지 못함

❸ 「생명보험 공정경쟁질서 유지에 관한 협정」에서 정한 준수사항

무자격자 모집 금지	보험회사는 보험업법상 보험모집을 할 수 없거나 보험모집 등에 관한 부당한 행위로 보험 모집을 할 수 없게 된 자에게 보험모집을 위탁하여서는 아니 됨
특별이익제공 금지	보험회사는 보험모집자가 보험계약자에게 보험료의 할인 기타 특별한 이익을 제공하거나 이를 약속하는 행위를 하지 못하도록 하여야 하며 회사 또한 동일한 행위를 하여서는 아니 됨
작성계약 금지	보험회사는 보험계약자의 청약이 없음에도 보험모집자가 계약자 또는 피보험자의 명의를 가명·도명·차명으로 보험계약 청약서를 임의로 작성하여 성립시키는 계약을 하지 못하도록 하여야 함
경유계약 금지	보험회사는 보험모집자 본인이 모집한 계약을 타인의 명의로 처리하지 못하도록 하여야 함
허위사실 유포 금지	보험회사는 보험모집자가 다른 회사를 모함하거나 허위사실을 유포하는 행위를 하지 못 하도록 하여야 하며, 회사 또한 동일한 행위를 하여서는 아니 됨

01

❹ 「금융소비자 보호에 관한 법률」상 준수사항 주요 내용

설명의무 (제19조)	① 금융상품판매업자등은 일반금융소비자에게 계약체결을 권유(금융상품자문업자가 자문에 응하는 것을 포함한다)하는 경우 및 일반금융소비자가 설명을 요청하는 경우에는 다음 각 호의 금융상품에 관한 중요한 사항(일반금융소비자가 특정 사항에 대한 설명만을 원하는 경우 해당 사항으로 한정한다)을 일반금융소비자가 이해할 수 있도록 설명하여야 한다. 1. 다음 각 목의 구분에 따른 사항 　가. 보장성 상품 　　1) 보장성 상품의 내용 　　2) 보험료(공제료를 포함한다. 이하 같다) 　　3) 보험금(공제금을 포함한다. 이하 같다) 지급제한 사유 및 지급절차 　　4) 위험보장의 범위 　　5) 그 밖에 위험보장 기간 등 보장성 상품에 관한 중요한 사항으로서 대통령령으로 정하는 사항 　나. 투자성 상품 　　1) 투자성 상품의 내용 　　2) 투자에 따른 위험 　　3) 대통령령으로 정하는 투자성 상품의 경우 대통령령으로 정하는 기준에 따라 금융상품직접판매업자가 정하는 위험등급 　　4) 그 밖에 금융소비자가 부담해야 하는 수수료 등 투자성 상품에 관한 중요한 사항으로서 대통령령으로 정하는 사항 　다. 예금성 상품 　　1) 예금성 상품의 내용 　　2) 그 밖에 이자율, 수익률 등 예금성 상품에 관한 중요한 사항으로서 대통령령으로 정하는 사항

**설명의무
(제19조)**
	라. 대출성 상품
	
	    1) 금리 및 변동 여부, 중도상환수수료(금융소비자가 대출만기일이 도래하기 전 대출금의 전부 또는 일부를 상환하는 경우에 부과하는 수수료를 의미한다. 이하 같다) 부과 여부·기간 및 수수료율 등 대출성 상품의 내용
	    2) 상환방법에 따른 상환금액·이자율·시기
	    3) 저당권 등 담보권 서정에 관한 사항, 담보권 실행사유 및 담보권 실행에 따른 담보목적물의 소유권 상실 등 권리변동에 관한 사항
	    4) 대출원리금, 수수료 등 금융소비자가 대출계약을 체결하는 경우 부담하여야 하는 금액의 총액
	    5) 그 밖에 대출계약의 해지에 관한 사항 등 대출성 상품에 관한 중요한 사항으로서 대통령령으로 정하는 사항
	2. 제1호 각 목의 금융상품과 연계되거나 제휴된 금융상품 또는 서비스 등(이하 "연계·제휴서비스등"이라 한다)이 있는 경우 다음 각 목의 사항
	  가. 연계·제휴서비스등의 내용
	  나. 연계·제휴서비스등의 이행책임에 관한 사항
	  다. 그 밖에 연계·제휴서비스 등의 제공기간 등 연계·제휴서비스등에 관한 중요한 사항으로서 대통령령으로 정하는 사항
	3. 제46조에 따른 청약 철회의 기한·행사방법·효과에 관한 사항
	4. 그 밖에 금융소비자 보호를 위하여 대통령령으로 정하는 사항
	② 금융상품판매업자등은 제1항에 따른 설명에 필요한 설명서를 일반금융소비자에게 제공하여야 하며, 설명한 내용을 일반금융소비자가 이해하였음을 서명, 기명날인, 녹취 또는 그 밖에 대통령령으로 정하는 방법으로 확인을 받아야 한다. 다만, 금융소비자 보호 및 건전한 거래질서를 해칠 우려가 없는 경우로서 대통령령으로 정하는 경우에는 설명서를 제공하지 아니할 수 있다.
	③ 금융상품판매업자등은 제1항에 따른 설명을 할 때 일반금융소비자의 합리적인 판단 또는 금융상품의 가치에 중대한 영향을 미칠 수 있는 사항으로서 대통령령으로 정하는 사항을 거짓으로 또는 왜곡(불확실한 사항에 대하여 단정적 판단을 제공하거나 확실하다고 오인하게 할 소지가 있는 내용을 알리는 행위를 말한다)하여 설명하거나 대통령령으로 정하는 중요한 사항을 빠뜨려서는 아니 된다.
	④ 제2항에 따른 설명서의 내용 및 제공 방법·절차에 관한 세부내용은 대통령령으로 정한다.

불공정 영업행위의 금지 (제20조)	① 금융상품판매업자등은 우월적 지위를 이용하여 금융소비자의 권익을 침해하는 다음 각 호의 어느 하나에 해당하는 행위(이하 "불공정영업행위"라 한다)를 해서는 아니 된다. 1. 대출성 상품, 그 밖에 대통령령으로 정하는 금융상품에 관한 계약체결과 관련하여 금융소비자의 의사에 반하여 다른 금융상품의 계약체결을 강요하는 행위 2. 대출성 상품, 그 밖에 대통령령으로 정하는 금융상품에 관한 계약체결과 관련하여 부당하게 담보를 요구하거나 보증을 요구하는 행위 3. 금융상품판매업자등 또는 그 임직원이 업무와 관련하여 편익을 요구하거나 제공받는 행위 4. 대출성 상품의 경우 다음 각 목의 어느 하나에 해당하는 행위 가. 자기 또는 제3자의 이익을 위하여 금융소비자에게 특정 대출 상환방식을 강요하는 행위

불공정 영업행위의 금지 (제20조)	나. 1)부터 3)까지의 경우를 제외하고 수수료, 위약금 또는 그 밖에 어떤 명목이든 중도상환수수료를 부과하는 행위 　1) 대출계약이 성립한 날부터 3년 이내에 상환하는 경우 　2) 다른 법령에 따라 중도상환수수료 부과가 허용되는 경우 　3) 금융소비자 보호 및 건전한 거래질서를 해칠 우려가 없는 행위로서 대통령령으로 정하는 경우 다. 개인에 대한 대출 등 대통령령으로 정하는 대출상품의 계약과 관련하여 제3자의 연대보증을 요구하는 경우 5. 연계·제휴서비스등이 있는 경우 연계·제휴서비스등을 부당하게 축소하거나 변경하는 행위로서 대통령령으로 정하는 행위. 다만, 연계·제휴서비스등을 불가피하게 축소하거나 변경하더라도 금융소비자에게 그에 상응하는 다른 연계·제휴서비스등을 제공하는 경우와 금융상품판매업자등의 휴업·파산·경영상의 위기 등에 따른 불가피한 경우는 제외한다. 6. 그 밖에 금융상품판매업자등이 우월적 지위를 이용하여 금융소비자의 권익을 침해하는 행위 ② 불공정영업행위에 관하여 구체적인 유형 또는 기준은 대통령령으로 정한다.
부당권유행위 금지 (제21조)	금융상품판매업자등은 계약 체결을 권유(금융상품자문업자가 자문에 응하는 것을 포함한다. 이하 이 조에서 같다)하는 경우에 다음 각 호의 어느 하나에 해당하는 행위를 해서는 아니 된다. 다만, 금융소비자 보호 및 건전한 거래질서를 해칠 우려가 없는 행위로서 대통령령으로 정하는 행위는 제외한다. 1. 불확실한 사항에 대하여 단정적 판단을 제공하거나 확실하다고 오인하게 할 소지가 있는 내용을 알리는 행위 2. 금융상품의 내용을 사실과 다르게 알리는 행위 3. 금융상품의 가치에 중대한 영향을 미치는 사항을 미리 알고 있으면서 금융소비자에게 알리지 아니하는 행위 4. 금융상품 내용의 일부에 대하여 비교대상 및 기준을 밝히지 아니하거나 객관적인 근거 없이 다른 금융상품과 비교하여 해당 금융상품이 우수하거나 유리하다고 알리는 행위 5. 보장성 상품의 경우 다음 각 목의 어느 하나에 해당하는 행위 　가. 금융소비자(이해관계인으로서 대통령령으로 정하는 자를 포함한다. 이하 이 호에서 같다)가 보장성 상품 계약의 중요한 사항을 금융상품직접판매업자에게 알리는 것을 방해하거나 알리지 아니할 것을 권유하는 행위 　나. 금융소비자가 보장성 상품 계약의 중요한 사항에 대하여 부실하게 금융상품직접판매업자에게 알릴 것을 권유하는 행위 6. 투자성 상품의 경우 다음 각 목의 어느 하나에 해당하는 행위 　가. 금융소비자로부터 계약의 체결권유를 해줄 것을 요청받지 아니하고 방문·전화 등 실시간 대화의 방법을 이용하는 행위 　나. 계약의 체결권유를 받은 금융소비자가 이를 거부하는 취지의 의사를 표시하였는데도 계약의 체결권유를 계속하는 행위 7. 그 밖에 금융소비자 보호 또는 건전한 거래질서를 해칠 우려가 있는 행위로서 대통령령으로 정하는 행위

TOPIC 07 확인문제 **보험모집 준수사항**

01 보험업법상 보험을 모집할 수 있는 자에 대한 설명으로 옳지 않은 것은? 24. 계리직

① 보험중개사는 독립적으로 보험계약의 체결을 중개한다.
② 대표이사를 포함한 보험회사의 임직원은 보험모집이 가능하다.
③ 보험대리점은 보험회사를 위하여 보험계약의 체결을 대리한다.
④ 보험설계사는 보험회사, 보험대리점 또는 보험중개사에 소속되어 보험계약의 체결을 중개한다.

02 보험업법상 준수사항에 대한 설명이다. 다음 〈보기〉에서 옳은 것을 모두 고르시오.

〈 보기 〉
ㄱ. 보험회사는 보험계약의 체결 시부터 보험금 지급 시까지의 주요 과정을 대통령령으로 정하는 바에 따라 일반보험계약자가 설명을 거부하더라도 반드시 설명하여야 한다.
ㄴ. 전화·우편·컴퓨터통신 등 통신수단을 이용하여 모집을 하는 자의 자격요건은 성인이면 누구나 가능하다.
ㄷ. 통신수단을 이용한 모집에서는 사전에 통신수단을 이용한 모집에 동의한 자를 대상으로 해야 된다.
ㄹ. 새로운 보험계약을 청약하게 함으로써 기존보험계약을 부당하게 소멸시키거나 그 밖에 부당하게 보험계약을 청약하게 하거나 이러한 것을 권유하는 행위는 금지된다.

① ㄱ, ㄴ   ② ㄱ, ㄷ
③ ㄴ, ㄷ   ④ ㄷ, ㄹ

03 다음은 보험모집에 있어 금지사항이 아닌 것은?

① 다른 모집 종사자의 명의를 이용하여 보험계약을 모집하는 행위
② 기초서류에서 정한 사유에 근거한 보험료의 할인 또는 수수료의 지급
③ 기초서류에서 정한 보험금액보다 많은 보험금액의 지급 약속
④ 보험계약자 또는 피보험자의 자필서명이 필요한 경우에 보험계약자 또는 피보험자로부터 자필서명을 받지 아니하고 서명을 대신하거나 다른 사람으로 하여금 서명하게 하는 행위

04 보험 모집 준수사항에 대한 설명이다. 다음 〈보기〉에서 옳은 것을 모두 고르시오.

─〈 보기 〉─
ㄱ. 보험설계사는 보험회사, 보험대리점 또는 보험중개사에 소속되어 보험계약 체결을 중개하는 자이다.
ㄴ. 보험회사의 임직원은 대표이사, 사외이사를 포함하여 보험모집의 자격이 있다.
ㄷ. 보험계약자 또는 피보험자로 하여금 이미 성립된 보험계약을 소멸시키고 기존의 보험계약과 다른 새로운 보험계약을 청약하게 하는 것은 부당하다.
ㄹ. 보험회사로부터 받은 대출금에 대한 이자의 대납은 금지된다.

① ㄱ, ㄴ   ② ㄱ, ㄹ
③ ㄴ, ㄹ   ④ ㄷ, ㄹ

🐌 정 답 찾 기

01 ② 대표이사, 사외이사, 감사, 감사위원은 보험모집이 불가능하다.

02 ㄱ. 보험회사는 보험계약의 체결 시부터 보험금 지급 시까지의 주요 과정을 대통령령으로 정하는 바에 따라 일반보험계약자에게 설명하여야 한다. 다만, 일반보험계약자가 설명을 거부하는 경우에는 설명하지 않아도 된다.
ㄴ. 전화·우편·컴퓨터통신 등 통신수단을 이용하여 모집을 하는 자는 보험업법상 보험모집을 할 수 있는 자이어야 한다.

03 ② 기초서류에서 정한 사유에 근거하지 아니한 보험료의 할인 또는 수수료의 지급은 금지된다.

04 ㄴ. 보험회사의 임직원(대표이사, 사외이사, 감사 및 감사위원은 제외)은 보험모집의 자격이 있다.
ㄷ. 보험계약자 또는 피보험자로 하여금 이미 성립된 보험계약을 부당하게 소멸시킴으로써 새로운 보험계약(기존보험계약과 보장 내용 등이 비슷한 경우)을 청약하게 하는 것은 부당하다.

TOPIC 08 보험소비자 보호

❶ 보험소비자 보호제도

예금자보호법	① 보험회사의 인가취소나 해산 또는 파산 시 보험계약자 등은 「예금자보호법」에 따라 예금 보험공사로부터 보험금을 지급받을 수 있음 ② 예금자보호법에 의한 보험계약 보장(예금보험공사)

구분	주요 내용
지급사유	보험금 지급정지, 보험회사의 인가취소·해산·파산·제3자 계약이전 시 계약이전에서 제외된 경우
보호대상	예금자(개인 및 법인 포함)
보장금액	• 1인당 최고 5,000만원(원금 및 소정의 이자 합산) • 동일한 금융기관 내에서 보호받을 수 있는 총 합산 금액임
산출기준	• 해지환급금(사고보험금, 만기보험금)과 기타 제지급금의 합산금액 • 대출 채무가 있는 경우 이를 먼저 상환하고 남은 금액
보험상품별 보호여부	• 보호상품 : 개인이 가입한 보험계약, 퇴직보험, 변액보험계약 특약 및 최저보증금, 예금자보호대상 금융상품으로 운용되는 확정기여형 퇴직연금제도 및 개인형 퇴직연금제도의 적립금, 원본이 보전되는 금전신탁 등 • 비보호상품 : 보험계약자 및 보험료납부자가 법인인 보험계약, 보증보험계약, 재보험계약, 변액보험계약 주계약, 확정급여형 퇴직연금제도의 적립금 등

금융분쟁 조정위원회 (금융소비자 보호에 관한 법률 제2절 금융분쟁의 조정)	① 금융회사, 예금자 등 금융수요자 및 기타 이해관계자는 금융 관련 분쟁 발생 시 금융감독원에 분쟁의 조정을 신청할 수 있음 ② 금융감독원은 분쟁 관계 당사자에게 내용을 통지하고 합의를 권고할 수 있으며, 분쟁 조정 신청일 이후 30일 이내로 합의가 이루어지지 않는 경우 금융감독원장은 지체없이 이를 금융분쟁조정위원회로 회부해야 함 ③ 금융분쟁조정위원회는 조정 회부로부터 60일 이내 이를 심의하여 조정안을 마련해야 하며 금융감독원장은 신청인과 관계 당사자에게 이를 제시하고 수락을 권고할 수 있음 ④ 관계 당사자가 조정안을 수락한 경우 해당 조정안은 재판상 화해와 동일한 효력을 가짐
고객상담창구 및 보험 가입조회	① 금융감독원·생명보험협회·보험회사는 보험 관련 소비자 상담 등을 위해 고객상담 창구를 설치 및 운영하고 있음 ② 생명보험협회의 경우 생존자 및 사망자에 대한 보험 가입조회제도를 운용하고 있음 (www.klia.or.kr) ③ 보험가입 내역은 생명보험과 손해보험에 대해 확인이 가능하나 우체국, 새마을금고 등 공제보험의 가입내역은 조회할 수 없음(우체국보험의 경우 우체국보험 홈페이지의 계약사항조회를 통해 확인 가능)

❷ 보험금 대리청구인 지정제도와 생명보험 광고심의 제도

보험금 대리청구인 지정제도	① 보험계약자와 피보험자, 그리고 보험수익자가 동일한 본인을 위한 보험상품 가입 시 보험금을 수령하기 위해서는 본인이 직접 보험금을 청구해야 함 ② 하지만 치매 등 보험사고 발생으로 본인이 의식불명 상태 등 스스로 보험금 청구가 현실적으로 어려운 상황이 발생할 수 있음 ③ 이러한 경우를 방지하고자 보험금 대리청구인을 미리 지정해두어 대리청구인이 피보험자(수익자)를 대신하여 보험금을 청구할 수 있도록 제도를 시행
생명보험 광고심의 제도	① 생명보험업계는 보험소비자 보호 및 보험업 이미지 제고를 위해 2005년부터 「생명보험광고에 관한 규정」을 제정하고 생명보험 광고에 대한 심의제도를 운용하고 있음 ② 이는 「금융소비자 보호에 관한 법률」 제22조 금융상품 등에 관한 광고 관련 준수사항을 법적 근거로 하고 있으며 생명보험회사가 보험상품을 광고하기 위해 반드시 안내해야 하는 필수안내사항 및 금지사항 등을 규정하고 있음 ③ 이와 달리 정부 기관, 곧 우체국보험을 포함한 우정사업본부의 광고는 「정부 기관 및 공공법인 등의 광고 시행에 관한 법률」에 따라 기본계획을 수립하고, 광고를 동법 시행령 제6조(업무의 위탁)에 따라 정부 광고 업무를 수탁한 한국언론진흥재단의 정부 광고 통합시스템에 의뢰하며 해당 시스템을 통해 소요경비를 지출함

❸ 보험 민원

보험 민원의 정의	보험회사가 계약에 따른 의무를 이행하지 않거나 보험상품 및 서비스가 고객 입장에서 기대에 미치지 못했을 때 또는 고객에 대한 관리가 적절히 이루어지지 않았을 경우 발생할 수 있는 보험회사에 대한 이의신청·진정·건의·질의 및 기타 특정한 행위를 요하는 의사표시
보험 민원의 특징	① 일반적으로 보험은 상품 특성상 어느 정도의 민원을 내포할 수밖에 없음 ② 보험금의 지급책임이 장래의 우연한 보험사고의 발생 여부에 달려 있으며 보험계약 시 보험회사와 계약자를 연결하는 판매 채널이 존재하므로 불완전판매 등의 민원도 상당 비중을 차지함 ③ 또한, 보험회사의 상품개발 및 판매 정책 등에 의해서도 발생할 수 있어 상품기획단계에서부터 민원소지나 불완전판매 소지가 없는지 보험회사 스스로 판단하는 제도를 운영하기도 함 ④ 보험 민원은 보험회사가 민원평가 및 평판 등을 의식하여 원칙적으로 수용할 수 없는 민원까지 수용할 경우 악성 민원인에 의해 남용될 소지가 큼 이러한 경우 보험회사와 감독 당국의 민원·분쟁 처리 효율성을 크게 저하시켜 결국 선량한 소비자의 정당한 민원·분쟁 처리가 지연될 수도 있음 ⑤ 따라서 보험회사는 정확한 사실관계 확인을 바탕으로 관련 법규 및 기준에 근거하여 민원을 객관적·합리적으로 처리해야 함

	주요 유형	세부 유형
현장에서의 보험 민원 주요 유형	불완전판매	• 약관 및 청약서 부본 미교부 • 고객불만 야기 및 부적절한 고객불만 처리 • 고객의 니즈에 부합하지 않는 상품을 변칙 판매
	부당행위	• 자필서명 미이행 • 적합성 원칙 등 계약권유준칙 미이행 • 약관상 중요 내용에 대한 설명 불충분 및 설명의무 위반 • 고객의 계약 전 알릴 의무 방해 및 위반 유도 • 대리진단 유도 및 묵인 • 약관과 다른 내용의 보험안내자료 제작 및 사용 • 특별이익 제공 또는 제공을 약속 • 보험료, 보험금 등을 횡령 및 유용 • 개인신용정보관리 및 보호 관련 중요사항 위반 • 보험료 대납, 무자격자 모집 또는 경유계약
	보험금지급	• 보험금 지급처리 지연 • 보험금 부지급 또는 지급 처리과정에서의 불친절 • 최초 안내(기대)된 보험금 대비 적은 금액을 지급
	계약인수	• 계약인수 과정에서 조건부 가입에 대한 불만 • 계약적부심사 이후 계약해지 처리 불만 • 장애인 계약 인수과정에서 차별로 오인함에 따른 불만 • 계약 전 알릴 의무 위반사항과 인과관계 여부에 대한 불만

TOPIC 08 확인문제 **보험소비자 보호**

01

01 예금자 보호법에 의한 보험계약보장이다. 다음 〈보기〉에서 옳은 것을 모두 고르시오.

─── 〈 보기 〉───

ㄱ. 대출 채무가 있는 경우 이를 먼저 상환하고 남은 금액을 보호받는다.
ㄴ. 보호대상은 예금자로 개인만 해당하며 법인은 제외된다.
ㄷ. 보장금액은 원금 및 소정의 이자 합산 1인당 최고 5,000만원이다.
ㄹ. 동일한 금융기관내에서 보호받을 수 있는 계좌당 금액을 의미한다.

① ㄱ, ㄴ
③ ㄴ, ㄷ
② ㄱ, ㄷ
④ ㄷ, ㄹ

02 금융분쟁조정위원회에 대한 설명 중 옳지 않은 것을 고르시오.

① 금융회사, 예금자 등 금융수요자 및 기타 이해관계자는 금융 관련 분쟁 발생 시 금융감독원에 분쟁의 조정을 신청할 수 있다.
② 금융감독원은 분쟁 관계당사자에게 내용을 통지하고 합의를 권고할 수 있으며, 분쟁조정 신청일 이후 30일 이내로 합의가 이루어지지 않는 경우 금융감독원장은 지체없이 이를 금융분쟁조정위원회로 회부해야 한다.
③ 금융분쟁조정위원회는 조정 회부로부터 30일 이내 이를 심의하여 조정안을 마련해야 하며 금융감독원장은 신청인과 관계당사자에게 이를 제시하고 수락을 권고할 수 있다.
④ 관계당사자가 조정안을 수락한 경우 해당 조정안은 재판상 화해와 동일한 효력을 가진다.

정답찾기

01 ㄴ. 보호대상은 예금자로 개인 및 법인 모두 포함된다.
ㄹ. 동일한 금융기관내에서 보호받을 수 있는 총 합산 금액을 의미한다.

02 ③ 금융분쟁조정위원회는 조정 회부로부터 60일 이내 이를 심의하여 조정안을 마련해야 하며 금융감독원장은 신청인과 관계당사자에게 이를 제시하고 수락을 권고할 수 있다.

정답 **01** ② **02** ③

03 다음 〈보기〉에서 옳은 것을 모두 고르시오.

> ───── 〈보기〉 ─────
>
> ㄱ. 스스로 보험금 청구가 현실적으로 어려운 상황이 발생한 경우 보험금 대리청구인을 미리 지정해두어 대리청구인이 피보험자(수익자)를 대신하여 보험금을 청구할 수 있도록 제도를 실시하고 있다.
> ㄴ. 생명보험협회의 경우 생존자 및 사망자에 대한 보험가입조회제도를 운영하고 있다.
> ㄷ. 보험가입조회에서 우체국, 새마을금고 등 공제보험의 가입내역도 조회 가능하다.
> ㄹ. 우체국보험을 포함한 우정사업본부의 광고는 「금융소비자 보호에 관한 법률」에 따라 기본계획을 수립한다.

① ㄱ, ㄴ   ② ㄱ, ㄹ
③ ㄴ, ㄹ   ④ ㄷ, ㄹ

04 보험 민원에 대한 설명 중 옳지 않은 것을 고르시오.

① 일반적으로 보험은 상품 특성 상 어느 정도의 민원을 내포할 수밖에 없다.
② 불완전판매 등의 민원도 상당 비중을 차지한다.
③ 보험민원은 보험회사가 민원평가 및 평판 등을 의식하여 원칙적으로 수용할 수 없는 민원까지 수용하는 것이 바람직하다.
④ 보험회사의 상품개발 및 판매 정책 등에 의해서도 발생할 수 있어 상품기획단계에서부터 민원소지나 불완전판매 소지가 없는지 보험회사 스스로 판단하는 제도를 운영하기도 한다.

🔍**정답찾기**

03 ㄷ. 보험가입 내역은 생명보험과 손해보험에 대해 확인이 가능하나 우체국, 새마을금고 등 공제보험의 가입내역은 조회할 수 없다.
ㄹ. 우체국보험을 포함한 우정사업본부의 광고는 「정부기관 및 공공법인 등의 광고시행에 관한 법률」에 따라 기본계획을 수립한다.

04 ③ 보험민원은 보험회사가 민원평가 및 평판 등을 의식하여 원칙적으로 수용할 수 없는 민원까지 수용할 경우 악성민원인에 의해 남용될 소지가 크다. 이러한 경우 보험회사와 감독당국의 민원·분쟁처리 효율성을 크게 저하시켜 결국 선량한 소비자의 정당한 민원·분쟁처리가 지연될 수도 있다.

정답   **03** ①   **04** ③

Chapter 04 생명보험과 제3보험

TOPIC 09 생명보험 개요와 생명보험 상품

01

❶ 생명보험의 개요

의미	생명보험은 주로 사람의 생사(生死)에 관련된 불의의 사고에 대한 경제적 손실을 보전하며 많은 사람이 모여 합리적으로 계산된 소액의 분담금(보험료)을 모아서 공동준비재산을 조성하고 불의의 사고가 발생했을 경우에 약정된 금액(보험금)을 지급하는 것
기능	① 보장성 기능 : 생명보험은 피보험자가 보험기간 동안에 사망하거나 생존한 경우에 보험자는 보험수익자에게 약정한 보험금을 지급하여 피보험자가 노후 생활을 대비하거나 피보험자의 사망으로 인한 유족의 생활을 보장함 ② 저축성 기능 : 저축보험료를 주식이나 채권 등에 투자하여 얻은 수익을 지급함

❷ 생명보험 상품의 특성

상품의 특성	① 무형의 상품 : 생명보험은 형태가 보이지 않는 무형의 상품이므로 타상품과 성능을 비교 검증하기 힘듦. 따라서 보험가입자의 정확한 이해가 중요하며, 상품 권유단계부터 가입자에게 필요한 가입설계, 보장내용 및 보험금 지급절차, 이를 수록한 약관에 대한 충분한 설명이 필요함 ② 미래지향적 · 장기효용성 상품 : 제조업체의 상품은 구입 즉시 사용으로 인한 만족감을 느끼는 현재 지향적인 상품이지만, 생명보험 상품은 불확실한 미래에 대한 보장을 주 기능으로 하는 미래지향적인 상품으로 가입과 효용이 동시에 발생하지 않고 사망, 상해, 만기, 노후 등 보험금 지급 사유가 발생했을 때 효용을 주는 상품 ③ 장기계약 · 비자발적 상품 : 제조업체 상품은 대개 돈을 내고 상품을 구입하는 즉시 계약이 소멸 되지만, 생명보험 상품은 짧게는 수년부터 길게는 종신 동안 계약의 효력이 지속되고, 스스로의 필요에 의해 자발적으로 가입하기도 하지만 자신의 생명과 신체에 대한 사망, 재해, 질병 등을 인식하기를 꺼리는 경향이 있어 대부분의 경우 보험판매자의 권유와 설득에 의해 가입하게 되는 비자발적인 상품임

상품의 구성	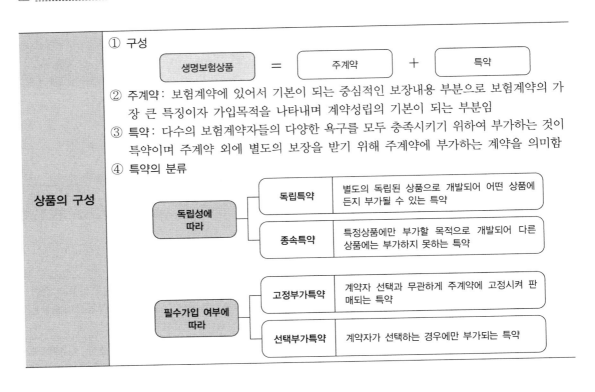

① 구성

생명보험상품 = 주계약 + 특약

② 주계약 : 보험계약에 있어서 기본이 되는 중심적인 보장내용 부분으로 보험계약의 가장 큰 특징이자 가입목적을 나타내며 계약성립의 기본이 되는 부분임

③ 특약 : 다수의 보험계약자들의 다양한 욕구를 모두 충족시키기 위하여 부가하는 것이 특약이며 주계약 외에 별도의 보장을 받기 위해 주계약에 부가하는 계약을 의미함

④ 특약의 분류

독립성에 따라
- 독립특약 : 별도의 독립된 상품으로 개발되어 어떤 상품에 든지 부가될 수 있는 특약
- 종속특약 : 특정상품에만 부가할 목적으로 개발되어 다른 상품에는 부가하지 못하는 특약

필수가입 여부에 따라
- 고정부가특약 : 계약자 선택과 무관하게 주계약에 고정시켜 판매되는 특약
- 선택부가특약 : 계약자가 선택하는 경우에만 부가되는 특약

❸ 생명보험 상품의 종류

도식화	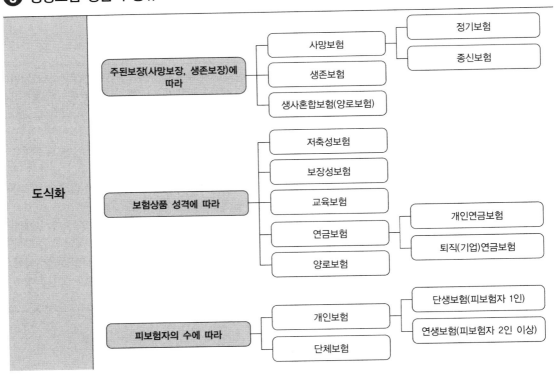

주된보장(사망보장, 생존보장)에 따라
- 사망보험
  - 정기보험
  - 종신보험
- 생존보험
- 생사혼합보험(양로보험)

보험상품 성격에 따라
- 저축성보험
- 보장성보험
- 교육보험
- 연금보험
  - 개인연금보험
  - 퇴직(기업)연금보험
- 양로보험

피보험자의 수에 따라
- 개인보험
  - 단생보험(피보험자 1인)
  - 연생보험(피보험자 2인 이상)
- 단체보험

도식화	

사망보험	① 피보험자가 보험기간 중 사망하였을 때 보험금이 지급되는 보험으로 사망보험은 정기·종신보험으로 구분됨 ② 정기보험: 보험기간을 미리 정해놓고 피보험자가 그 기간 내에 사망했을 때 보험금이 지급되는 보험 ③ 종신보험: 보험기간을 정하지 않고 피보험자가 일생을 통하여 언제든지 사망했을 때 보험금을 지급하는 보험 ④ 사망보험의 피보험자 자격에는 상법상 제한이 있음: 만 15세 미만자, 심신상실자 또는 심신박약자를 피보험자로 하는 타인의 사망보험계약은 물론 자기의 사망보험계약도 무효로 함. 사회적 약자를 피보험자로 정할 경우에 고의사고의 대상이 될 우려가 많기 때문임 ⑤ 의사능력이 있는 심신박약자의 상황을 고려하여 심신박약자가 보험계약을 체결하거나 소속단체의 규약에 따라 단체보험의 피보험자가 될 때에 의사능력이 있는 경우에는 유효한 보험계약을 체결할 수 있음 ⑥ 이들은 친권자나 후견인을 통하여 보험계약자의 지위를 행사할 수 있고 보험수익자가 되는 것에는 아무런 제한이 없음 ⑦ 당연히 사회적 약자가 보험계약자나 보험수익자가 되는 것은 무방함
생존보험	① 피보험자가 보험기간이 끝날 때까지 생존했을 때에만 보험금이 지급되는 보험 ② 저축기능이 강한 반면 보장기능이 약한 결함을 갖고 있지만, 만기보험금을 매년 연금 형식으로 받을 수 있는 등 노후대비에 좋은 이점도 있음
생사혼합보험 (양로보험)	① 피보험자가 보험기간 중 사망한 경우 사망보험금을 지급하는 사망보험과 만기 시까지 생존한 경우 만기보험금을 지급하는 생존보험을 혼합한 보험 ② 사망보험의 보장기능과 생존보험의 저축기능을 동시에 가진 생명보험임 ③ 대표적인 예로는 양로보험, 연금보험, 교육보험 등이 있으며 요즘 판매되는 대부분의 생명보험 상품은 암 관련, 성인병 관련, 어린이 관련 등 고객 성향에 맞춰 특화한 생사혼합보험임
저축성보험	① 생명보험 고유의 기능인 위험보장보다는 생존시에 보험금이 지급되는 저축기능을 강화한 보험으로 목돈 마련에 유리한 고수익 상품 ② 대표적인 예로 연금보험, 교육보험 등이 있음 ③ 보장 부분: 위험보험료를 예정이율로 부리(= 이자가 붙음)하여 피보험자가 사망 또는 장해를 당했을 때 보험금을 지급하는 부분 ④ 적립 부분: 저축보험료를 일정 이율로 부리하여 만기 또는 중도 생존 시 적립된 금액을 지급하는 부분

보장성보험	① 주로 사망, 질병, 재해 등 각종 위험보장에 중점을 둔 보험으로, 보장성보험은 만기 시 환급되는 금액이 없거나 기 납입 보험료보다 적거나 같음 ② 대표적인 예로 암보험, 상해보험 등이 있음
교육보험	① 자녀의 교육자금을 종합적으로 마련할 수 있도록 설계된 보험 ② 부모 생존시뿐만 아니라 사망 시에도 양육자금을 지급해주는 특징이 있음 ③ 교육보험은 일정 시점에서 계약자와 피보험자가 동시에 생존했을 때 생존급여금을 지급하고, 계약자가 사망하고 피보험자가 생존하였을 때 유자녀 학자금을 지급하는 형태를 가짐
연금보험	① 소득의 일부를 일정 기간 적립(보험료 납입)했다가 노후에 연금(보험금액)을 수령하여 일정 수준의 소득을 계속 유지함으로써 노후의 생활능력을 보호하기 위한 보험 ② 연금은 가입자가 원할 경우 지급 기간을 확정하여 받거나 종신토록 받을 수 있음 ③ 종신연금보험 : 피보험자가 일정한 나이가 된 때로부터 사망할 때까지 매년 연금을 지급하는 보험 ④ 정기연금보험 : 일정한 기간을 정하여 연금을 지급하는 보험
개인보험	① 일반 개인이 가입하는 대부분의 보험계약이 개인보험에 해당하며 피보험자를 1인으로 한정하여 체결하는 보험 ② 단생보험 또는 단독보험이 주류를 이루고 있음
연생보험	① 피보험자 2인 중 1인의 사망을 보험사고로 하여 다른 1인이 보험금액을 지급받는 보험 ② 대표적인 예로 생명보험이 있음
단체보험	① 일정한 조건을 구비한 단체의 구성원을 피보험자로 하여 단체 또는 단체의 대표자가 가입하는 생명보험 ② 대표적인 예로 직장이나 단체에 속하는 자를 포괄적으로 피보험자로 하여 사망, 생존, 사망과 생존을 보험사고로 하는 생명보험이 있음
변액보험	① 계약자가 납입한 보험료를 특별계정을 통하여 기금을 조성한 후 주식, 채권 등에 투자하여 발생한 이익을 보험금 또는 배당으로 지급하는 상품 ② 변액종신보험, 변액연금보험, 변액유니버셜보험 등이 있으며 펀드형 투자상품이 아님
CI (Critical Illness) 보험	① 중대한 질병이며 치료비가 고액인 암, 심근경색, 뇌출혈 등에 대한 급부를 중점적으로 보장하여 주는 보험 ② 생존 시 고액의 치료비, 장해에 따른 간병비, 사망 시 유족들에게 사망보험금 등을 지급해주는 상품

TOPIC 09 확인문제 생명보험 개요와 생명보험 상품

01 생명보험 상품의 종류에 대한 설명으로 옳지 않은 것은? ²⁴. 계리직

① 종신보험은 보험기간을 미리 정해놓고 피보험자가 그 기간 내에 사망 시 보험금을 지급한다.
② 보장성보험은 만기 시 환급되는 금액이 없거나 이미 납입한 보험료보다 적거나 같다.
③ 생사혼합보험(양로보험)에는 사망보험의 보장기능과 생존보험의 저축기능이 결합되어 있다.
④ 변액보험은 보험계약자가 납입한 보험료로 특별계정을 통한 기금을 조성한 후 주식, 채권 등에 투자하여 발생한 이익을 보험금 또는 배당금으로 지급한다.

02 다음은 생명보험 상품에 대한 설명이다. 옳은 것을 모두 고르시오.

─────〈 보기 〉─────
ㄱ. 생명보험은 형태가 보이는 유형의 상품이다.
ㄴ. 생명보험 상품은 불확실한 미래에 대한 보장을 주기능으로 하는 미래지향적인 상품이다.
ㄷ. 생명보험상품은 짧게는 수년부터 길게는 종신동안 계약의 효력이 지속된다.
ㄹ. 생명보험은 대부분의 경우 자신의 의지에 기반하여 가입하는 비자발적인 상품이다.

① ㄱ, ㄴ
② ㄱ, ㄷ
③ ㄴ, ㄷ
④ ㄷ, ㄹ

정답찾기

01 ① 종신보험은 보험기간을 정하지 않고 피보험자가 일생을 통하여 언제든지 사망했을 때 보험금을 지급하는 보험이다. 지문은 정기보험에 대한 설명이다.

02 ㄱ. 생명보험은 형태가 보이지 않는 무형의 상품이다.
ㄹ. 생명보험은 대부분의 경우 보험판매자의 권유와 설득에 의해 가입하게 되는 비자발적인 상품이다.

정답 **01** ① **02** ③

03 사망보험에 대한 설명으로 옳지 않은 것은?

① 정기보험은 보험기간을 미리 정해놓고 피보험자가 그 기간 내에 사망했을 때 보험금이 지급되는 보험이다.

② 종신보험은 보험기간을 정하지 않고 피보험자가 일생을 통하여 언제든지 사망했을 때 보험금을 지급하는 보험이다.

③ 사회적 약자가 보험계약자나 보험수익자가 되는 것은 무방하다.

④ 만 15세 미만자, 심신상실자 또는 심신박약자를 피보험자로 하는 타인의 사망보험계약은 물론 자기의 사망보험계약도 취소된다.

04 다음은 생명보험 상품의 종류에 대한 설명이다. 옳은 것을 모두 고르시오.

〈보기〉
ㄱ. 생존보험은 피보험자가 보험기간이 끝날 때까지 생존했을 때에만 보험금이 지급되는 보험이다.
ㄴ. 생사혼합보험은 사망보험의 보장기능과 생존보험의 저축기능을 동시에 가진 생명보험이다.
ㄷ. 저축성보험에는 암보험, 상해보험 등이 있다.
ㄹ. CI는 계약자가 납입한 보험료를 특별계정을 통하여 기금을 조성한 후 주식, 채권 등에 투자하여 발생한 이익을 보험금 또는 배당으로 지급하는 상품이다.

① ㄱ, ㄴ   ② ㄱ, ㄷ
③ ㄴ, ㄹ   ④ ㄷ, ㄹ

정답찾기

03 ④ 만 15세 미만자, 심신상실자 또는 심신박약자를 피보험자로 하는 타인의 사망보험계약은 물론 자기의 사망보험계약도 무효로 한다.

04 ㄷ. 저축성보험에는 연금보험, 교육보험 등이 있다. 지문은 보장성 보험에 대한 설명이다.
ㄹ. CI는 중대한 질병이며 치료비가 고액인 암, 심근경색, 뇌출혈 등에 대한 급부를 중점적으로 보장하여 주는 보험이다. 지문은 변액보험에 대한 설명이다.

정답 03 ④   04 ①

TOPIC
10 **제3보험**

1 제3보험의 의의

의미	① 위험보장을 목적으로 사람의 질병·상해 또는 이에 따른 간병에 관하여 금전 및 그 밖의 급여를 지급할 것을 약속하고 대가를 수수하는 계약으로서 대통령령으로 정하는 계약(보험업법 제2조 제1호) ② 제3보험의 종류로는 상해보험, 질병보험, 간병보험이 있으며 생명보험사·손해보험사는 제3보험업 겸영이 가능함 ③ 제3보험 보장성에 따른 상품 분류 제3보험 — 상해보험 : 생명보험의 재해보험, 손해보험의 상해보험 등 　　　　 — 질병보험 : 진단보험, 암 보험, CI보험 등 　　　　 — 간병보험 : 공적·민영 장기간병보험 등
특징	① 제3보험의 경우 생명보험의 약정된 정액 보상적 특성과 손해보험의 실손 보상적 특성을 모두 가지는 보험을 의미 : 사람의 신체에 대해 보상하는 보험의 성격에 따라 분류하면 생명보험이라 할 수 있으나, 비용손해와 의료비 등 실손 부분에 대해 보상한다고 분류하게 되면 손해보험으로 볼 수 있다. 이에 생명보험 영역, 손해보험 영역 두 분야에 걸쳐 있다는 의미에서 제3보험 혹은 Gray Zone 보험이라고 불리기도 함 ② 우리나라에서는 2003년 8월 보험업법 개정을 통해서 최초로 제3보험이 제정됨

생명보험, 손해보험, 제3보험 구분	구분	생명보험	손해보험	제3보험
	보험사고대상 (조건)	사람의 생존 또는 사망	피보험자 재산상의 손해	신체의 상해, 질병, 간병
	보험기간	장기	단기	단기, 장기 모두 존재
	피보험이익	원칙적으로 불인정	인정	원칙적으로 불인정
	피보험자 (보험대상자)	보험사고 대상	손해에 대한 보상받을 권리를 가진 자	보험사고 대상
	보상방법	정액보상	실손보상	정액보상, 실손보상

② 제3보험의 종목

상해보험 (계약)	사람의 신체에 입은 상해에 대하여 치료에 소요되는 비용 및 상해의 결과에 따른 사망 등의 위험에 관하여 금전 및 그 밖의 급여를 지급할 것을 약속하고 대가를 수수하는 보험(계약)
질병보험 (계약)	사람의 질병 또는 질병으로 인한 입원·수술 등의 위험(질병으로 인한 사망을 제외함)에 관하여 금전 및 그 밖의 급여를 지급할 것을 약속하고 대가를 수수하는 보험(계약)
간병보험 (계약)	치매 또는 일상생활장해 등 타인의 간병을 필요로 하는 상태 및 이로 인한 치료 등의 위험에 관하여 금전 및 그 밖의 급여를 지급할 것을 약속하고 대가를 수수하는 보험(계약)

③ 제3보험의 특성

생명보험으로서 제3보험	① 피보험자의 동의 필요 ② 피보험이익 평가 불가 ③ 보험자 대위 금지 ④ 만 15세 미만 계약 허용 ⑤ 중과실 담보
손해보험으로서 제3보험	① 실손보상의 원칙 ② 보험사고 발생 불확정성

④ 제3보험의 관련 법규

상법상의 분류	① 상법에서 생명보험, 상해보험, 질병보험, 화재보험, 운송보험, 해상보험, 책임보험, 자동차 보험 등에 대한 정의는 있지만, 제3보험이라는 분류는 없음 ② 대신 제3보험과 관련된 생명보험, 상해보험, 질병보험 등 관련 법규를 준용하게 됨 ③ 상법 내 관련 법규 **제2절 생명보험** **제730조【생명보험자의 책임】** 생명보험계약의 보험자는 피보험자의 사망, 생존, 사망과 생존에 관한 보험사고가 발생할 경우에 약정한 보험금을 지급할 책임이 있다. **제731조【타인의 생명의 보험】** ① 타인의 사망을 보험사고로 하는 보험계약에는 보험계약 체결시에 그 타인의 서면(「전자서명법」 제2조 제2호에 따른 전자서명이 있는 경우로서 대통령령으로 정하는 바에 따라 본인 확인 및 위조·변조 방지에 대한 신뢰성을 갖춘 전자문서를 포함한다)에 의한 동의를 얻어야 한다. **제3절 상해보험** **제737조【상해보험자의 책임】** 상해보험계약의 보험자는 신체의 상해에 관한 보험사고가 생길 경우에 보험금액 기타의 급여를 할 책임이 있다.

상법상의 분류	제739조【준용규정】상해보험에 관하여는 제732조를 제외하고 생명보험에 관한 규정을 준용한다. 제4절 질병보험 제739조의2【질병보험자의 책임】질병보험계약의 보험자는 피보험자의 질병에 관한 보험사고가 발생할 경우 보험금이나 그 밖의 급여를 지급할 책임이 있다. 제739조의3【질병보험에 대한 준용규정】질병보험에 관하여는 그 성질에 반하지 아니하는 범위에서 생명보험 및 상해보험에 관한 규정을 준용한다.
보험법상의 분류	① 보험업법 제4조에서는 보험 종목을 구분하여 제3보험을 생명보험이나 손해보험이 아닌 독립된 하나의 보험업으로 구분하고 있음 ② 보험업법상 관련 법규 제2조【정의】이 법에서 사용하는 용어의 뜻은 다음과 같다. 　다. 제3보험 상품: 위험보장을 목적으로 사람의 질병·상해 또는 이에 따른 간병에 관하여 금전 및 그 밖의 급여를 지급할 것을 약속하고 대가를 수수하는 계약으로서 대통령령으로 정하는 계약(이하 생략) 제4조【보험업의 허가】① 보험업을 경영하려는 자는 다음 각호에서 정하는 보험 종목별로 금융위원회의 허가를 받아야 한다. 　3. 제3보험업의 보험 종목 　　가. 상해보험 　　나. 질병보험 　　다. 간병보험 　　라. 그 밖에 대통령령으로 정하는 보험 종목(이하 생략)

❺ 제3보험의 겸영

겸영	① 생명보험업과 손해보험업의 겸영을 금지: 보험업법에서는 장기 안정적 위험을 담보로 하는 생명보험업과 단기 거대위험 등을 담보로 하는 손해보험업이 서로 다른 성격으로 보험계약자에게 손해를 끼칠 리스크로 인해 생명보험업과 손해보험업의 겸영을 금지함 ② 제3보험업에 대해서는 겸영을 허용: 보험회사가 생명보험업이나 손해보험업에 해당하는 전 종목에 관하여 허가를 받았을 때는 제3보험업에 대해서도 허가를 받은 것으로 봄(보험업법 제4조 3항)
겸영 가능 요건	① 생명보험회사나 손해보험회사는 질병보험 주계약에 각종 특약을 부가하여 보장을 확대한 보험상품을 판매하고 있음 ② 제3보험(질병 사망)의 특약에 따른 겸영 가능 요건

구분	생명보험	손해보험
보험만기		80세 이하
보험금액	제한없음	개인당 2억원 이내
만기환급금		납입보험료 합계액 범위내

❻ 상해보험

정의	① 상해보험: 갑작스럽고 우연한 외래 사고로 인해 사람의 신체에 입은 상해에 대하여 발생한 비용을 보상하는 상품으로 교통재해 및 각종 사고 발생 시 보험금을 지급하는 상품 ② 상해보험은 외부로부터의 급작스러운 사고로 인한 상해인정 여부가 중요한 조건이 되는데 단, 피보험자의 책임 있는 사유로 타인에게 상해 등을 입힌 경우는 보장하지 않음
요건: 급격성	① 급격성: 보험사고의 원인으로부터 보험사고의 결과인 상해가 발생하기까지의 과정에 있어 시간적 간격 없이 갑자기 발생하여야 하고 이를 피보험자가 예견하지 않거나 예견할 수 없는 순간에 사고가 생긴 것을 의미함 ② 즉 예측불가능한 사고의 갑작스런 발생 또는 비교적 단시간의 발생을 의미하며 이는 질병 또는 전신 쇠약 등의 원인을 상해에서 제외하기 위한 개념임 ③ 상해로 보는 것: 연탄가스 등의 유독가스를 우연히 일시에 흡입하여 생긴 중독 현상이나 약물복용의 부작용 등 ④ 상해로 보지 않는 것: 세균성 식중독이나 상습적 흡입·섭취 또는 마약류 장기복용으로 인한 손해 등
요건: 우연성	① 우연성: 피보험자가 예상할 수 없었던 원인에 의해 상해사고가 발생하는 것으로 피보험자의 고의에 의한 것이 아니고 예상하지 못했던 사고로 상해를 입은 것을 요건으로 함 ② 우연이 아닌 것: 자해행위, 자살, 음독, 외과적 수술 도중에 생긴 상해·사망, 범죄자에 대한 형의 집행으로 인한 사망 또는 질환이 있는 자가 과격한 운동 중에 생긴 사망 등
요건: 외래성	① 외래성: 보험사고의 신체 상해의 발생 원인이 피보험자 신체에 내재되어 있는 내부 요인이 아니라 신체의 외부적 요인에 기인하는 것 ② 상해의 원인이 외래적인 것이라면 상해 자체가 신체의 내부나 외부 어디에서 발생하든 상관없음 ③ 또한, 상해사고는 발생하였으나 그에 따른 질병으로 사망한 경우에는 우연한 상해사고가 질병의 직접적인 원인에 해당한다면 이를 상해사고로 봄
보험금 지급단계	급격성 우연성 외래성 — 사고 — 상해 — 의료비 후유장해 사망 — 보험금 지급 (사고 ─ 상해 사이: 인과관계)

보상제외사항	원인	결과	보상여부
	상해	질병 발생	보상 해당
	질병	상해 발생	보상 제외

상해보험의 종류	① 생명보험의 재해보험: 특정 재해분류표(보험상품 약관참고) 등을 이용하여 담보위험을 열거하여 보장해주는 상품 ② 손해보험의 상해보험: 특정 상해사고를 보상하는 특별약관으로 보장하는 형태임

구분	내용
일반적인 상해보험 보장내용	
상해입원급부금	보험기간 중 상해로 인해 직접치료를 목적으로 입원하였을 경우
상해수술급부금	보험기간 중 상해로 인해 직접치료를 목적으로 수술을 받았을 경우
상해장해급부금	보험기간 중 상해로 인해 장해분류표에서 정한 각 장해지급률에 해당하는 장해상태가 되었을 경우
상해사망보험금	보험기간 중에 상해의 직접적인 원인으로 사망하였을 경우
만기환급금	보험기간이 끝날 때까지 피보험자가 살아있는 경우

알릴 의무 관련 유의사항	① 직업이 변경되었을 경우 : 상해보험은 직업(직무)의 성격에 맞춰서 사고의 발생 가능성이 달라지기 때문에 보험요율을 구분하여 산출하게 됨 → 변경된 직업(직무)별 위험도에 따라 사고 발생 가능성도 증가 또는 감소할 수 있으므로 계약자의 납입보험료도 그에 따라 달라짐 ② 위험한 직업 및 직무로 변경되었을 경우 • 보험기간 중에 사고 발생 위험이 증가된 때 그 사실을 보험회사에 통지할 의무가 있으므로 보험가입자는 피보험자의 직업이 위험한 직업으로 변경된 경우 보험회사에 알릴 의무가 있음 • 또한, 추후 분쟁의 소지를 방지하기 위해서 서면 등으로 변경 통지하고 보험증권에 확인을 받아두는 것이 안전함 • 다만, 변경된 직업 및 직무와 관계가 없는 사고의 경우에는 보험가입자가 직업 및 직무의 변경 사실을 알리지 않고 있어도 보험금이 전액 지급됨

❼ 질병보험 개요

질병	피보험자의 신체에 내재하는 원인에서 발생한 일시적 또는 계속적인 장애로 인하여 정상적인 활동을 할 수 없는 신체의 결함상태를 말함
정의	① 질병보험 : 암, 성인병 등의 각종 질병으로 인한 진단, 입원, 수술 시 보험금을 지급하는 상품으로 질병으로 인한 사망은 제외됨(질병 사망은 특약으로만 부가) ② 우리나라에서는 질병보험을 건강보험이라고도 함 ③ 종류 : 진단보험, 암보험, CI보험, 실손의료보험 등
질병보험 시장의 변화	① 급속한 인구노령화의 진행 : 노인 인구 증가로 각종 노인성 질환의 발생률도 증가하고 있으며 질병에 대한 치료 기간이 길어지게 됨 → 그에 따라 질병보험의 종류 및 지급 방식도 변화하고 있음 ② 질병 형태의 변화 : 국내외 환경 변화에 따라 생활양식의 서구화 등으로 질병 형태가 변화하고 있어 의료비용도 급증하는 현상이 초래됨 ③ 새로운 상품개발 : IMF 이후 대량판매되었던 종신보험 시장이 포화됨 → 새롭게 CI보험(중대한 질병보험), 온라인 미니보험, 유병자보험 등 다양한 질병 중심의 상품을 개발 및 판매하는 추세변화가 나타나고 있음 ④ 고액 의료비용 발생 : 중대한 질병에 걸려도 과거와 달리 생존률 및 완치율이 높아서 고액 의료비 외에도 각종 비용이 추가적으로 발생하게 되어 경제적 부담이 가중됨

질병보험의 특성	① **질병 보상한도의 설정**: 진단비, 수술비에는 1회 보상한도 금액을 설정하고, 입원의 경우에는 입원일수를 120일 또는 180일 등으로 한도를 정하고 있음 ② **질병의 진단에 대한 판정 기준**: 새로운 질병이 지속적으로 증가하고 있어 이로 인한 분쟁을 줄이기 위한 약관의 판정 기준 및 용어의 정의를 정확히 규정하고 있음 ③ **보험 나이에 따른 보험료 계산**: 질병보험은 연령별로 보험료가 차이가 있으며 질병 위험이 높은 고연령일수록 보험료가 증가하게 됨 ④ **면책 질병 및 개시일**: 선천적인 질병, 정신질환, 알코올중독 및 마약 등의 질병은 면책 질병으로 분류되며 질병보험의 책임개시일은 보험계약일로 하나, 일부 질병 담보(예 암 90일)의 경우 보험계약일(당일 포함)로부터 일정 기간의 면책 기간을 둠 ⑤ **부담보조건 인수로 보험 가입대상 확대**: 계약 전 알릴 의무에 해당하는 질병으로 피보험자가 과거에 의료기관에서 진단 또는 치료를 받은 경우 부담보 조건의 계약을 인수하고 가입 이후 해당 질병으로 보험금 지급 사유가 발생하여도 보험금을 지급하지 않음. 그 외의 질병에 대해서는 보상하도록 하여 보험 가입대상을 확대할 수 있도록 하고 있음
일반적 가입조건	① 보험기간은 10년 이상이 대부분이며, 0세부터 가입이 가능(사망 보장의 경우 만 15세 이상). 그러나, 고연령이거나 건강상태에 따라 가입이 제한될 수 있음 ② 질병보험은 일반적으로 연령이 증가함에 따라 위험도가 증가하므로 보험료가 높아짐 ③ 암보험 등 특화된 질병만을 보장하는 상품의 경우 저렴한 보험료를 책정받을 수 있지만 대신 보장해주는 질병의 종류가 많지 않음 ④ 보험금의 지급 사유가 발생하기 전에 사망한 경우에는 보험계약은 소멸하게 됨. 이때 보험금 대신 책임준비금을 지급하게 됨

❽ 질병보험 종류

진단비 보장보험	뇌출혈, 급성심근경색증, 말기신부전증, 말기간경화 등의 질병으로 진단받을 경우 진단보험금으로 보장해줌
암보험	① **암보험의 종류** 　• 만기환급금에 따라 순수보장형과 만기환급형으로 구분 　• 특정 암(예 3대 주요 암)만을 집중적으로 보장하는 형태의 상품도 있음 ② **암진단보험금**: 보험기간 중 피보험자가 암 보장개시일 이후에 암으로 진단 확정되었을 때 보험금을 지급하게 됨. 암보험 상품에 따라서 특정 암에 대해서 추가 약정금액을 지급하기도 함 ③ **암 수술보험금**: 보험기간 중 피보험자가 암 보장개시일 이후에 암으로 진단이 확정되었을 때 직접적인 치료를 목적으로 수술을 받은 경우 암 수술보험금을 지급함 ④ **암 직접치료 입원보험금**: 암 직접치료 입원보험금이란 암으로 진단 확정되고, 직접적인 치료를 목적으로 입원하여 치료를 받는 경우 입원 1일당 약정 보험금을 지급하게 됨 ⑤ **암 직접치료 통원보험금**: 피보험자가 암 보장개시일 이후에 암으로 진단 확정되고, 직접적인 치료를 목적으로 하여 통원하였을 경우 통원 1회당 약정 보험금을 지급하게 됨 ⑥ **암 사망보험금**: 피보험자가 보험기간 중 암 보장개시일 이후에 암으로 진단 확정되고, 해당 암으로 인하여 사망하였을 경우 암 사망 약정 보험금을 지급하게 됨

암보험	⑦ **방사선 약물 치료비** : 피보험자가 보험기간 중 암 보장개시일 이후 암으로 진단 확정되고, 치료를 목적으로 항암 방사선치료나 항암약물 치료를 받는 경우에는 약정 보험금을 지급하게 됨 ⑧ **일반적 가입조건** : 암보험 상품의 보험기간은 10년 이상으로서 가입 가능연령은 0세 이상(사망 보장의 경우 만 15세 이상)이고, 일반적으로 연령이 증가함에 따라 위험도가 증가하므로 보험료도 증가하게 됨. 갱신형 상품의 경우에는 갱신 시 보험료가 변동이 될 수 있으므로 계약자에게 이 사실을 안내해야 함 ⑨ **도덕적 해이 및 역선택 방지를 위한 장치** : 일정 기간 이후부터 보장이 개시되도록 하고 가입 후 일정 시점(보통 1년)을 기준으로 보험금이 차등 책정됨
실손의료보험	① **상품 개요** : 실손의료보험은 피보험자가 질병·상해로 입원(또는 통원) 치료를 하게 될 경우 실제 부담하게 되는 의료비('국민건강보험 급여 항목 중 본인부담액' + '비급여 항목'의 합계액)의 일부를 보험회사가 보상하는 상품 ② **실손의료보험의 가입 전 주의사항** • 실손의료보험은 동일인이 여러 개를 가입해도 실제 손해액 이내로 보상하게 됨 • 가입자가 다수의 실손의료보험을 가입하더라도 초과이익 금지를 위해 본인이 부담한 치료비를 상품별로 비례 보상하게 되므로, 다수의 실손의료보험에 가입했다고 하더라도 치료비가 가입 상품 수만큼 지급되는 것은 아님 → 보험계약 체결 전 중복가입(기가입) 여부를 반드시 확인해야 함 ③ **단체-개인 실손보험 간 연계제도** • 퇴직자의 단체 실손보험 해지에 따른 보장 공백을 해소하고 단체·개인 실손보험의 중복가입자에 대한 보험료 이중부담을 해소하기 위해 단체-개인실손보험간 연계제도가 운영 중임 • 단체 실손보험에 5년 이상 가입한 사람이 퇴직할 경우 1개월 이내 개인 실손으로 전환하여 가입할 수 있음 • 개인 실손보험에 1년 이상 가입한 사람이 취직 등으로 회사의 단체 실손보험에 가입 시, 기존에 가입한 개인 실손보험의 보험료 납입 및 보장을 중지한 후 퇴직 후 1개월 이내 중지했던 개인 실손보험을 재개할 수 있음

❾ 간병보험 종류

정의	① **간병보험** : 피보험자가 보험기간 중 상해 또는 질병으로 장기요양상태가 되거나 중증 치매 등으로 일상생활이 어려워졌을 때 간병을 필요로 하게 되면 이를 약관에 의거 보험금을 지급하는 상품 ② **"장기요양상태"** : 거동이 불편하여 장기요양이 필요하다고 판단되었을 경우 「노인장기요양보험법」에 따라 국민건강보험공단의 장기요양등급 판정위원회에서 장기요양 1등급 또는 장기요양 2등급 등으로 판정받은 경우 ③ **"중증 치매"** : 각종 상해 또는 질병 등으로 인지기능 장애가 발생한 상태

특성	① 보험금 지급 사유 : 간병보험은 치매 상태와 일상생활에서 행동의 제한이 있는 상태에 있을 때 보험금을 지급하는 것으로, 기존 진단, 수술, 입원 등의 사유로 보험금을 지급하는 질병보험과는 다름 ② 노인장기요양보험의 장기요양등급 적용 : 노인장기요양보험 제도의 도입 이후로 기존 일상생활기본동작제한 장해평가표(ADLs)를 기준으로 적용하는 방식과 정부의 장기요양등급을 기준으로 적용하는 상품으로 적용되어 판매되고 있음
종류	① 장기간병보험(공적) 　• 「노인장기요양보험법」에 따라 2008년 7월 1일부터 노인장기요양보험 제도가 시행되면서, 고령 및 노인성 질병 등으로 인한 장기간의 간병·요양 문제를 국가와 사회가 책임을 분담하게 됨. 노인장기요양보험이 공적 장기간병보험에 해당됨 　• 노인장기요양보험 : 만 65세 이상의 노인 및 노인성질병(치매, 뇌혈관성 질환, 파킨슨병 등)을 가진 만 65세 미만의 자를 대상으로 함. 그리고 심신의 기능상태에 따라 장기요양 인정점수로 등급을 판정하고, 등급에 따라 노인요양시설 등과 계약을 체결하여 요양서비스를 제공받게 되며 해당 비용을 지원받게 됨 ② 장기간병보험(민영) 　• 우리나라에서 민영 장기간병보험은 2003년 8월부터 판매되기 시작하였음. 민영 장기간병보험은 보험금 지급방식에 따라 정액보상형과 실손보상형으로 구분됨 　• 상품구조에 따라 연금형, 종신 보장형, 정기보장형과 특약형태로 구분할 수 있음. 또한, 갱신형 혹은 비갱신형으로 구분이 가능함
보험금 지급 사유	① 피보험자의 보험금 지급기준표에 따라 보험수익자에게 약정한 보험금을 지급함 ② 보험기간 중 장기요양상태 보장개시일 이후에 장기요양상태(장기요양 1등급 또는 장기요양 2등급 등)가 되었을 때에 따라 지급하기도 함(단, 최초 1회에 한하여 지급함) ③ 보험기간이 끝날 때까지 살아 있을 때는 건강관리자금으로 구분하여 지급하게 됨 ④ 간병보험은 보험기간 중 "일상생활장해상태" 또는 "치매 상태"가 되는 경우, 약관에 따라 보험금을 지급하는 상품도 있지만, 공적 요양보험의 장기요양 등급판정을 받으면 보험금을 지급하는 상품도 있음 ⑤ 공적 기준인 장기요양 등급과 관련된 경우에는 만 65세 이상이거나 노인성 질병 환자를 보험금 지급대상으로 하지만, 회사 자체 판단기준에 따라 "일상생활 장해상태" 또는 "치매 상태"를 보장하는 상품의 경우에는 보험 가입일 이후 "일상생활 장해상태" 또는 "치매 상태"로 진단 확정되면 지급대상이 될 수 있음

추가자료

◎ 보험업법상 관련 법규

제2조 【정의】 이 법에서 사용하는 용어의 뜻은 다음과 같다.

"보험상품"이란 위험보장을 목적으로 우연한 사건 발생에 관하여 금전 및 그 밖의 급여를 지급할 것을 약정하고 대가를 수수(授受)하는 계약(「국민건강보험법」에 따른 건강보험, 「고용보험법」에 따른 고용보험 등 보험계약자의 보호 필요성 및 금융거래 관행 등을 고려하여 대통령령으로 정하는 것은 제외한다)으로서 다음 각 목의 것을 말한다.

가. 생명보험상품 : 위험보장을 목적으로 사람의 생존 또는 사망에 관하여 약정한 금전 및 그 밖의 급여를 지급할 것을 약속하고 대가를 수수하는 계약으로서 대통령령으로 정하는 계약

나. 손해보험상품 : 위험보장을 목적으로 우연한 사건(다목에 따른 질병·상해 및 간병은 제외한다)으로 발생하는 손해(계약상 채무불이행 또는 법령상 의무불이행으로 발생하는 손해를 포함한다)에 관하여 금전 및 그 밖의 급여를 지급할 것을 약속하고 대가를 수수하는 계약으로서 대통령령으로 정하는 계약

다. 제3보험상품 : 위험보장을 목적으로 사람의 질병·상해 또는 이에 따른 간병에 관하여 금전 및 그 밖의 급여를 지급할 것을 약속하고 대가를 수수하는 계약으로서 대통령령으로 정하는 계약(이하 생략)

01

TOPIC 10 확인문제 제3보험

01 제3보험에 대한 설명으로 옳은 것은? 24. 계리직

① 생명보험으로서 제3보험은 실손보상을 원칙으로 한다.

② 생명보험사가 제3보험업을 겸영하는 경우, 제3보험에 부가하는 질병사망 특약 보험금액 한도는 개인당 2억 원 이내이다.

③ 보험회사가 생명보험업에 해당하는 보험종목의 일부에 관하여 허가를 받은 경우에는 제3보험업에 대해서도 허가를 받은 것으로 본다.

④ 위험보장을 목적으로 사람의 질병·상해 또는 이에 따른 간병에 관하여 금전 및 그 밖의 급여를 지급할 것을 약속하고 대가를 수수하는 계약이다.

02 다음은 제3보험에 대한 설명이다. 옳은 것을 모두 고르시오.

〈보기〉

ㄱ. 제3보험의 경우 생명보험의 약정된 정액보상적 특성과 손해보험의 실손보상적 특성을 모두 가지는 보험을 의미한다.

ㄴ. 제3보험의 종류로는 상해보험, 질병보험, 손해보험이 있으며 생명보험사·손해보험사는 제3보험업 겸영이 가능하다.

ㄷ. 우리나라에서는 2003년 8월 보험업법 개정을 통해서 최초로 제3보험이 제정되었다.

ㄹ. 제3보험의 보상방법은 정액보상은 가능하나 실손보상은 불가능하다.

① ㄱ, ㄴ 　　　　　　　　　　② ㄱ, ㄷ
③ ㄴ, ㄹ 　　　　　　　　　　④ ㄷ, ㄹ

03 제3보험에 대한 설명으로 옳지 않은 것은?

① 상법에서 생명보험, 상해보험, 질병보험, 화재보험, 운송보험, 해상보험, 책임보험, 자동차 보험, 제3보험 등에 대한 정의를 하고 있다.
② 보험업법 제4조에서는 보험종목을 구분하여 제3보험을 생명보험이나 손해보험이 아닌 독립된 하나의 보험업으로 구분하고 있다.
③ 보험업법에서 생명보험업과 손해보험업의 겸영을 금지한다.
④ 보험회사가 생명보험업이나 손해보험업에 해당하는 전 종목에 관하여 허가를 받았을 때는 제3보험업에 대해서도 허가를 받은 것으로 본다.

01

04 다음은 제3보험에 대한 설명이다. 옳은 것을 모두 고르시오.

〈 보기 〉
ㄱ. 상해보험에서는 피보험자의 책임있는 사유로 타인에게 상해 등을 입힌 경우는 보장사유에 해당한다.
ㄴ. 상해보험에서는 질병으로 상해가 발생한 경우 보상의 대상이 된다.
ㄷ. 질병보험에서 보험금의 지급사유가 발생하기 전에 사망한 경우에는 보험계약은 소멸하고 이 때 보험금대신 책임준비금을 지급하게 된다.
ㄹ. 질병보험의 암보험에서는 도덕적 해이 및 역선택 방지를 위한 장치로 일정기간 이후 보장이 개시되도록 한다.

① ㄱ, ㄴ ② ㄱ, ㄷ
③ ㄴ, ㄹ ④ ㄷ, ㄹ

정답찾기

01 ① 생명보험으로서 제3보험은 정액보상을 원칙으로 한다.
② 생명보험사의 제3보험 취급시 질병사망 특약의 제한이 없다. 손해보험회사는 2억원 한도, 80세 만기 등의 제한이 있음)
③ 보험회사가 생명보험업의 모든 보험종목의 허가를 받은 경우에는 제3보험업에 대해서도 허가를 받은 것으로 본다.
02 ㄴ. 제3보험의 종류로는 상해보험, 질병보험, 간병보험이 있으며 생명보험사·손해보험사는 제3보험업 겸영이 가능하다.
ㄹ. 제3보험의 보상방법은 정액보상, 실손보상 모두 가능하다.
03 ① 상법에서 생명보험, 상해보험, 질병보험, 운송보험, 해상보험, 책임보험, 자동차 보험 등에 대한 정의는 있지만 제3보험이라는 분류는 없다.
04 ㄱ. 상해보험에서는 피보험자의 책임있는 사유로 타인에게 상해 등을 입힌 경우는 보장하지 않는다.
ㄴ. 상해보험에서는 상해로 질병이 발생한 경우 보상의 대상이 된다.

Chapter 05 보험계약법[인보험편]

TOPIC 11 인보험편(1) - 의의, 법적성질, 특성, 요소

❶ 의의

보험계약	당사자 일방(보험계약자)이 약정한 보험료를 납부하고, 상대방(보험자)이 재산 또는 생명이나 신체에 불확정한 사고가 생길 경우에 일정한 보험금액 기타의 급여를 지급할 의무를 부담하는 계약(상법 제638조, 제730조)
법률효과	피보험자의 사망, 생존 등에 관한 보험사고가 발생할 경우 보험계약 관계자인 보험계약자, 피보험자, 보험수익자 및 보험자 사이에 보험료 지급에 관한 권리 의무관계인 보험 관계가 형성됨

❷ 법적 성질

낙성계약	① 낙성계약 : 당사자 간 의사표시의 합치만으로 성립하는 계약을 말하고 당사자의 의사표시 합치 이외에 물건의 인도 그 밖의 급부를 해야만 성립하는 요물계약에 대응되는 개념임 ② 보험계약은 보험계약자의 청약과 동시에 최초보험료를 미리 납부하는 것이 보험거래의 관행이므로 보험계약은 요물계약처럼 운용되고 있음 ③ 그러나 보험계약은 본질적으로 낙성계약이므로, 보험료의 선납이 없어도 보험계약은 유효하게 성립됨. 다만 최초보험료의 납부 없이는 보험자의 책임이 개시하지 않음
불요식계약	① 보험계약은 보험계약에 대해 특별한 방식을 요구하지 않는 불요식계약이므로 보험계약은 서면으로 체결되지 아니하여도 효력이 있음 ② 다만 현실 거래 시 정형화된 보험계약 청약서를 마련하고 있고 계약자가 해당 회사 소정의 청약서에 의하여 청약하지 않으면 보험자가 승낙하지 않는 것이 보통이므로 보험계약은 사실상 요식계약화 되어가고 있음 ③ 그러나 청약서를 작성해야만 보험계약 청약의 효력이 있는 것은 아니므로 보험계약은 통상적으로 청약서를 작성하더라도 불요식계약임

유상·쌍무계약	① 보험계약은 보험자와 보험계약자 사이에 이루어지는 채권계약으로, 계약이 성립하면 보험계약자는 보험료 납부의무를 가지게 되며 보험자는 보험사고의 발생을 조건으로 보험금지급 의무를 부담함 ② 이 두 채무 사이에는 대가관계가 있으므로 보험계약은 보험자와 보험계약자 사이의 의무관계로 놓인 쌍무계약이며, 또한 대가관계의 유상계약임
상행위성	① 영리보험에 있어서 보험계약은 상행위성이 인정되며 이를 영업으로 하는 보험자가 상인이 됨 ② 따라서 보험계약에도 상행위에 관한 규정이 적용되나 그 특수성으로 인해 많은 제약을 받음
사행계약성	① 사행계약이란 요행을 바라고 하는 계약으로 보험계약에서 보험금 지급의 조건인 보험사고 발생은 장래의 우연한 사고에 달려 있으므로 도박과 마찬가지로 사행계약의 특성을 가짐 ② 보험계약에서 보험자의 보험금지급 의무는 우연한 사고의 발생을 전제로 하고 있으나 정보의 비대칭성으로 보험범죄나 인위적 사고의 유발과 같은 도덕적 위험이 내재해 있으며 이를 규제하기 위하여 피보험이익, 실손 보상원칙, 최대선의 원칙 등을 두고 보험의 투기화를 막는 제도적 장치가 있음
선의계약성	① 모든 계약은 신의성·신의성실의 원칙에 의해 체결되어야 하며 일반적으로 보험계약은 보험자의 보험금 지급책임이 우연한 사고의 발생에 발생하는 소위 사행성 계약이므로 보험계약자 측의 선의가 더욱 강조됨 ② 보험계약에서는 선의계약성 실현을 위해 고지의무, 위험변경·증가의 통지의무, 고의나 중과실 사고에 대한 보험자면책, 사기로 인한 초과보험 무효, 손해방지의무, 보험자대위 등의 규정을 두고 있음. 그러나 보험자의 보험약관설명의무는 보험계약자 측을 보호하기 위한 것으로 선의계약성과는 관계가 없음 ③ **보험자 대위** : 보험자(보험회사)가 보험사고로 인한 손해비용을 지급한 경우, 지급한 금액 범위내에서 권리를 취득하는 것을 의미함
계속계약성	① 보험계약은 보험회사가 일정기간(보험기간) 안에 보험사고가 발생하면 보험금을 지급하는 것을 내용으로 하여 그 기간 동안에 보험 관계가 지속되는 계속 계약의 성질을 지니며, 상법상 독립한 계약임 ② 따라서 보험계약자 등은 보험료를 모두 납부한 후에도 보험자에 대한 통지의무와 같은 보험 계약상의 의무를 짐

❸ 특성

사익 조정성 (영리성)	① 보험계약자 : 자기의 개인적인 위험을 보험자에게 전가 ② 보험자 : 위험을 인수하는 대가로 보험료를 받음 ③ 보험계약법은 보험계약자와 보험자 사이의 이해관계를 합리적으로 조정하는 역할을 담당 : 보험자의 입장에서 보험의 인수는 영리추구를 위한 수단으로 사용됨 ④ 보험계약법은 사회보험과는 달리 사보험 관계에 적용되는 법으로서 사보험은 국가가 경제적 약자를 지원하는 사회보장적 성격을 지니는 사회보험과는 그 성격이 크게 다르다고 볼 수 있음 ⑤ 보험공법의 의의 : 보험사업에 대한 감독과 규제에 관한 법(예 보험업법) ⑥ 보험사법의 의의 : 보험계약을 둘러싼 법률관계로, 어느 당사자가 어떠한 의무를 지고 권리를 갖는가에 대한 관계를 규율하는 것(예 보험계약법)
단체성	① 보험자와 계약을 체결하는 많은 보험가입자(보험계약자)들은 경제적인 면에 있어서는 서로 연결이 되어 있고 이들은 하나의 위험단체 혹은 보험단체를 구성하게 됨 ② 즉 보험계약자는 보험자와 계약을 체결하는 것이지만, 보험계약의 배후에는 수많은 보험계약자로 구성된 보험단체 또는 위험단체의 관념이 존재하고 있음
기술성	① 각각의 개별 보험계약자의 입장에서는 보험사고의 발생 여부는 극히 우연한 것임. 그러나 보험단체를 통하여 대량적으로 관찰하면 사고의 발생은 상당히 규칙적인 성질을 가지고 있고, 여기에서 보험사업의 합리적인 경영이 가능하게 됨 ② 보험자는 대수의 법칙과 수지상등의 원칙에 따라 보험사업을 영위하여야 하고 이를 뒷받침하기 위해 보험계약법은 기술적인 성격을 가지게 됨
사회성과 공공성	① 보험사업은 다른 상거래와는 달리 공공성과 사회성이 특히 강조됨 ② 보험제도는 다수의 가입자로부터 거둔 보험료를 기초로 하여 가입자의 경제적 안정을 도모함을 목적으로 하기 때문
상대적 강행법성	① 상법에 속하는 상거래의 하나인 보험계약은 고도로 기술적인 거래로서 약관에 의해 체결되는 부합거래임 ② 사적 자치의 원칙상 보험계약법은 임의법인 것이 원칙이지만 계약자는 보험자에 비하여 법적으로나 경제적으로나 보험자에 비하여 열세를 보이고 있음 ③ 따라서 보험계약법은 보험계약자등의 불이익변경금지원칙과 같은 상대적 강행법규를 많이 정하여 둠으로써 약자인 보험계약자를 보호하도록 이루어져 음 ④ **강행법규** : 강행법규란 법에 규정된 내용을 당사자 간의 의사표시에 의하여 함부로 변경할 수 없고 원칙적으로 법 규정대로 적용해야 하는 법규 ⑤ **임의법규** : 임의법규는 법의 규정에도 불구하고 당사자가 법에 규정된 내용과 다른 의사표시를 하였다면 그 의사표시에 따르고 당사자의 의사표시가 없는 경우에는 해당 법 규정의 내용을 적용하는 법규

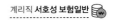

❹ 요소

보험대상자와 보험목적물	① 보험사고 발생의 객체로 생명보험에서는 피보험자의 생명 또는 신체가 보험의 목적이 되므로 당연히 사람인 자연인만 보험의 목적이 됨 ② 보험자는 보험의 목적에 보험사고가 발생한 경우 보험금을 지급할 책임을 지므로 보험계약 시 목적물을 구체적으로 정하여 보험증권에 기재하도록 하고 있음 ③ 즉 보험계약에서의 목적물은 보험사고 발생 후 보험자가 배상하여야 할 범위와 한계를 정해줌
보험사고	① 보험사고: 보험금 지급책임을 구체화시키는 우연한 사고로 보험에 담보된 재산 또는 생명이나 신체에 관하여 불확정한 사고 즉 위험이 발생하는 것을 말하며 보험금 지급 사유라고도 함 ② 보험계약에서 보험금이 지급되는 구체적인 조건을 보험사고라고 하며 보험사고는 보험상품에 따라 다르지만 대개 생명보험은 보험대상자의 생존, 사망, 장해 등을 보험사고로 하고 있음
보험료와 보험금	① 보험금: 보험사고가 발생할 경우 보험자가 보험금액의 범위 내에서 실제로 지급하는 금액 ② 보험료: 보험자의 보험금 지급에 대한 반대급부로서 보험계약자가 보험자에게 내는 금액 ③ 보험자의 보험금 지급책임: 다른 약정이 없는 한 보험계약자로부터 최초의 보험료(제1회 보험료)를 받은 때(자동이체납입 및 신용 카드납입의 경우에는 자동이체 신청 및 신용카드 매출 승인에 필요한 정보를 제공한 때, 다만 계약자의 귀책 사유로 자동이체 또는 매출 승인이 불가능한 경우에는 보험료가 납입되지 않은 것으로 봄)로부터 시작됨
보험기간과 보험료 납입 기간	① 보험기간: 보험자의 책임이 시작되어 끝날 때까지의 기간으로 위험기간·책임 기간·담보 기간이라고도 하며 상법에서는 보험자의 책임을 최초의 보험료를 지급 받은 때로부터 개시한다고 규정되어 있음 ② 보험자의 보험금 지급책임이 존속하는 기간을 보험기간이라고 하고, 계약자가 보험자에게 보험료를 납입하여야 할 기간을 보험료 납입기간이라고 함 ③ 보험기간과 보험료 납입기간이 일치하는 경우를 전기납, 보험료 납입기간이 보험기간보다 짧은 경우를 단기납이라고 함

01

TOPIC 11 확인문제 인보험편(1) - 의의, 법적성질, 특성, 요소

01 〈보기〉에서 보험계약의 요소에 대한 설명으로 옳은 것의 총 개수는? 23. 계리직

─── 〈보기〉 ───

ㄱ. 보험목적물은 보험사고 발생의 객체로 보험자가 배상하여야 할 범위와 한계를 정해준다.

ㄴ. 보험기간은 보험에 의한 보장이 제공되는 기간으로 위험기간 또는 책임기간이라고도 하며 보험자의 책임은 보험을 승낙함으로써 개시된다.

ㄷ. 보험사고란 보험에 담보된 재산 또는 생명이나 신체에 관하여 보험자가 보험금 지급을 약속한 사고가 발생하는 것이다.

ㄹ. 보험료는 보험사고에 의한 보장을 받기 위하여 계약자가 보험자에게 지급하여야 할 금액이다.

① 1개　　　　　　　　　　　② 2개

③ 3개　　　　　　　　　　　④ 4개

02 보험계약의 법적성질 대한 설명으로 옳지 않은 것은?

① 보험계약은 본질적으로 낙성계약이므로, 보험료의 선납이 없어도 보험계약은 유효하게 성립된다.

② 보험계약은 요식계약이므로 보험계약은 서면으로 체결되어야 한다.

③ 보험계약은 보험자와 보험계약자 사이의 의무관계로 놓인 쌍무계약이며, 또한 대가관계의 유상계약이다.

④ 영리보험에 있어서 보험계약은 상행위성이 인정되며 이를 영업으로 하는 보험자가 상인이 된다.

03 다음은 인보험에 특성에 대한 설명이다. 옳은 것을 모두 고르시오.

─────〈 보기 〉─────

ㄱ. 보험계약법은 사회보험과는 달리 사보험관계에 적용되는 법으로 사회보험과는 성격이 다르다.
ㄴ. 보험계약자는 보험자와 계약을 체결으로 단체적 개념은 관련이 없다.
ㄷ. 보험자는 대수의 법칙과 수지상등의 원칙에 따라 보험사업을 영위하여야 하고 이를 뒷받침하기 위해 보험계약법은 기술적인 성격을 가지게 된다.
ㄹ. 보험계약법은 보험계약자등의 불이익변경금지원칙과 같은 상대적 임의법규를 많이 정하여 둠으로써 약자인 보험계약자를 보호하도록 이루어져 있다.

① ㄱ, ㄴ
② ㄱ, ㄷ
③ ㄴ, ㄹ
④ ㄷ, ㄹ

01

04 보험계약법에 대한 설명으로 옳지 않은 것은?

① 보험자는 보험의 목적에 보험사고가 발생한 경우 보험금을 지급할 책임을 지므로 보험계약 시 목적물을 구체적으로 정하여 보험증권에 기재하도록 하고 있다.
② 생명보험은 보험대상자의 생존, 사망, 장해 등을 보험사고로 하고 있다.
③ 다른 약정이 없는 한 보험료의 선납이 없어도 보험계약은 유효하며 보험자의 책임이 시작된다.
④ 보험기간과 보험료 납입기간이 일치하는 경우를 전기납, 보험료 납입기간이 보험기간보다 짧은 경우를 단기납이라고 한다.

정답찾기

01 ㄴ. 보험자의 보험금 지급책임이 존속하는 기간을 보험기간이라고 하고, 계약자가 보험자에게 보험료를 납입하여야 할 기간을 보험료 납입기간이라고 한다. 보험기간은 보험에 의한 보장이 제공되는 기간으로 상법에서는 보험자의 책임을 최초의 보험료를 지급받은 때부터 개시한다고 규정되어 있다.

02 ② 보험계약은 보험계약에 대해 특별한 방식을 요구하지 않는 불요식계약이므로 보험계약은 서면으로 체결되지 아니하여도 효력이 있다.

03 ㄴ. 보험계약자는 보험자와 계약을 체결하는 것이지만, 보험계약의 배후에는 수많은 보험계약자로 구성된 보험단체 또는 위험단체의 관념이 존재하고 있다.
ㄹ. 보험계약법은 보험계약자등의 불이익변경금지원칙과 같은 상대적 강행법규를 많이 정하여 둠으로써 약자인 보험계약자를 보호하도록 이루어져 있다.

04 ③ 다른 약정이 없는 한 보험계약자로부터 최초의 보험료(제1회 보험료)를 받은 때 보험자의 책임이 시작된다.

정답 **01** ③ **02** ② **03** ② **04** ③

TOPIC 12 인보험편(2) - 성립과 체결, 철회, 무효, 변경, 소멸, 고지의무, 효과, 부활

1 성립과 체결

보험계약의 성립과 거절	① 보험계약은 보험계약자의 청약과 보험자의 승낙으로 성립 ② 보험자는 계약의 청약에 대해 피보험자가 계약에 적합하지 않을 경우 계약을 거절할 수 있으며, 보험자가 계약을 거절한 때에는 보험료를 받은 기간에 대하여 일정 이자를 보험료에 더하여 돌려줌 ③ 단, 계약자가 최초보험료를 신용카드로 납부한 계약에 대한 승낙 거절 시 이자를 지급하지 않고 신용카드 매출만 취소함 ④ 건강검진이 필요한 보험계약: 보험자는 계약의 청약을 받고, 제1회 보험료를 받은 경우에 건강진단을 받지 않는 계약은 청약일, 진단계약은 진단일부터 30일 이내에 계약을 승낙 또는 거절하여야 함. 만일 30일 이내에 승낙 또는 거절의 통지를 하지 않으면 계약은 승낙된 것으로 봄
보험계약의 체결	① 보험계약은 특별한 방식을 요구하지 않는 불요식의 낙성계약이므로 보험계약자의 청약에 대하여 보험자가 승낙한 때에 성립함 ② 승낙의 방법에는 청약의 경우와 같이 제한이 없으나 보험자는 별도의 승낙 의사표시를 행하지 않고 보험증권의 교부로 갈음하고 있으며 실제로는 보험자의 승낙절차와 보험증서(보험증권)의 교부절차는 통합되어 이루어짐 ③ 보험자가 승낙할 경우 보험자의 책임은 최초보험료가 지급된 때로 소급하여 개시됨

2 승낙 의제와 승낙 전 사고담보

승낙 의제	① 보험계약자가 보험계약의 청약 시에 보험료 상당액을 납부한 때: 보험자는 다른 약정이 없는 한 30일 내에 승낙의 통지를 발송해야 하고, 이를 해태한 때에는 승낙한 것으로 봄 (상법 제638의 2 제1항, 제2항) ② 다만, 인보험 계약의 피보험자가 신체검사를 받아야 하는 경우에는 그 기간은 신체검사를 받은 날로부터 기산함
승낙 전 사고담보	보험계약자가 청약과 함께 보험료 일정을 납부하고, 보험자가 청약을 승낙하기 전에 보험사고가 생긴 때: 고지의무위반, 건강진단 불응 등 해당 청약을 거절할 사유가 없는 한 보험자는 보험 계약상의 책임을 짐(상법 제638의2 제3항)

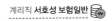

❸ 보험가입증서(보험증권)의 교부

보험가입증서 (보험증권)	① 보험계약의 성립 및 그 내용에 관한 증거로서 보험자가 교부하는 문서 ② 보험자는 계약이 성립한 때에는 보험 가입증서(보험증권)를 교부
교부 여부	① 보험가입증서(보험증권)의 교부 여부는 보험계약의 효력 발생에 아무런 영향을 미치지 못함 ② 보험가입증서(보험증권)는 계약 성립한 후 보험계약 당사자 간의 계약 내용을 나타낼 뿐 계약의 성립요건은 아님 ③ 따라서 배달 착오 등으로 인하여 보험계약자에게 보험 가입증서(보험증권)가 도달되지 못한 경우에도 보험계약은 유효하게 성립한 것임

01

❹ 보험계약의 철회

철회	① 보험계약자는 보험가입증서(보험증권)을 받은 날부터 15일 이내에 청약을 철회할 수 있음(일자 계산은 초일 불산입을 적용하므로 1일 보험 가입증서를 받은 경우 16일까지 청약 철회가 가능함) ② 다만, 진단계약, 보험기간이 90일 이내인 계약 또는 전문금융소비자가 체결한 계약은 청약을 철회할 수 없으며, 청약일로부터 30일이 초과한 계약도 청약 철회가 불가함
용어	① 전문금융소비자 : 보험계약에 관한 전문성, 자산규모 등에 비추어 보험계약에 따른 위험 감수능력이 있는 자로서, 국가, 지방자치단체, 한국은행, 금융회사, 주권상장법인 등을 포함하며 「금융소비자 보호에 관한 법률」 제2조(정의) 제9호에서 정하는 전문금융소비자 ② 일반금융소비자 : 전문금융소비자가 아닌 계약자 ③ 민법 제157조(기간의 기산점) : 기간을 일, 주, 월 또는 연으로 정한 때는 기간의 초일은 산입하지 아니함. 그러나 그 기간이 오전 영시로부터 시작하는 때에는 그러하지 아니함

❺ 보험계약의 무효와 취소

무효	① 보험계약의 무효 : 보험계약이 성립한 때부터 그 효력이 발생하지 않는 것 ② 보험계약이 무효가 된 경우 : 보험계약자·피보험자·보험수익자가 선의이며 중과실이 없을 경우 보험료의 전부 또는 일부의 반환을 청구할 수 있음 ③ 회사의 고의 또는 과실로 계약이 무효로 된 경우와 회사가 승낙 전에 무효임을 알았거나 알 수 있었음에도 보험료를 반환하지 않은 경우 : 보험료를 납입한 날의 다음 날부터 반환일까지의 기간에 대하여 회사는 이 계약의 보험계약 대출이율을 연 단위 복리로 계산한 금액을 더하여 돌려주어야 함

보험계약이 취소된 경우	① 보험자가 보험약관의 교부·명시의무에 위반한 경우 보험계약자는 보험계약이 성립한 날부터 3개월 이내에 보험계약을 취소할 수 있음 ② 보험계약이 취소되면 계약 체결 시점으로 소급하여 처음부터 효력이 발생하지 않게 되어 무효와 같은 효과가 발생함
보험사고 발생 후의 보험계약 등	① 보험계약 당시에 보험사고가 이미 발생하였거나 또는 발생할 수 없는 것인 때 그 보험계약은 무효로 함 ② 다만 당사자 쌍방과 피보험자가 이를 알지 못한 때, 주관적으로 불확정한 경우에 그 보험계약은 유효함
사기· 반사회질서의 보험계약	① 사기로 인한 초과보험(손해보험), 사기로 인한 중복보험의 경우에는 그 보험계약 전체를 무효로 함 ② 다만 보험계약자의 사기로 인한 고지의무위반의 경우는 보험계약을 해지하거나 취소할 수 있도록 규정하고 있음 ③ 그리고 보험계약이 선량한 풍속 기타 사회질서에 반하는 경우에도 무효가 됨
타인의 사망보험에서 서면동의의 흠결	인보험의 경우 타인의 사망을 보험사고로 하는 보험계약에서 타인의 서면에 의한 동의를 얻지 못한 경우에 그 보험계약은 전부 무효가 됨
사망보험에서 피보험자의 결격사유	① 만 15세 미만자, 심신상실자 또는 심신박약자의 사망을 보험사고로 하는 보험계약은 무효 ② 이들의 서면에 의한 동의를 받아도 역시 무효 ③ 다만, 심신박약자가 보험계약을 체결하거나 소속단체의 규약에 따라 단체보험의 피보험자가 될 때 의사능력이 있는 경우에는 무효가 아닌 것으로 함

비교	구분	보험계약 무효	보험계약 취소
	요건	• 사기에 의한 초과, 중복보험 • 기발생 사고 • 피보험자의 자격미달(사망보험의 경우)	• 보험자의 법률 위반이 존재할 때 • '3대 기본지키기'를 미이행했을 때 　1) 고객 자필 서명 　2) 청약서 부본 전달 　3) 약관 중요내용 설명 및 교부
	효력	보험금 지급사유가 발생하더라도 보험금 지급을 하지 않음	보험자는 납입한 보험료에 일정 이자를 합한 금액을 계약자에게 반환

❻ 보험계약의 변경, 소멸

보험계약의 당연한 변경·소멸(1)	① 보험기간 만료에 따른 소멸: 보험계약에서 정한 보험사고가 발생하지 않고 보험기간이 끝난 경우, 보험기간의 만료로 보험계약은 소멸함 ② 최초보험료 부지급으로 인한 보험계약 해제: 보험계약자가 별도의 약정 없이 계약 성립 후 2월이 지나도록 그 보험료를 납입하지 않을 때 보험계약은 해제된 것으로 봄. 다만 타인을 위한 보험의 경우 상당한 기간을 정하여 그 타인에게도 최고한 후에야 해제된 것으로 봄

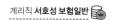

보험계약의 당연한 변경·소멸(1)	③ **위험의 소멸** : 보험계약 체결 당시에 이미 보험사고가 발생하여 위험이 더 이상 존재하지 않거나 보험사고가 발생할 수 없게 된 때에는 그 보험계약은 무효가 됨. 그러나 보험계약이 체결된 후에 사고 발생의 위험이 소멸하여 보험사고의 발생 가능성이 없어진 경우 보험계약은 당연히 소멸됨 ④ **보험자의 파산 후 3월을 경과한 때** : 보험자가 파산선고를 받으면 보험계약자는 계약을 해지할 수 있으나 보험계약자가 해지하지 않으면 파산선고 후 3월을 경과한 때 계약은 당연히 효력을 상실함 ⑤ **보험사고의 발생** : 보험사고의 발생으로 손해가 발생하고 보험금액의 전부를 지급한 경우 원칙적으로 보험계약은 목적의 달성에 의하여 소멸함
보험계약의 당연한 변경·소멸(2)	① **보험계약자에 의한 보험계약의 해지** • 보험계약자는 보험사고가 발생하기 전에는 언제든지 계약의 전부 또는 일부를 해지할 수 있음 • 다만 타인을 위한 보험계약의 경우 보험계약자가 그 타인의 동의를 얻지 않았거나 보험증권을 소지하지 않은 경우 그 계약을 해지하지 못함 • 보험자가 파산선고를 받은 때 보험계약자는 그 계약을 해지할 수 있음 ② **보험자에 의한 보험계약의 해지** • 보험계약자가 보험계약에서 정해진 계속 보험료를 지급기일 내에 지급하지 않을 때 보험자는 상당한 기간을 정하여 보험계약자에게 최고하고 그 기간 내에도 보험료를 지급하지 않은 경우 계약을 해지할 수 있음 • 보험계약 당시에 보험계약자 또는 피보험자가 고의 또는 중대한 과실로 고지의무를 위반한 때 보험자는 그 고지의무 위반 사실을 안 날로부터 1월, 계약을 체결한 날로부터 3년 내에 보험계약을 해지할 수 있음

보험계약의 실효	**구분**	**내용**
	당연실효	• 최초보험료의 부지급 • 보험기간의 만료 • 보험회사가 파산선고를 받고 3개월이 경과하였을 때 • 사망사고 등 보험사고의 발생 • 보험목적의 멸실
	임의해지	보험계약자가 보험사고 발생 전에 계약의 전부 또는 일부를 해지할 때 (※ 타인을 위한 계약의 경우 타인의 동의를 얻지 못하면 해지할 수 없음)
	해지권 행사	보험자는 계속보험료 미지급, 고지의무 위반, 통지의무 위반 등의 경우 보험계약에 대한 해지권을 행사하였을 때 (※ 타인을 위한 계약의 경우 보험계약자가 납입을 지체하여도 보험회사가 상당기간 보험료 납입을 최고한 후가 아니면 계약을 해지할 수 없음)

❼ 고지의무

의미	① 고지의무 : 보험자는 보험계약 체결 시 해당 계약에 대한 정확한 위험의 정도를 측정하는 것이 필요한데 이를 위해 보험계약자 또는 피보험자는 보험계약 당시에 보험자에게 중요한 사항을 고지하고, 부실의 고지를 하지 않을 의무 ② 고지의무는 중요사항에 대해 진실을 알릴 것을 요구하는 보험계약의 특유한 제도로 보험계약이 성립하기 전의 의무로 보험계약 성립 후의 의무인 위험변경증가의 통지의무·위험 유지의무 또는 보험사고 발생의 통지의무와는 구분됨
고지의무 당사자	① 고지의무자 : 보험계약법상 고지할 의무를 부담하는 보험계약자, 피보험자 및 이들의 대리인임. 그러나 보험수익자는 고지의 의무가 부여되지 않음 ② 고지수령권자는 보험자 또는 보험자로부터 고지수령권을 받은 자
고지의무 위반의 효과	① 보험계약 당시에 보험계약자 또는 피보험자가 고의 또는 중대한 과실로 인하여 중요한 사항을 고지하지 아니하거나 부실의 고지를 한때에는 보험자는 그 사실을 안 날로부터 1월 내에, 계약을 체결한 날로부터 3년 내에 한하여 계약을 해지할 수 있음. 이 경우 보험자는 해지 환급금을 지급함 ② 피보험자의 직업 또는 직종에 관한 고지의무를 위반함으로써 보험 가입한도액을 초과 청약한 경우에는 그 초과 청약액에 대해서만 계약을 해지하고 초과 가입액에 대한 보험료는 반환함. 단, 승낙거절 직업 또는 직종에 대해서는 계약 전부를 해지함 ③ 그러나 고지의무를 위반한 사실이 보험금 지급 사유 발생에 영향을 미쳤음을 보험자가 증명하지 못하는 경우에는 해당 보험금을 지급함
고지의무 위반요건	<table><tr><th>구분</th><th>내용</th></tr><tr><td>고의</td><td>보험계약자가 중요한 사실을 알면서 이를 고지하지 않거나 허위사실인 줄 알면서 고지한 것</td></tr><tr><td>중대한 과실</td><td>보험계약자가 주의를 기울였으면 제대로 고지할 수 있는 것을 주의를 다하지 아니하여 불고지 또는 부실고지를 한 것 ※ 불고지 : 중요한 사항을 알리지 않는 것 부실고지 : 중요한 사항에 관하여 사실과 다르게 말하는 것</td></tr></table>
해지할 수 없는 경우	① 보험자가 계약 당시에 고지의무 위반 사실을 알았거나 과실로 알지 못한 경우 ② 보험자가 고지의무 위반 사실을 안 날로부터 1개월 이상 지났거나 보장개시일부터 보험금 지급 사유가 발생하지 않고 2년 이상 지났을 때 ③ 계약을 체결한 날부터 3년이 지났을 때 ④ 보험을 모집한 자(이하 "모집자 등"이라 함)가 계약자 또는 피보험자에게 고지할 기회를 주지 않았거나 계약자 또는 피보험자가 사실대로 고지하는 것을 방해한 경우, 계약자 또는 피보험자에게 사실대로 고지하지 않게 하였거나 부실한 고지를 권유했을 때 다만, 모집자 등의 행위가 없었다 하더라도 계약자 또는 피보험자가 사실대로 고지하지않거나 부실한 고지를 했다고 인정되는 경우에는 계약을 해지하거나 보장을 제한할 수 있음 ⑤ 일반적으로 약관상에는 계약자 보호를 위해 상법 규정보다 강화된 규정을 두고 있음

❽ 보험자의 의무

보험가입증서 (보험증권) 교부의무	① 보험계약이 성립하면 보험자는 지체없이 보험 가입증서(보험증권)를 작성하여 교부할 의무가 있음 ② 그러나 보험자가 보험증권 교부의무를 이행하지 않았다고 하여 계약의 취소나 해지 사유가 되는 것은 아니다. 또한, 보험계약자가 보험료의 전부 또는 최초의 보험료를 지급하지 아니한 때에는 보험증권을 교부할 의무가 없음 ③ 보험계약자가 보험료의 전부 또는 최초의 보험료를 지급한 경우에는 보험자에 대해 보험가입증서(보험증권)의 교부청구권을 가지게 됨
보험금 지급 의무	보험자는 보험기간 내에 보험사고가 생긴 때에는 피보험자 또는 보험수익자에게 보험금을 지급할 의무를 짐(상법 제658조)
보험금 지급 사유	① 중도보험금 / 장해보험금 / 입원보험금 : 보험기간 중 피보험자가 생존해 있을 때 계약서에 정한 조건에 부합하여 지급하는 경우 ② 만기보험금 : 보험기간이 끝날 때 피보험자가 생존해 있을 경우 ③ 사망보험금 : 보험기간 중 피보험자가 사망한 경우

❾ 보험자의 보험료 반환의무

보험계약의 무효로 인한 보험료반환청구	보험계약의 일부 또는 전부가 무효인 경우 보험계약자와 피보험자가 선의이며 중대한 과실이 없는 때에는 보험자는 납입보험료의 일부 또는 전부를 반환할 의무를 짐(상법 제648조)
사고 발생 전의 임의해지	① 보험계약자가 보험사고의 발생 전에 보험계약의 전부 또는 일부를 해지한 경우 보험자는 다른 약정이 없으면 미경과보험료를 반환하여야 할 의무를 짐(상법 제649조 제1항, 제3항) ② 미경과보험료 : 보험계약이 해지될 경우 아직 경과하지 않은 보험료기간에 해당하는 보험료를 의미하며 실무에서는 일할로 계산한 금액이나 단기요율로 계산한 금액을 지급함
보험적립금 반환의무	생명보험의 경우 보험자는 보험계약이 해지되었거나 보험금 지급이 면책된 경우에는 소위 보험료적립금을 반환할 의무가 있음(상법 제736조)

❿ 보험자의 면책 사유

의미	면책 사유 : 보험기간 내에 보험자가 보상책임을 지는 보험사고가 발생하였으나 일정한 원인으로 그 책임이 면제되는 사유
법정 면책 사유 중 도덕적 위험	① 보험사고가 보험계약자, 피보험자, 보험수익자 등 보험계약자 측의 고의 또는 중과실로 생긴 경우 보험자는 보험금 지급책임을 면함(상법 제659조) ② 다만 사망을 보험사고로한 보험계약에서는 사고가 보험계약자 또는 피보험자나 보험수익자의 중대한 과실로 인하여 발생한 경우에도 보험자는 보험금을 지급할 책임을 면하지 못한다.(상법 제732조의2)

법정 면책 사유 중 도덕적 위험	③ 도덕적 위험에 대한 면책 사유의 입증책임은 보험자에게 있으며 보험계약자나 피보험자 또는 보험수익자 중의 어느 한 사람의 고의나 중과실이 있으면 성립함
법정 면책 사유 중 전쟁위험	보험사고가 전쟁 기타의 변란으로 인하여 생긴 때에는 당사자 간에 다른 약정이 없으면 보험자는 보험금액을 지급할 책임이 없음

⑪ 보험계약자 등의 의무

보험료 지급의무와 그 성질	① 보험계약이 성립되면 보험계약자는 보험자에게 보험료를 납부할 의무를 짐(상법 제638조) ② 보험료 지급의무는 계약 체결의 당사자인 보험계약자가 1차적으로 부담하고 다만 타인을 위한 보험계약의 경우 보험계약자가 파산선고를 받거나 보험료 지급을 지체한 때 그 타인이 그 권리를 포기하지 않는 한 그 타인도 2차적으로 보험료를 지급할 의무가 있음(상법 제639조) ③ 보험료는 보험금에 대한 대가관계에 있는 것으로 이의 지급은 보험자의 책임 발생의 전제가 됨(상법 제656조 참조) ④ 보험료 지급은 원칙적으로 지참채무이지만 당사자의 합의나 보험모집인의 관행을 통하여 추심채무로 될 수 있음
보험료의 지급 시기	① 실제 보험실무에서는 보험계약청약시에 보험료의 전부 또는 제1회 보험료를 선납부하는 관행이 행해지고 있으나 원칙적으로 보험계약자는 계약 체결 후 지체없이 보험료의 전부 또는 제1회 보험료를 납부하여야 함(상법 650조 제1항) ② 분할납부의 경우에는 제2회 이후의 계속 보험료는 약정한 납입기일에 납부하여야 함(상법 제650조 제2항)
보험료 납입지체의 효과	① 제1회 보험료란 보험료 분할납입의 약정이 되어 있는 경우의 최초 납입분을 의미함 ② 보험계약의 체결 후 보험계약자가 보험료의 전부 또는 제1회 보험료를 납입하여야 함에도 불구하고, 납입하지 아니하는 경우에 다른 약정이 없는 한 계약성립 후 2월이 경과하면 그 계약은 해제된 것으로 봄 ③ 또한, 계속 보험료가 약정되어 있는 시기에 납부되지 아니할 경우 보험자는 '상당한' 기간을 정하여 보험료 납입을 최고하고, 해당 기간 내에 보험계약자가 보험료의 납입을 지체한 경우 별도의 해지통보를 통해 계약을 해지할 수 있음
위험변경 증가의 통지의무	① 보험기간 중에 보험계약자 또는 피보험자가 사고 발생의 위험이 현저하게 변경 또는 증가된 사실을 안 때에는 지체없이 이를 보험자에게 통지하여야 함(상법 제652조 제1항) ② 위험의 변경 또는 증가의 원인은 객관적이어야 하므로 보험계약자 또는 피보험자의 행위로 인한 것이 아니어야 함 ③ 보험계약자 또는 피보험자가 이를 해태한 때에는 보험자는 그 사실을 안 날로부터 1월 내에 계약을 해지할 수 있음
보험사고 발생의 통지의무	① 보험자에 대한 보험사고의 통지는 보험자로 하여금 그 사고가 보험사고에 해당하는지 여부 등과 면책 사유가 존재하는지 여부를 확정하는 전제가 되기 때문에 이 통지는 대단히 중요한 사항임

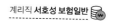

01

보험사고 발생의 통지의무	② 따라서 보험계약자 또는 피보험자나 보험수익자는 계약에서 정한 보험사고의 발생을 안 때에는 지체없이 이를 보험자에게 통지해야 함(상법 제657조 제1항) ③ 보험계약자 등의 통지 해태로 인해 손해가 증가된 때에는 그 증가된 손해를 보상할 책임이 없음(상법 제657조 제2항)
위험 유지의무	보험기간 중에 보험계약자, 피보험자 또는 보험수익자의 고의 또는 중대한 과실로 인하여 사고 발생의 위험이 현저하게 변경 또는 증가된 때에는 보험자는 그 사실을 안 날로부터 1월 내에 보험료 증액을 청구하거나 계약을 해지할 수 있음(상법 제653조)

⑫ 부활

부활의 의미	① 보험료의 납입연체로 인해 계약이 해지되었으나 해지 환급금이 지급되지 아니한 경우, 계약자는 연체보험료에 약정이자를 붙여 보험자에게 지급하고 그 계약의 부활(효력회복)을 청구할 수 있음 ② 이는 계약의 해지로 인해 보험계약자가 새로운 보험계약을 체결할 경우 다양한 불이익이 발생할 수 있기 때문임 ③ 일반적으로 생명보험의 경우에는 연령증가 등에 따른 피보험자의 위험률이 높아져서 인상된 보험료를 더 많이 부담해야 하고, 보험료 적립금 내지 해지 환급금의 지급상의 불이익이 초래되기 때문임
부활의 요건	① 부활 계약 청구 시에도 보험계약자는 중요한 사항에 대하여 고지의무를 부담하여야 함 ② 또한, 보험계약자가 제2회 이후의 계속 보험료를 납부하지 아니함으로써 보험계약이 해지되었거나 실효된 경우로서 해지 환급금이 지급되지 않았어야 함 ③ 그리고 보험계약자는 부활이 가능한 일정 기간 내에 연체된 보험료에 약정이자를 붙여 보험자에게 납부하고 보험계약의 부활을 청구하여야 하며 보험자의 승낙이 있어야 함 ④ 보험계약자의 부활청구로부터 보험자가 약정이자를 첨부한 연체보험료를 받은 후 30일이 지나도록 낙부통지(허락과 거부 여부)하지 않으면 보험자의 승낙이 의제되고 해당 보험계약은 부활함(상법 제650조의2 단서) ⑤ 부활 청약 시 부활 청약 심사를 하는 이유는 계약 부활의 경우 부활 청약자의 역선택 가능성이 높기 때문임 **예** 암 진단 후 보험금을 받기 위해 부활 청약을 하는 경우 심사과정이 생략된다면 모두 부활승낙이 될 것이고 보험금을 지급해야 함 → 이는 정상적인 보험사업 운영을 불가능하게 만들고 다른 계약자에게 손실을 끼치는 결과를 가져옴
부활의 효과	① 보험계약에서의 부활은 실효된 보험계약의 효력을 원래대로 복구시키는 것이므로 실효되기 이전의 보험계약과 동일한 내용의 보험계약을 계속 유지하게 됨 ② 그렇지만 해당 보험계약을 부활하였다 하더라도 보험계약이 실효된 이후 시점부터 부활될 때까지의 기간에 발생한 보험사고에 대하여는 보험자는 책임을 지지 않고 보험자의 책임은 부활 계약의 승낙 시부터 다시 개시됨 ③ 단, 계약자가 약정이자를 포함한 연체보험료를 지급하고 보험계약 부활을 청구한 때부터 보험자가 승낙하기 전까지 사이에 보험사고 발생 시 보험자가 거절할 사유가 없는 한 보상책임을 지게 됨

확인문제 인보험편(2) - 성립과 체결, 철회, 무효, 변경, 소멸, 고지의무, 효과, 부활

01 보험계약에 대한 설명으로 옳은 것은? 24. 계리직

① 보험계약의 실효는 계약이 처음에는 유효하게 성립되었으나 계약 이후 특정 원인이 발생하여 계약의 효력이 계약시점으로 소급되어 없어지는 것이다.

② 고지의무는 청약서에서 질문한 사항에 대해 보험자에게 사실대로 알리는 것으로, 계약 청약 시에만 이행하고 부활 시에는 이행하지 않는다.

③ 보험가입증서(보험증권)는 보험계약의 성립 및 그 내용에 관한 증거로서 보험가입증서(보험증권)의 교부는 보험계약의 성립요건이다.

④ 보험계약자 또는 피보험자나 보험수익자는 보험사고의 발생을 안 때에는 지체없이 이를 보험자에게 통지해야 한다.

02 보험계약에 대한 설명으로 옳은 것은? 22. 계리직

① 고지의무자는 보험계약자, 피보험자 및 보험수익자이다.

② 보험계약자는 보험가입증서(보험증권)를 받은 날부터 30일 이내에 청약을 철회할 수 있다.

③ 보험자는 계약을 체결한 날부터 2년이 지난 경우에는 고지의무 위반으로 인한 계약해지를 할 수 없다.

④ 보험자는 보험계약이 성립하고 보험계약자가 보험료의 전부 또는 최초의 보험료를 지급한 때에는 지체없이 보험가입증서(보험 증권)를 작성하여 보험계약자에게 교부하여야 한다.

03 다음은 보험계약에 대한 설명이다. 옳은 것을 모두 고르시오.

─────〈 보기 〉─────

ㄱ. 보험자는 계약자의 청약에 대해 피보험자가 계약에 적합하지 않을 경우 계약을 거절할 수 있다.

ㄴ. 보험자는 계약의 청약을 받고, 제1회 보험료를 받은 경우에 건강진단을 받지 않는 계약은 청약일, 진단계약은 15일 이내에 승낙 또는 거절의 통지를 하지 않으면 계약은 승낙된 것으로 본다.

ㄷ. 보험가입증서(보험증권)의 교부 여부는 보험계약의 효력발생의 시작점으로 본다.

ㄹ. 보험계약자는 보험가입증서(보험증권)을 받은 날부터 15일 이내에 청약을 철회할 수 있다.

① ㄱ, ㄴ   ② ㄱ, ㄹ   ③ ㄴ, ㄹ   ④ ㄷ, ㄹ

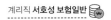

04 고지의무에 대한 설명으로 옳지 않은 것은?

① 고지의무는 중요사항에 대해 진실을 알릴 것을 요구하는 보험계약의 특유한 제도로 보험계약이 성립하기 전의 의무이다.

② 보험자가 계약 당시에 고지의무 위반사실을 알았거나 과실로 알지 못한 경우 해지가 불가능하다.

③ 보험계약 당시에 보험계약자 또는 피보험자가 고의 또는 중대한 과실로 인하여 중요한 사항을 고지하지 아니하거나 부실의 고지를 한 때에는 보험자는 그 사실을 안 날로부터 1월내에, 계약을 체결한 날로부터 3년내에 한하여 계약을 해지할 수 있다.

④ 보험계약법상 고지할 의무를 부담하는 보험계약자, 보험수익자, 피보험자 및 이들의 대리인이다.

01

Chapter 06 우체국보험 일반현황

TOPIC 13 우체국보험 일반현황

❶ 연혁 – 우체국보험 경영공시자료

1929. 10. 01. 간이생명보험 시행
1952. 12. 16. "간이생명보험"을 "국민생명보험"으로 개칭
1977. 01. 01. 국민생명보험의 농협 이관
1982. 12. 31. 체신예금·보험에 관한 법률 제정·공포
1983. 07. 01. 체신보험사업의 재개
1984. 01. 01. "체신금융국" 발족
1990. 12. 01. 체신보험 온라인 업무 개시
1994. 12. 23. 정보통신부로 개편
2000. 04. 04. "체신보험"을 "우체국보험"으로 개칭
2000. 07. 01. "우정사업본부" 출범
2000. 09. 01. 우체국금융콜센터 운영 및 인터넷뱅킹 서비스 개시
2002. 02. 25. 우체국보험적립금운용심의회의 설치
2003. 08. 06. 금융리스크관리팀 신설
2005. 03. 25. 우체국금융 BI "에버리치(EverRich)" 제정
2006. 08. 16. 우체국 예금·보험 건전성기준 제정
2007. 11. 30. 보험사업단 신설
2008. 09. 30. 우체국보험 슬로건 선포(당신을 믿어요!)
2010. 01. 04. 소액서민보험(만원의 행복보험) 판매
2010. 07. 01. 우정사업 CI 변경
2011. 09. 23. (무)우체국즉시연금보험 판매
2012. 03. 15. 치아보험 판매
2013. 02. 27. 우체국보험 슬로건 변경(국가가 보장하는 착한보험 우체국보험)
2013. 03. 23. 정부조직개편으로 '지식경제부'에서 '미래창조과학부' 소속으로 이관
2013. 09. 03. (재)우체국공익재단 설립
2013. 11. 01. 우체국보험 BI 제정
2014. 10. 02. (무)100세 종합보장보험 판매
2014. 10. 15. (무)나눔의 행복보험 판매

2014. 12. 22. 정부세종청사 우정사업본부 이전
2015. 07. 13. (무)우체국치아보험, 어깨동무연금보험 판매
2016. 03. 21. (무)우체국노후실손의료비보험 판매
2016. 08. 12. (무)우체국생애맞춤보험, 우리가족암보험 판매
2016. 09. 30. 우체국스마트뱅킹 보험간편서비스 시행
2016. 12. 26. 우체국보험 지급센터 운영
2017. 01. 02. 우체국간편가입건강보험 판매
2017. 07. 18. (무)우체국온라인암보험 판매
2017. 07. 26. 정부조직개편으로 '미래창조과학부'에서 '과학기술정보통신부' 소속으로 이관
2018. 12. 27. 우체국금융 '우정톡톡' 챗봇 상담서비스 시행
2019. 05. 01. (무)win-win단체플랜보험 판매
2019. 11. 11. 우체국금융 소비자보호 규정 제정
2019. 12. 18. 우체국보험 AI로보텔러 완전판매모니터링 시행
2020. 04. 27. (무)우체국통합건강보험, (무)우체국나르미안전보험 판매
2020. 12. 01. (무)우체국당뇨안심보험, (무)우체국온라인당뇨보험, (무)우체국온라인정기보험 판매
2021. 05. 18. 전국 최대 규모 소아암 아동지원시설(마음이음 한사랑의 집) 개소
2022. 07. 06. 복지등기 시범사업 시행

❷ 업무범위

우체국보험의 목적	① 국가가 간편하고 신용 있는 보험사업을 운영함으로써 보험의 보편화를 달성하고 이를 통해서 질병과 재해의 위험에 공동으로 대처하여 궁극적으로는 국민의 경제생활 안정과 공공복리의 증진에 기여함을 목적으로 함 ② 우체국 우편 사업의 운영·유지에 필요한 비용을 일부 마련하기 위한 경영상의 목적도 가지고 있음 ③ 우체국보험은 4천만원 이하의 소액보험(생명·신체·상해·연금 등) 상품개발과 판매 및 운영 사업을 하면서 기타 보험사업에 부대 되는 환급금 대출과 증권의 매매 및 대여를 업무 범위로 하고 있음. 부동산의 취득·처분과 임대서비스도 업무 범위에 포함됨
우체국보험의 특징	① 서민 보험서비스 : 무진단·단순한 상품구조를 바탕으로 보험료가 저렴한 보험상품을 취급하여 서민들이 쉽게 가입이 가능하도록 하고 있음 ② 보편적 보험서비스 : 농·어촌 지역에서부터 지방 중소도시까지 전국적으로 널리 분포된 우체국 조직을 이용하므로 보험료가 저렴하고 가입절차가 간편하여 보험의 보편화에 기여하고 있음 ③ 공적 역할 : 사익(주주 이익)을 추구하지 않는 국영보험으로서 장애인, 취약계층 등과 관련된 보험상품을 확대 보급하고 있음. 또한, 사회 소외계층을 위한 현장밀착형 공익사업을 발굴 및 지원함으로써 사회적 책임을 강화하고 있음 ④ 운영 주체 : 국가가 경영하고 과학기술정보통신부 장관이 관장(우체국예금·보험에 관한 법률 제3조)하며, 감사원의 감사와 국회의 국정감사를 받고 있음

우체국보험의 특징	⑤ 회계 특성: 우체국보험은 국가가 운영함에 따라 정부 예산회계 관계 법령의 적용을 받고 있으며 「우체국보험 건전성 기준」 제34조에 따라 외부 회계법인의 검사를 받고 있음 ⑥ 인력 및 조직: 담당 인력과 조직에 대해 행정안전부 등 관련 부처와 협의를 거치는 등 정부조직법, 국가공무원법 등의 통제를 받고 있음 ⑦ 예산·결산: 우체국보험사업의 운영에 필요한 경비는 기획재정부와 협의, 국회의 심의를 거쳐 정부 예산으로 편성하고, 예산집행 내역 및 결산 결과를 국회 및 감사원에 보고함

❸ 우체국보험과 타기관 보험과 비교

	구분	우체국보험	공영보험
우체국과 공영보험	가입의무	자유가입	의무가입
	납입료 대비 수혜 비례성	비례함(수익자 부담)	비례성 약함 (소득재분배 및 사회 정책적 기능)

	구분	우체국 보험	민영보험
우체국보험과 민영보험	보험료	상대적으로 저렴	상대적 고액
	가입한도액	• (사망) 4,000만원 • (연금) 연 900만원	제한 없음
	지급보장	국가 전액 보장	동일 금융기관내에서 1인당 최고 5천만원 (예금보험공사 보증)
	운영방법	농어촌·서민 위주 전 국민 대상	도시 위주 전 국민 대상
	사익추구	주주이익 없음(국영사업)	주주이익 추구
	취급제한	변액보험, 퇴직연금, 손해보험 불가	제한 없음
	감독기관	과학기술정보통신부, 감사원, 국회, 금융위원회 등	금융위원회, 금융감독원
	적용법률	• 우체국예금·보험에 관한 법률, 우체국보험특별회계법 • 보험업법(일부), 상법(보험 분야)	• 보험업법 • 상법(보험 분야)

❹ 소관법률 및 근거

	법률(2)	대통령령(2)	부령(2)
관련 법률 현황	• 우체국예금·보험에 관한 법률 • 우체국보험특별회계법	• 우체국예금·보험에 관한 법률 시행령 • 우체국보험특별회계법 시행령	• 우체국예금·보험에 관한 법률 시행규칙 • 우체국보험특별회계법 시행규칙
보험적립금 : 근거 및 목적	① 근거 : 우체국보험특별회계법 제4조 ② 목적 : 보험금, 환급금 등 보험급여의 지급을 위한 책임준비금에 충당하기 위하여 우체국보험특별회계의 세입·세출 외에 별도 우체국보험적립금을 설치 운영함		
보험적립금 : 재원 조달 및 운용	① 우체국보험적립금은 순보험료, 운용수익 및 우체국보험특별회계 세입·세출의 결산상 잉여금으로 조성함 ② 조성된 적립금은 주로 보험금 지급에 충당하고, 여유자금은 유가증권 매입 또는 금융기관에 예치하여 수익성을 제고하는 기능을 함 ③ 한편, 공공자금관리기금 및 금융기관을 통한 산업자금 지원과 지방경제 활성화를 위한 지방은행에의 자금예치 및 보험계약자를 위한 대출제도 운영에 사용됨		

❺ 역할(사회공헌)

개요	우체국보험은 1995년 소년소녀가장 장학금 지원사업을 시작으로 공공복지의 사각지대에 있는 사회 소외계층(아동, 노인, 장애인 등)에 대한 다양한 지원을 통해 국가기관으로서 사회적 책임과 사회안전망 기능을 강화함
추진 경과	① 1995년 휴면보험금으로 소년소녀가장에게 장학금을 지원하는 공익사업을 시작하였음 ② 2000년 들어서 교통안전보험 재원을 활용하여 본격적인 공익사업을 추진하였음 ③ 2013년 9월에는 우체국 공익재단을 설립하여 현재까지 다양한 공적 역할을 수행하고 있음
재원	① 우체국예금의 공익준비금의 경우 정부 예산에서 재원으로 삼고 있음 ② 우체국보험의 공익준비금은 　• 전 회계연도 적립금 이익 잉여금의 5% 이내 　• 그린 보너스 저축보험 전년도 책임준비금의 0.05% 이내(친환경 사업 활용)에서 재원을 마련하고 있음
공익재단 출연 기준	공익재단 출연을 위해서 공익자금 조성액은 전 회계연도 이익 잉여금을 기준으로 조성하되, 전년 및 당해 연도(추정) 당기순이익과 적립금 재무건전성을 고려하여 조성함
사회공헌 관련 세부사업	① 우체국 공익재단은 전문적이고 체계적인 사회공헌활동의 추진을 위해 매년 공익사업 계획을 수립하고 운영하고 있음 ② **예** 우정 인프라 기반 공적 역할 강화, 복지 소외계층 지원, 미래세대 육성, 지속 가능 친환경 사업지원 등

TOPIC 13 확인문제 우체국보험 일반현황

01 우체국보험과 민영보험에 대한 설명으로 옳은 것은? 24. 계리직

① 우체국보험은 변액보험, 퇴직연금, 손해보험을 취급할 수 없다.
② 민영보험은 감사원, 금융위원회, 금융감독원의 관리 감독을 받는다.
③ 우체국보험과 민영보험은 보험 종류별 계약보험금 한도액에 제한이 없다.
④ 우체국보험과 민영보험은 예금자보호법에 따라 원금과 소정이자를 합산하여 가입자 1인당 최고 5천만 원까지 보호된다.

02 우체국보험 공익사업에 대한 설명으로 옳은 것은? 24. 계리직

① 2000년 9월에 우체국공익재단을 설립하여 국영보험으로서 공익적 역할을 수행하고 있다.
② 공익사업의 범위와 그 재원 조성 등에 관하여 필요한 사항은 과학기술정보통신부령으로 정한다.
③ 우체국공익재단은 저소득 장애인 우체국 암보험 지원과 같이 보험가입자의 의료복지 증진에 한하여 공익사업을 발굴해 지원하고 있다.
④ 공익준비금은 전 회계연도 적립금 결산에 따른 이익 잉여금의 0.05% 이내, 그린보너스저축보험 전년도 책임준비금의 5% 이내에서 재원을 마련하고 있다.

정답찾기

01 ② 감사원의 감독은 우체국보험에만 적용된다.
③ 우체국보험의 계약보험금 한도액은 제한이 있다.
④ 우체국보험은 국영보험이므로 국가가 전액보장하므로 예금자보호법 적용이 아니다.

02 ① 2013년 9월에 우체국공익재단을 설립하여 국영보험으로서 공익적 역할을 수행하고 있다.
③ 우체국공익재단의 공익사업은 우정분야, 사회분야, 환경분야, 미래분야 등 다양한 사업을 하고 있다.
④ 공익준비금은 전 회계연도 적립금 결산에 따른 이익 잉여금의 5% 이내, 그린보너스저축보험 전년도 책임준비금의 0.05% 이내에서 재원을 마련하고 있다.

정답 **01** ① **02** ②

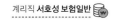

03 다음은 우체국보험의 특징에 대한 설명이다. 옳은 것을 모두 고르시오.

─────〈 보기 〉─────

ㄱ. 반드시 진단 후 가입하여야 하며 보험료가 저렴한 보험상품을 취급하여 서민들이 쉽게 가입이 가능하도록 하고 있다.

ㄴ. 사익(주주이익)을 추구하는 국영보험으로서 장애인, 취약계층 등과 관련된 보험상품을 확대 보급하고 있다.

ㄷ. 국가가 경영하고 과학기술정보통신부 장관이 관장(우체국예금·보험에 관한 법률 제3조)하며, 감사원의 감사와 국회의 국정감사를 받고 있다.

ㄹ. 우체국보험은 국가가 운영함에 따라 정부예산회계 관계법령의 적용을 받고 있으며 「우체국보험 건전성 기준」 제34조에 따라 외부 회계법인의 검사를 받고 있다.

① ㄱ, ㄴ   ② ㄱ, ㄷ
③ ㄴ, ㄹ   ④ ㄷ, ㄹ

01

04 우체국 보험에 대한 설명으로 옳지 않은 것은?

① 우체국보험은 자유가입이지만 공영보험은 의무가입이다.
② 우체국보험은 납입료 대비 수혜비례성이 크지만 공영보험은 비례성이 약하다.
③ 우체국보험은 가입한도액이 제한이 있지만 공영보험은 제한이 없다.
④ 우체국보험은 주주이익이 없지만, 민영보험은 주주이익을 추구한다.

정답 찾기

03 ㄱ. 무진단·단순한 상품구조를 바탕으로 보험료가 저렴한 보험상품을 취급하여 서민들이 쉽게 가입이 가능하도록 하고 있다.
ㄴ. 사익(주주이익)을 추구하지 않는 국영보험으로서 장애인, 취약계층 등과 관련된 보험상품을 확대 보급하고 있다.

04 ③ 우체국보험은 가입한도액이 제한이 있지만 민영보험은 제한이 없다.

Chapter 07 리스크관리 및 자금운용

TOPIC 14 리스크관리 및 자금운용 & 우체국보험 일반 현황

① 리스크관리 개요

개요	① 위험: 화재, 자연재해, 교통사고와 같이 수익에 관계없이 손실만을 발생시키는 사건을 의미 ② 리스크는 예측하지 못한 어떤 사실이나 행위가 자본 및 수익에 부정적인 영향을 끼칠 수 있는 잠재적인 가능성 ③ 리스크 관리 활동을 통해 최소화함으로써 손실 관리를 할 수 있으며, 적절한 리스크 관리를 수행함으로써 투자에 대한 불확실성 수준에 따른 수익을 보존할 수도 있음

리스크(Risk)와 위험(Danger)의 관계	구분	내용
	리스크 (Risk)	예측하지 못한 사실 또는 행위로 인해 자본 및 수익에 부정적인 영향이 발생할 수 있는 잠재적 가능성 • 수익의 불확실성 또는 손실발생 가능성 • 불확실성 정도에 따른 보상 존재 • 통계적 방법을 통해 관리 가능 예 주식투자, 건강관리 등
	위험 (Danger)	수익에 관계없이 손실만을 발생시키는 사건 • 적절한 보상이 주어지지 않음 • 회피함으로써 제거하거나 전가하는 것이 최선 예 자연재해, 화재, 교통사고 등

② 리스크의 종류

종류	① 재무적 리스크: 시장리스크, 신용리스크, 금리리스크, 유동성리스크, 보험리스크로 나뉘지며, 특성상 주가 및 금리와 같은 데이터를 활용하여 특정한 산식을 통해 산출 및 관리가 가능한 계량적인 성격을 가짐 ② 비재무적 리스크: 금융회사의 영업활동 또는 시스템 관리 등에 따라 발생할 수 있는 비정형화된 리스크로서 계량적인 산출과 관리가 어려운 리스크임

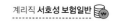

표	리스크 유형		내용
	재무 리스크	시장리스크	시장가격(주가, 이자율, 환율 등)의 변동에 따른 자산가치 변화로 손실이 발생할 리스크
		신용리스크	채무자의 부도, 거래 상대방의 채무불이행 등으로 인하여 손실이 발생할 리스크
		금리리스크	금리 변동에 따른 순자가산가치의 하락 등으로 재무상태에 부정적인 영향을 미칠 리스크
		유동성리스크	자금의 조달, 운영기간의 불일치, 예기치 않은 자금 유출 등으로 지급불능상태에 직면할 리스크
		보험리스크	예상하지 못한 손해율 증가 등으로 손실이 발생할 리스크
	비재무 리스크	운영리스크	부적절하거나 잘못된 내부의 업무 절차, 인력 및 시스템 또는 외부의 사건 등으로 인하여 손실이 발생할 리스크

01

❸ 우체국보험 재무건전성 관리

건전경영의 유지	우정사업본부장은 우체국보험의 보험금 지급능력과 재무건전성을 확보하기 위하여 건전경영의 유지를 위한 준수사항을 준수하여야 함	

건전경영의 유지를 위한 준수사항	구분	내용
	1	자본의 적정성에 관한 사항
	2	자산의 건전성에 관한 사항
	3	그 밖에 경영의 건전성 확보를 위하여 필요한 사항

자본의 적정성	① 우체국보험은 자본의 적정성 유지를 위하여 지급여력비율을 분기별로 산출·관리하여야 함 ② 지급여력비율 $= \dfrac{지급여력금액}{지급여력기준금액}$ ③ 지급 여력 기준금액 : 보험사업에 내재된 다양한 리스크를 보험·금리·시장·신용·운영 리스크로 세분화하여 측정 ④ 지급 여력 금액 : 기본자본과 보완자본을 합산한 후, 차감 항목을 차감하여 산출함 ⑤ 지급여력비율은 100% 이상을 유지하도록 노력하여야 함 　→ 우체국보험이 예상하지 못한 손실이 발생하더라도 이를 충당할 수 있는 자기자본을 보유하고 있음을 의미하며, 손실흡수를 통해 우체국보험의 지급능력을 보장하고, 나아가 금융시스템의 안정성을 확보하기 위한 중요한 수단임

경영개선계획	① 우정사업본부장은 우체국보험의 지급여력비율이 100% 미만인 경우로서 보험계약자에게 보험금을 지급하지 못할 우려가 있다고 판단되는 경우에는 경영개선계획을 수립·시행하여야 함 ② 이때, 경영개선계획에는 지급여력비율의 수준에 따라 반영하여야 하는 내용 중 일부 또는 전부가 반영되어야 함

경영개선계획	③ 반영내용 : 인력 및 조직운영의 개선, 사업비의 감축, 재정투입의 요청, 부실자산의 처분, 고정자산에 대한 투자 제한, 계약자배당의 제한, 위험자산의 보유제한 및 자산의 처분
자산의 건전성	① 우정사업본부장은 자산 건전성 분류 대상 자산에 해당하는 보유자산에 대해 건전성을 "정상", "요주의", "고정", "회수의문", "추정손실"의 5단계로 분류하여야 함 ② 또한, "회수의문" 또는 "추정손실"로 분류된 자산(이하 "부실자산"이라 함)을 조기에 상각하여 자산의 건전성을 확보하여야 함 ③ 자산 건전성 분류 대상 자산

구분	대상
1	대출채권
2	유가증권
3	보험미수금
4	미수금 · 미수수익
5	그 밖에 건전성 분류가 필요하다고 인정하는 자산

❹ 우체국보험 자금 운용 등

보험적립금 운용	① 「우체국보험특별회계법」 제6조(적립금의 운용 방법)에 의거 적립금을 운용할 때에는 안정성 · 유동성 · 수익성 및 공익성이 확보되도록 하여야 함 ② 보험적립금 운용 방법

구분	대상
1	금융기관에의 예탁
2	「자본시장과 금융투자업에 관한 법률」에 따른 증권의 매매 및 대여
3	국가, 지방자치단체와 과학기술정보통신부령으로 정하는 공공기관에 대한 대출
4	보험계약자에 대한 대출
5	대통령령으로 정하는 업무용 부동산의 취득 · 처분 및 임대
6	「자본시장과 금융투자업에 관한 법률」 제5조에 따른 파생상품의 거래
7	「벤처기업육성에 관한 특별조치법」 제2조 제1항에 따른 벤처기업에의 투자
8	재정자금에의 예탁
9	「자본시장과 금융투자업에 관한 법률」 제355조에 따른 자금중개회사를 통한 금융기관에의 대여
10	그 밖에 대통령령으로 정하는 적립금 증식

적립금 운용계획의 수립 및 운용분석	① 우정사업본부장은 적립금의 효율적인 운용을 위하여 연간 적립금 운용계획과 분기별 적립금 운용계획을 수립하여야 함 ② 적립금 운용계획은 「우정사업 운영에 관한 특례법」 제5조의2에 의한 우체국보험적립금분과위원회의 심의를 받아야 함 ③ 또한, 우정사업본부장은 적립금 운용상황 및 결과를 매월 분석하여야 하며, 연간 분석 결과는 우체국보험적립금 운용분과위원회에 보고하여야 함

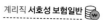

회계기준 및 재무제표	① 우체국보험의 회계 처리 및 재무제표 작성은 우체국보험회계법, 국가재정법, 국가회계법, 같은 법 시행령 및 시행규칙에서 정하는 바에 따름 ② 다만, 관련 법령에서 정하지 않은 사항에 대하여는 「우체국보험특별회계법 시행령」 제15조에 근거하여 정한 「우체국보험 회계 처리지침」에 따르며, 이 지침에서도 정하지 아니한 사항에 대해서는 일반적으로 인정된 기업회계기준과 기업회계 기준서를 준용함 ③ 우체국보험적립금회계의 재무제표는 재무상태표, 손익계산서, 이익잉여금처분계산서 또는 결손금처리계산서, 현금흐름표로 함. 다만, 분기 결산 시에는 재무상태표와 손익계산서만 작성할 수 있음
결산	① 우정사업본부장은 해당 회계연도의 경영성과와 재무상태를 명확히 파악할 수 있도록 법령을 준수하여 결산서류를 명료하게 작성하여야 함 ② 또한, 매 회계연도마다 적립금의 결산서를 작성하고 외부 회계법인의 검사를 받아야 함

01

경영공시	① 우정사업본부장은 경영의 투명성 확보를 위하여 우체국보험 경영공시사항을 공시하여야 함 ② 공시는 결산이 확정된 날로부터 1개월 이내에 보험계약자 등 이해관계자가 알기 쉽도록 간단명료하게 작성하여 우체국보험 홈페이지 등에 게시하여야 함 ③ 우체국보험 경영공시

구분	대상
1	조직 및 인력에 관한 사항
2	재무 및 손익에 관한 사항
3	자금조달·운용에 관한 사항
4	건전성·수익성·생산성 등을 나타내는 경영지표에 관한 사항
5	경영방침, 리스크관리 등 경영에 중요한 영향을 미치는 사항
6	관련법에 따라 금융위원회에 제출된 결산서류 및 기초서류에 대해 금융위원회의 의견 또는 권고에 관한 사항
7	그 밖에 이해관계자의 보호를 위하여 공시가 필요하다고 인정되는 사항

상품공시	① 우정사업본부장은 인터넷 홈페이지에 상품공시란을 설정하여 보험계약자 등이 <우체국보험 상품공시>의 사항을 확인할 수 있도록 공시하여야 함 ② 또한, 보험계약자는 우정사업본부장에게 기초서류에 대한 열람을 신청할 수 있으며, 우정사업본부장은 정당한 사유가 없는 한 이에 응하여야 함 ③ 우체국보험 상품공시

구분	대상
1	보험안내서
2	판매상품별 상품요약서, 사업방법서 및 보험약관(변경 전 보험약관 및 판매 중지 후 2년이 경과되지 아니한 보험약관을 포함함)
3	금리연동형 보험의 적용이율 및 환급금대출이율 등
4	계약자배당금 산출기준, 계약자배당율, 계약자배당준비금 부리이율
5	그 밖에 보험계약자의 보호를 위하여 필요하다고 인정되는 사항

TOPIC 14 확인문제 리스크관리 및 자금운용 & 우체국 보험 일반현황

01 금융회사에서 발생할 수 있는 리스크(risk)의 종류 중 〈보기〉의 (　　)에 들어갈 내용을 바르게 짝지은 것은? 24. 계리직

─〈보기〉─

(가) (　　)리스크는 예상하지 못한 손해율 증가 등으로 손실이 발생할 리스크이다.

(나) (　　)리스크는 주가, 이자율, 환율 등 시장가격의 변동에 따른 자산가치 변화로 손실이 발생할 리스크이다.

(다) (　　)리스크는 자금의 조달, 운영기간의 불일치, 예기치 않은 자금 유출 등으로 지급불능 상태에 직면할 리스크이다.

	(가)	(나)	(다)
①	보험	시장	유동성
②	보험	금리	신용
③	운영	금리	유동성
④	운영	시장	신용

정답찾기

01 ① 보험리스크, 시장리스크, 유동성리스크에 대한 정의이다.

정답　**01** ①

02 우체국보험 재무건전성 관리에 대한 설명으로 옳은 것은? 23. 계리직

① 우체국보험은 자본의 적정성 유지를 위하여 지급여력비율을 반기별로 산출·관리하여야 한다.

② 과학기술정보통신부장관은 우체국보험사업에 대한 건전성을 유지하고 관리하기 위하여 필요한 경우에는 금융위원회에 검사를 요청할 수 있다.

③ 우정사업본부장은 지급여력비율이 150% 미만인 경우로서 보험계약자에게 보험금을 지급하지 못할 우려가 있다고 판단되는 경우에는 경영개선계획을 수립·시행하여야 한다.

④ 우정사업본부장은 자산건전성 분류 대상 자산에 해당하는 보유 자산에 대해 건전성을 5단계로 분류하여야 하며 "고정", "회수의문" 또는 "추정손실"로 분류된 자산을 조기에 상각하여야 한다.

01

03 우체국보험적립금에 대한 설명으로 옳지 않은 것은? 22. 계리직

① 과학기술정보통신부장관이 운용·관리한다.
② 보험계약자를 위한 대출제도 운영에 사용된다.
③ 「우체국예금·보험에 관한 법률」에 근거를 두고 있다.
④ 순보험료, 운용수익 및 회계의 세입·세출 결산상 잉여금으로 조성한다.

04 다음은 우체국보험 재무건전성 관리에 대한 설명이다. 옳은 것을 모두 고르시오.

───────〈보기〉───────

ㄱ. 우체국보험은 자본의 적정성 유지를 위하여 지급여력비율을 분기별로 산출·관리하여야 한다.

ㄴ. 지급여력비율 = $\dfrac{\text{지급여력금액}}{\text{지급여력기준금액}}$ 이다.

ㄷ. 지급여력비율은 200% 이상을 유지하도록 노력하여야 한다.

ㄹ. 지급여력금액 : 보험사업에 내재된 다양한 리스크를 보험·금리·시장·신용·운영 리스크로 세분화하여 측정한다.

① ㄱ, ㄴ   ② ㄱ, ㄷ

③ ㄴ, ㄹ   ④ ㄷ, ㄹ

정답찾기

02 ① 우체국보험은 자본의 적정성 유지를 위하여 지급여력비율을 분기별로 산출·관리하여야 하며, 지급여력비율은 지급여력금액을 지급여력기준금액으로 나누어 산출한다.
③ 우정사업본부장은 우체국보험의 지급여력비율이 100% 미만인 경우로서 보험계약자에게 보험금을 지급하지 못할 우려가 있다고 판단되는 경우에는 경영개선계획을 수립·시행하여야 한다.
④ 우정사업본부장은 보유자산에 대해 건전성을 "정상", "요주의", "고정", "회수의문", "추정손실"의 5단계로 분류하여야 하며 부실자산에 해당하는 "회수의문" 또는 "추정손실"로 분류된 자산을 조기에 상각하여 자산의 건전성을 확보하여야 한다.

03 「우체국보험특별회계법」제4조(우체국보험적립금의 조성 등)는 '보험금·환급금 등 보험급여를 지급하기 위한 책임준비금에 충당하기 위하여 세입·세출 외에 따로 우체국보험적립금(이하 "적립금"이라 한다)을 둔다.'고 규정하고 있다.

04 ㄷ. 지급여력비율은 100% 이상을 유지하도록 노력하여야 한다.
ㄹ. 지급여력금액 : 기본자본과 보완자본을 합산한 후, 차감항목을 차감하여 산출한다. 지문은 지급여력기준금액에 대한 설명이다.

정답 **02** ②   **03** ③   **04** ①

Part

02

우체국보험제도

Chapter 08 우체국보험 모집 및 언더라이팅

TOPIC 15 우체국보험 모집

① 우체국보험 모집 준수사항

보험모집	① 보험모집 : 우체국과 보험계약이 체결될 수 있도록 중개하는 모든 행위(계약체결의 승낙은 제외)를 의미 ② 우정사업본부장은 우체국보험의 건전한 모집질서를 확립하고 우체국보험의 공신력 제고와 보험계약자의 권익 보호를 위하여 부당한 모집행위나 과당경쟁을 하여서는 아니 되며, 보험모집자가 제반 법규를 준수하도록 하여 합리적이고 공정한 영업풍토를 조성하는데 최선을 다하여야 함
보험모집 안내자료	① 우체국보험을 모집하기 위하여 사용하는 보험안내자료는 명료하고 알기 쉽게 기재하여야 함 ② 보험안내자료 기재사항

항	기재사항
1	보험가입에 따른 권리·의무에 관한 주요사항
2	보험약관에서 정하는 보장에 관한 주요내용
3	해약환급금에 관한 사항
4	보험금이 금리에 연동되는 보험상품의 경우 적용금리 및 보험금 변동에 관한 사항
5	최저로 보장되는 보험금이 설정되어 있는 경우 그 내용
6	보험금 지급제한 조건
7	보험안내자료의 제작기관명, 제작일, 승인번호
8	보험 상담 및 분쟁의 해결에 관한 사항
9	보험안내자료 사용기관의 명칭 또는 보험모집자의 성명이나 명칭 그 밖에 필요한 사항
10	그 밖에 보험계약자의 보호를 위하여 필요하다고 인정되는 사항

보험모집 안내자료	③ 보험안내자료 작성 시 보험안내자료 준수사항을 준수하여야 함		

③ 보험안내자료 작성 시 보험안내자료 준수사항을 준수하여야 함

구분	준수사항
1	보험안내자료에 우체국보험의 자산과 부채를 기재하는 경우 우정사업본부 장이 작성한 재무제표에 기재된 사항과 다른 내용의 것을 기재하지 못함
2	보험계약의 내용과 다른 사항, 보험계약자에게 유리한 내용만을 골라 안내 하거나 다른 보험회사 상품과 비교한 사항, 확정되지 아니한 사항이나 사실 에 근거하지 아니한 사항을 기초로 다른 보험회사 상품에 비하여 유리하게 비교한 사항, 특정 보험계약자에게만 혜택을 준다는 내용을 기재하지 못함
3	보험안내자료에 우체국보험의 장래의 이익의 배당 또는 잉여금의 분배에 대 한 예상에 관한 사항을 기재하지 못함. 다만, 보험계약자의 이해를 돕기 위 하여 필요하다고 인정하는 경우에는 그러하지 아니함

보험모집 단계별 제공서류

① 보험계약 체결 시 보험계약자에게 보험모집 단계별로 다음의 서류를 제공하여야 함. 다만, 단체보험의 경우 1단계를 적용하지 아니함
② 보험모집 단계별 제공서류

항		제공서류
1단계	보험계약 체결 권유 단계	가입설계서, 상품설명서
2단계	보험계약 청약 단계	보험계약청약서 부본, 보험약관 * 청약서 부본의 경우 전화를 이용하여 청약하는 경우에는 보험업감독규정 제4-37조 제3호에서 정한 확인서 제공으로 이를 갈음 가능
3단계	보험계약 승낙 단계	보험가입증서(보험증권)

설명단계별 의무사항

① 보험계약 체결을 권유하는 경우 다음 각호의 사항을 설명하여야 함
② 설명단계별 의무사항

항	설명 사항
1	주계약 및 특약별 보험료
2	주계약 및 특약별로 보장하는 사망, 질병, 상해 등 주요 위험 및 보험금
3	보험료 납입기간 및 보험기간
4	보험 상품의 종목 및 명칭
5	청약의 철회에 관한 사항
6	지급한도, 면책사항, 감액지급 사항 등 보험금 지급제한 조건
7	고지의무 위반의 효과
8	계약의 취소 및 무효에 관한 사항
9	해약환급금에 관한 사항
10	분쟁조정절차에 관한 사항
11	그 밖에 보험계약자 보호를 위하여 필요하다고 인정되는 사항

③ 저축성보험(금리확정형 보험은 제외) 계약의 경우 계약자가 보험계약 체결 권유단계
에서 아래에 해당하는 사항을 설명 받았고, 이를 이해하였음을 전화 등 통신수단을 통
하여 청약 후 10일 이내에 확인을 받아야 함

④ 저축성보험 계약 체결 권유단계 설명 의무사항

구분	설명 의무사항
1	납입보험료 중 사업비 등이 차감된 일부 금액이 적용이율로 부리된다는 내용
2	저축성보험(금리확정형보험은 제외) 계약의 경우 사업비 수준
3	저축성보험(금리확정형보험은 제외) 계약의 경우 해약환급금
4	기타 우정사업본부장이 정하는 사항

⑤ 보험계약의 체결 시부터 보험금 지급 시까지의 주요 과정을 보험계약자에게 설명하여
야 함. 다만, 보험계약자가 설명을 거부하는 경우에는 그러하지 아니함

⑥ 체결 시부터 보험금 지급 시까지의 주요 과정 및 설명사항

구분	설명 사항
보험계약 체결단계	가. 보험의 모집에 종사하는 자의 성명, 연락처 및 소속 나. 보험의 모집에 종사하는 자가 보험계약의 체결을 대리할 수 있는지 여부 다. 보험의 모집에 종사하는 자가 보험료나 고지의무사항을 대신하여 수령할 수 있는지 여부 라. 보험계약의 승낙절차 마. 보험계약 승낙거절 시 거절사유
보험금 청구단계	가. 담당 부서 및 연락처 나. 예상 심사기간 및 예상 지급일
보험금 지급단계	심사 지연 시 지연 사유

설명단계별 의무사항 (왼쪽 항목)

통신수단을 이용한 모집 시 준수사항

① 보험모집자는 전화·우편·컴퓨터 등의 통신매체를 이용한 보험모집을 함에 있어 다
른 사람의 평온한 생활을 침해하여서는 아니 되며, 통신수단을 이용하여 모집할 수 있
는 대상자는 다음과 같음

② 통신수단을 이용하여 모집할 수 있는 대상자

구분	대상자
1	통신수단을 이용한 모집에 대하여 동의한 자
2	우체국보험계약을 체결한 실적이 있는 보험계약자 또는 피보험자(통신수단을 이용한 모집 당시 보험계약이 유효한 자에 한함)
3	「신용정보의 이용 및 보호에 관한 법률」에 의한 개인정보제공·활용 동의 등 적법한 절차에 따라 개인정보를 제공받거나 개인정보의 활용에 관하여 동의를 받은 경우의 해당 개인

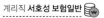

① 보험계약의 체결에 종사하는 자 또는 보험모집자는 그 체결 또는 모집에 관하여 아래의 어느 하나의 행위를 하지 못함

② 보험계약의 체결 또는 모집에 관한 금지행위

항	금지 행위
1	보험계약자 또는 피보험자에게 보험계약의 내용을 사실과 다르게 알리거나 그 내용의 중요한 사항을 알리지 아니하는 행위
2	보험계약자 또는 피보험자에게 보험계약의 내용의 일부에 대하여 비교대상 및 기준을 명시하지 아니하거나 객관적인 근거 없이 다른 보험계약과 비교한 사항을 알리는 행위(「표시・광고의 공정화에 관한 법률」에 의하여 허용되는 경우를 제외한다)
3	보험계약자 또는 피보험자에 대하여 보험계약의 중요한 사항을 알리는 것을 방해하거나 알리지 아니할 것을 권유하는 행위
4	보험계약자 또는 피보험자에게 체신관서에 대하여 중요한 사항에 관하여 부실한 사항을 알릴 것을 권유하는 행위
5	보험계약의 청약 철회 또는 계약 해지를 방해하는 행위
6	보험모집자가 보험계약자, 피보험자 또는 보험금을 취득할 자, 그 밖에 보험계약에 관하여 이해관계가 있는 자일 경우 보험사기행위
7	보험계약자, 피보험자 또는 보험금을 취득할 자, 그 밖에 보험계약에 관하여 이해관계가 있는 자로 하여금 고의로 보험사고를 발생시키거나 발생하지 아니한 보험사고를 발생한 것처럼 조작하여 보험금을 수령하도록 하는 행위
8	보험계약자, 피보험자 또는 보험금을 취득할 자, 그 밖에 보험계약에 관하여 이해관계가 있는 자로 하여금 이미 발생한 보험사고의 원인, 시기 또는 내용을 조작하거나 피해의 정도를 과장하여 보험금을 수령하도록 하는 행위
9	보험계약자 또는 피보험자로 하여금 이미 성립된 보험계약을 부당하게 소멸시킴으로써 새로운 보험계약을 청약하게 하거나 새로운 보험계약을 청약하게 함으로써 기존 보험계약을 부당하게 소멸시키거나 그 밖에 부당하게 보험계약을 청약하게 하거나 이러한 것을 권유하는 행위
10	보험계약자 또는 피보험자에게 보험료의 할인 또는 기타 특별한 이익을 제공하거나 이를 약속하는 행위
11	모집할 자격이 없는 자에게 모집을 하게 하거나 이를 용인하는 행위
12	우체국보험 외에 다른 보험 사업자를 위하여 모집하는 행위
13	우체국 보험상품의 판매를 거절하는 행위
14	모집과 관련이 없는 금융거래를 통하여 취득한 개인정보(「신용정보의 이용 및 보호에 관한 법률」에서 정하는 정보를 말한다)를 미리 해당 개인의 동의를 받지 않고 모집에 이용하는 행위
15	그 밖에 불완전판매 등에 대한 유형에 해당하는 행위

좌측 셀: 보험계약의 체결 또는 모집에 관한 금지행위

02

보험계약의 체결 또는 모집에 관한 금지행위	③ 기존보험계약을 부당하게 소멸시키거나 소멸하게 하는 행위

③ 기존보험계약을 부당하게 소멸시키거나 소멸하게 하는 행위

구분	기존계약 부당소멸 행위
가	기존보험계약이 소멸된 날부터 1개월 이내에 새로운 보험계약을 청약하게 하거나 새로운 보험계약을 청약하게 한 날부터 1개월 이내에 기존보험계약을 소멸하게 하는 행위(다만, 보험계약자가 기존보험계약 소멸 후 새로운 보험계약 체결 시 손해가 발생할 가능성이 있다는 사실을 알고 있음을 본인의 의사에 따른 행위임이 명백히 증명되는 경우는 제외)
나	기존보험계약이 소멸된 날부터 6개월 이내에 새로운 보험계약을 청약하게 하거나 새로운 보험계약을 청약하게 한 날부터 6개월 이내에 기존보험계약을 소멸하게 하는 경우로서 해당 보험계약자 또는 피보험자에게 기존보험계약과 새로운 보험계약의 아래 6가지 중요한 사항을 비교하여 알리지 아니하는 행위 1. 보험료, 보험기간, 보험료 납입주기 및 납입기간 2. 보험가입금액 및 주요 보장 내용 3. 보험금액 및 환급금액 4. 예정 이자율 중 공시이율 5. 보험 목적 6. 우정관서의 면책사유 및 면책사항

특별이익의 제공금지

① 보험계약의 체결에 종사하는 자 또는 보험모집자는 그 체결 또는 모집과 관련하여 보험계약자 또는 피보험자에 대하여 아래의 어느 하나에 해당하는 특별이익을 제공하거나 그 제공을 약속하여서는 아니 됨
② 모집과 관련한 특별이익의 제공금지

구분	특별이익 제공금지 항목
1	3만원을 초과하는 금품
2	기초서류에서 정한 사유에 근거하지 아니한 보험료의 할인 또는 수수료의 지급
3	기초서류에서 정한 보험금액보다 많은 보험금액의 지급의 약속
4	보험계약자 또는 피보험자를 위한 보험료의 대납
5	보험계약자 또는 피보험자가 체신관서로부터 받은 대출금에 대한 이자의 대납
6	보험료로 받은 수표 등에 대한 이자상당액의 대납

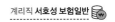

❷ 우체국보험 모집자 : 보험모집

종류	① 우체국예금·보험에 관한 법률 시행규칙 제61조(보험의 모집 등)에 의해 체신관서의 직원과 우정사업본부장이 지정하는 개인 또는 법인은 보험의 모집을 할 수 있음 ② 이에 따라 보험모집 등을 할 수 있는 개인 또는 법인(이하 "보험모집자"라 한다)은 아래와 같음

구분	보험모집자
1	우정사업본부 소속 공무원·별정우체국직원·상시집배원, 우편취급국장 및 우편취급국 직원
2	우체국FC, 우체국TMFC, 그 밖에 우정사업본부장이 인정한 자

우체국보험 모집자	① 우체국 FC : 우체국으로부터 위탁을 받아 우체국보험의 모집 업무를 행하는 개인 ② 우체국 TMFC(Tele-Marketing Financial Consultant, 이하 "TMFC")' : 우체국장과 위촉계약을 체결하여 TCM을 통해 우체국보험을 모집하는 개인 ③ 우편취급국 FC(이하 "취급국 FC"라 한다) : 우체국 FC 중 「우체국 창구업무의 위탁에 관한 법률」 제3조 규정에 따라 우체국 창구업무의 일부를 수탁받은 자 또는 위 수탁받은 자가 설치한 장소에서 근무하는 자로서 「우체국보험 모집 및 보상금 지급 등에 관한 규정」 제28조에 따라 등록된 자

❸ 우체국보험 모집자 : 직원의 보험모집

자격요건	① 직원 중 보험모집을 희망하는 자는 <직원의 보험모집 자격요건> 중 각호의 어느 하나에 해당하는 요건을 충족하여야 함 ② 우체국장은 비금융 업무담당자가 금융 분야로 근무를 희망할 경우 또는 순환 근무를 시행할 경우 아래 자격요건이 있는 직원을 우선적으로 금융 분야에 배치하여야 함 ③ 직원의 보험모집 자격요건

구분	자격 요건
1	우정인재개발원장이 실시하는 보험관련 교육을 3일 이상 이수한 자
2	우정인재개발원장이 실시하는 보험모집희망자 교육과정(사이버교육)을 이수하고 우정사업본부장, 지방우정청장 또는 우체국장이 실시하는 보험 관련 집합교육을 20시간 이상 이수한 자
3	교육훈련 인증제에 따른 금융분야 인증시험에 합격한 자
4	종합자산관리사(IFP), 재무설계사(AFPK), 국제재무설계사(CFP) 등 금융분야 자격증을 취득한 자
5	우정개발원장이 실시하는 보험모집희망자 교육과정(사이버교육)을 이수하고, 우체국보험 모집인 자격 평가 시험에서 70점 이상을 받아 합격한 자

	① 직원 중 보험모집 자격요건을 충족한 자의 경우라도, 다음에 해당하는 직원의 보험모집을 제한하여야 함
보험모집 제한	② 직원의 보험모집 제한

구분	요건
1	신규임용일 또는 금융업무 미취급 관서(타부처 포함)에서 전입일부터 3년 이하인 자(단, 금융업무 담당자는 제외)
2	휴직자, 수술 또는 입원치료 중인 자
3	FC 조직관리 보상금을 지급받는 자
4	관련 규정에 따라 보험모집 비희망을 신청한 자
5	관련 규정에 따른 우체국 FC 등록 제한자
6	전년도 보험 보수교육 의무이수시간 미달자
7	최근 1년간 보험모집 신계약 실적이 없는 자

업무처리 방법	① 보험모집자는 보험모집 및 유지관리 등에 관련된 업무 절차 및 실무에 대하여 우정사업본부장이 정하는 바에 따라 처리하여야 함 ② 우체국장은 보험모집자가 원활한 보험모집 업무를 수행할 수 있도록 보험에 관한 기초 지식, 모집에 관한 법규 및 실무, 보험약관, 보험상품 내용 등에 대하여 지속적으로 교육하여야 함

❹ 우체국보험 모집자 : FC의 보험모집

	① FC를 희망하는 자는 '우체국 FC 위촉계약신청서'를 우체국장에게 제출하여야 함. 다만, 우체국장은 <우체국 FC 등록 제한자> 어느 하나에 해당하는 자를 FC로 등록할 수 없음
자격요건	② 우체국 FC 등록 제한자

구분	등록제한 요건
1	민법상의 무능력자
2	파산자로서 복권되지 아니한 자
3	우체국예금·보험에 관한 법률 및 보험업법에 따라 벌금 이상의 형을 선고받고 그 집행이 종료되거나 집행이 면제된 날부터 2년이 경과되지 아니한 자
4	보험모집 등과 관련하여 법령, 규정 및 준수사항 등을 위반하여 보험모집 자격을 상실한 후 3년이 경과되지 아니한 자
5	「보험업법」에 따라 보험설계사·보험대리점 또는 보험중개사의 등록이 취소된 후 5년이 경과되지 아니한 자
6	FC 위촉계약 유지 최저기준에 미달하여 위촉계약이 해지된 후 6개월이 경과되지 아니한 자
7	보험회사, 금융회사, 선불식 할부거래회사 및 다단계 판매회사 등에 종사하는 자

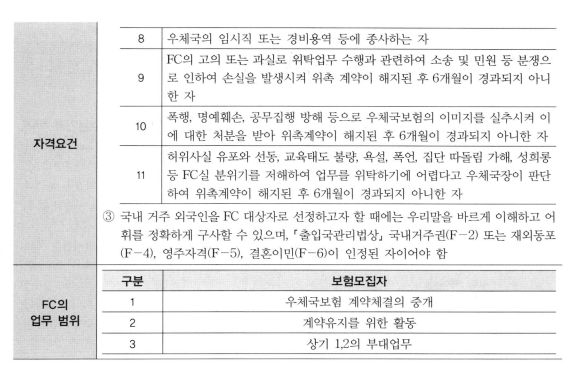

자격요건	8	우체국의 임시직 또는 경비용역 등에 종사하는 자
	9	FC의 고의 또는 과실로 위탁업무 수행과 관련하여 소송 및 민원 등 분쟁으로 인하여 손실을 발생시켜 위촉 계약이 해지된 후 6개월이 경과되지 아니한 자
	10	폭행, 명예훼손, 공무집행 방해 등으로 우체국보험의 이미지를 실추시켜 이에 대한 처분을 받아 위촉계약이 해지된 후 6개월이 경과되지 아니한 자
	11	허위사실 유포와 선동, 교육태도 불량, 욕설, 폭언, 집단 따돌림 가해, 성희롱 등 FC실 분위기를 저해하여 업무를 위탁하기에 어렵다고 우체국장이 판단하여 위촉계약이 해지된 후 6개월이 경과되지 아니한 자

③ 국내 거주 외국인을 FC 대상자로 선정하고자 할 때에는 우리말을 바르게 이해하고 어휘를 정확하게 구사할 수 있으며, 「출입국관리법상」 국내거주권(F-2) 또는 재외동포(F-4), 영주자격(F-5), 결혼이민(F-6)이 인정된 자이어야 함

02

FC의 업무 범위	구분	보험모집자
	1	우체국보험 계약체결의 중개
	2	계약유지를 위한 활동
	3	상기 1,2의 부대업무

TOPIC 15 확인문제 우체국보험 모집

01 〈보기〉에서 우체국보험 모집자 자격요건에 대한 설명으로 옳은 것의 총 개수는? 24. 계리직

───── 〈 보기 〉 ─────

ㄱ. 금융업무 담당자를 제외한 신규임용일로부터 3년 이하인 직원은 보험모집을 제한한다.

ㄴ. 직원 중 보험모집을 희망하는 자는 우정인재개발원장이 실시하는 보험모집 희망자 사이버 교육과정을 이수하고 우체국장이 실시하는 보험 관련 집합교육을 20시간 이상 이수할 경우, 보험모집 자격이 부여된다.

ㄷ. 우체국FC(Financial Consultant)로 선정될 수 있는 국내거주 외국인은 출입국관리법상 국내 거주권(F-2) 또는 동반비자(F-3), 재외동포(F-4), 영주자격(F-5), 결혼이민(F-6)이 인 정된 자이다.

ㄹ. 「우체국예금·보험에 관한 법률」 및 보험업법에 따라 벌금 이상의 형을 선고받고 그 집행이 종료되거나 집행이 면제된 날부터 2년이 경과되지 아니한 자는 우체국FC 등록이 제한된다.

① 1개　　　　　　　　　　　　　② 2개
③ 3개　　　　　　　　　　　　　④ 4개

02 직원의 보험모집 제한에 해당하지 않는 사람은?

① 휴직자, 수술 또는 입원치료 중인 자
② 관련 규정에 따라 보험모집 비희망을 신청한 자
③ 전년도 보험 보수교육 의무이수시간 미달자
④ 우정인재개발원장이 실시하는 보험관련 교육을 5일 이수한 자

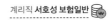

03 다음은 우체국 보험모집에 대한 설명이다. 옳은 것을 모두 고르시오.

───────〈 보기 〉───────

ㄱ. 우체국보험을 모집하기 위하여 사용하는 보험안내자료는 명료하고 알기 쉽게 기재하여야
    한다.
ㄴ. 단체보험의 경우 가입설계서, 상품설명서를 반드시 제공하여야 한다.
ㄷ. 금리확정형보험을 제외한 저축성보험 계약의 경우 계약자가 보험계약 체결권유 단계에서
    특정 사항 사항을 설명 받았고, 이를 이해하였음을 전화 등 통신수단을 통하여 청약 후 10일
    이내에 확인을 받아야 한다.
ㄹ. 보험계약자가 설명을 거부하더라도 보험계약의 체결 시부터 보험금 지급 시까지의 주요 과
    정을 보험계약자에게 설명하여야 한다.

① ㄱ, ㄴ   ② ㄱ, ㄷ
③ ㄴ, ㄹ   ④ ㄷ, ㄹ

02

04 우체국 보험 모집자에 대한 설명으로 옳지 않은 것은?

① 우체국 FC는 우체국으로부터 위탁을 받아 우체국보험의 모집 업무를 행하는 개인이다.
② 우체국 TMFC은 우체국장과 위촉계약을 체결하여 TCM을 통해 우체국보험을 모집하는 개
   인이다.
③ 우편취급국 FC는 우체국창구업무의 일부를 수탁 받은 자 또는 위 수탁 받은 자가 설치한
   장소에서 근무하는 자로서「우체국보험 모집 및 보상금 지급 등에 관한 규정」제28조에 따
   라 등록된 자이다.
④ 우정인재개발원장이 실시하는 보험모집희망자 교육과정(사이버교육)을 이수하고 우정사업
   본부장, 지방우정청장 또는 우체국장이 실시하는 보험 관련 집합교육을 18시간 이상 이수한
   우체국 직원은 보험모집 자격요건을 갖춘 것이다.

TOPIC 16 보험계약의 청약 및 언더라이팅

❶ 보험계약의 청약

청약업무 개요	① 보험계약을 체결하려는 자는 「우체국예금·보험에 관한 법률」 제25조 1항에 따라 제 1회 보험료와 함께 보험계약 청약서를 체신관서에 제출하여야 함. 보험계약은 체신관 서가 이를 승낙함으로써 그 효력이 발생하며, 체신관서가 보험계약의 청약을 승낙하지 아니한 경우에는 제1회 보험료(선납보험료를 포함)를 해당 청약자에게 반환하여야 함 ② 체신관서가 계약을 승낙한 때에는 보험 가입증서를 작성하여 보험계약자에게 교부해 야 함. 보험 가입증서에 적어야 할 사항은 「우체국예금·보험에 관한 법률 시행규칙」 제41조에 의거 다음 보험가입증서 기재사항과 같음 ③ 보험가입증서 기재사항 표 참조

③ 보험가입증서 기재사항

종류	기재사항
1	보험의 종류별 명칭
2	보험금액
3	보험료
4	보험계약자(보험계약자가 2인 이상인 경우에는 그 대표자를 말한다)·피보 험자 및 보험수익자의 성명·주소 및 생년월일
5	보험기간 및 보험료 납입기간
6	보험가입증서의 작성연원일 및 번호
7	그 밖에 우정사업본부장이 정하는 사항

청약업무 프로세스	① 일반적으로 우체국보험 청약업무 프로세스는 다음과 같으며, 전자청약서비스 및 태블 릿 청약서비스는 별도의 프로세스를 적용함 ② 청약업무 프로세스

② 청약업무 프로세스

단계	프로세스
1	고객면담(상품 설명 및 우체국보험 상담설계서 작성 등)
2	고객정보 입력
3	보험계약 청약서 발행
4	① 보험계약 청약서 및 상품설명서 등 작성 ② 약관의 주요내용 설명 ③ 약관 및 보험계약 청약서 부본, 상품설명서 등 교부
5	1회 보험료 입금
6	청약서류 스캔(보험계약 청약서, 상품설명서 등 청약서류 기재사항 최종확 인 등)

청약업무 프로세스	7	완전판매모니터링(3대 기본지키기 이행여부 재확인) 및 계약적부(대상계약에 한함) 실시
	8	청약심사
	9	청약심사 결과(성립/거절) 안내
전자청약 서비스	① 전자청약서비스: 고객이 보험모집자와의 사전 상담을 통해 설계한 청약내용을 직접 우체국보험 홈페이지에 접속하여 고지의무 사항 체크 등 필수정보를 입력한 후 금융인증서, 공동인증서, 카카오페이 인증서를 통하여 보험계약을 체결하는 서비스 ② 전자청약이 가능한 계약은 가입설계서를 발행한 계약으로 전자청약 전환을 신청한 계약에 한하며, 가입설계일로부터 10일(비영업일 포함) 이내에 한하여 전자청약을 할 수 있음 ③ 타인계약(보험계약자와 피보험자가 다른 경우 또는 피보험자와 보험수익자가 다른 경우), 미성년자 계약 등은 전자청약이 불가함 ④ 전자청약을 이용하는 고객에게는 제2회 이후 보험료 자동이체 시 0.5%의 할인이 적용되며, 보험모집자는 불완전판매 방지를 위하여 전자청약 계약도 3대 기본 지키기를 이행하여야 함	
태블릿 청약서비스	① 태블릿 청약서비스: 고객상담을 통해 가입 설계한 내용을 기초로 모집자의 태블릿 PC를 통해 전자서명·고지의무 사항 체크 등 필수정보를 입력하고, 제1회 보험료 입금까지 One-Stop으로 편리하게 보험계약을 체결할 수 있는 서비스 ② 태블릿 청약서비스가 이용 가능한 계약은 보험계약자가 성인이어야 함 ③ 태블릿 청약서비스를 이용하는 고객에게는 제2회 이후 보험료의 자동이체 시 0.5%의 할인이 적용됨 ④ 보험모집자는 불완전판매방지를 위하여 태블릿 청약 계약도 3대 기본 지키기를 이행하여야 함	
우체국보험 가입대상과 보험 나이	① 우체국보험의 계약 체결 대상자는 국내에 거주하는 자를 원칙으로 함 ② 따라서 외국인이라 하더라도 국내에 거주 허가를 받은 자는 우체국보험에 가입할 수 있는 반면, 내국인이라도 외국에 거주하는 자는 가입할 수 없음 ③ 외국인으로 가입 가능한 자: 외국인으로 체류자격을 받고 외국인등록증, 외국 국적 동포 국내거소신고증, 영주증을 발급받은 자 등은 외국인 체류자격 코드에 따라 가입이 가능함 ④ 우체국보험의 계약체결시 피보험자의 보험 나이 계산방법	

> ◎ **보험나이 계산방법**
>
> 계약일 현재 피보험자의 실제 만 나이를 기준으로 6개월 미만의 끝수는 버리고 6개월 이상의 끝수는 1년으로 하여 계산하며, 이후 매년 계약 해당일에 나이가 증가하는 것으로 함
> (다만, 계약의 무효 사유 중 만 15세 미만자에 해당하는 경우 실제 만 나이를 적용)
> 예 생년월일: 1988년 10월 2일, 현재(계약일): 2024년 4월 13일
> ⇒ 2024년 4월 13일 − 1988년 10월 2일 = 35년 6월 11일 = 36세

❷ 언더라이팅(청약 심사)

개요	① 체신관서는 보험계약에 대한 청약이 접수되면, 피보험자의 신체적·환경적·도덕적 위험 등을 종합적으로 평가하여 피보험자의 위험에 따라 정상인수, 조건부 인수, 거절 등의 합리적 인수조건을 결정하는 청약 심사(이하 언더라이팅)를 하게 됨. 언더라이팅 업무는 보험에만 있는 특수한 분야임 ② 언더라이팅의 목적 • 피보험자의 환경, 건강 등에 따른 위험도를 통계에 근거하여 비슷한 수준의 위험도로 분류 • 보험계약을 통하여 이익을 얻기 위한 목적으로 자신의 건강상의 결함을 은닉하고 계약을 체결하는 역선택을 방지 • 궁극적으로 양질의 위험을 최대한 확보하여 회사의 이윤을 창출하여 지불능력을 유지하는 것임
계약선택의 기준이 되는 세 가지 위험	① 청약 심사 : 일반적으로 보험사의 "위험의 선택" 업무로써 위험평가의 체계화된 기법임 → 이와 같이 보험사가 위험을 선택하는 것은 발생위험의 개연성이 높은 사람일수록 보험 가입에 대한 선호도가 높고 보험에 가입하고자 하는 성향이 높기 때문 ② 보험계약의 선택에 있어 가장 중요한 것은 보험금 지급 사유의 발생 가능성을 파악하는 것임 ③ 따라서 보험판매 과정에서 계약선택의 기준이 되는 3가지 위험인 신체적, 환경적, 도덕적 위험을 주의할 필요가 있음 ④ 신체적 위험 : 피보험자의 체격, 과거의 병력, 현재의 건강상태 등의 차이에 의해 위험도가 달라지므로 그 위험도를 정확히 알기 위하여 필요한 사항에 대하여 사실 그대로를 체신관서에 알리도록 하는 것이 중요함 ⑤ 환경적 위험 : 피보험자의 직업(부업·겸업·계절적 종사 포함)이나 업무 내용, 취미, 운전 등에 따라 위험도가 달라지며, 위험등급에 따라 보험 종류별로 가입 여부, 가입한 도액 등이 달라질 수 있음. 그 위험도를 정확히 알기 위해서는 회사원, 전문직 등 직업의 종류를 파악하는 선에 머무르지 말고 직장명, 부서명, 직위, 하시는 일 등 구체적인 내용을 파악하여야 함 ⑥ 도덕적 위험(재정적 위험) : 생명보험을 악용하여 생명이나 신체를 고의로 손상시켜 보험금을 부당하게 받고자 하는 행위는 사전에 예방하여야 한다. ⑦ 계약선택의 기준이 되는 세 가지 위험 <table><tr><th>신체적 위험</th><th>환경적 위험</th><th>도덕적 위험(재정적 위험)</th></tr><tr><td>• 피보험자의 음주 및 흡연 여부, 체격 • 과거 병력 • 현재의 병증(病症)</td><td>• 직업 및 업무내용 • 운전여부 • 취미활동</td><td>• 보험가입금액의 과다여부 • 피보험자와 수익자의 관계 • 과거 보험사기 여부</td></tr></table>
1차 언더라이팅의 중요성	① 모집자는 영업현장에서 우체국보험을 대표하여 가장 먼저 고객을 만나 고객과 면담하는 과정에서 고객의 건강상태, 직업 등 제반 정보에 대해 성실하게 알리도록 권유하고 정보수집을 통해 피보험자의 위험을 1차적으로 선별하는 가장 중요한 사람 → 모집자는 위험을 선별하는 1차적 언더라이터임

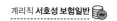

1차 언더라이팅의 중요성	② 일반적으로 고객의 보험계약을 심사하는 언더라이터는 고객을 직접 만나지 못하고 청약서만 가지고 심사하게 되므로, 고객이 지닌 위험도에 대하여 가장 잘 알 수 있는 영업현장 모집자의 역할이 매우 중요함 ③ 결과적으로, 1차 언더라이팅은 역선택 예방과 적절한 가입조건의 선택을 위해 가장 중요한 단계이므로 성실한 고지이행 유도 및 고객에 대한 정확한 안내를 통해 우체국보험 사업 안정성 강화에 기여할 수 있음
언더라이팅의 심사분류체계	① 우체국보험은 언더라이팅의 일반적 기준에 의한 심사분류체계를 수립하고, 해당 심사기준을 통하여 다양한 피보험자의 위험 정도에 따라 동일한 위험집단을 분류함 ② 동일위험에 대한 동일보험료를 부과함으로써 보험요율의 합리적인 적용을 통한 보험가입자 간 공정성 제고가 가능함 ③ 또한, 역선택으로 인한 보험금 지급증가에 따른 보험료 인상 등 선의의 보험가입자들의 보험료 부담을 방어할 수 있음

❸ 언더라이팅 관련 제도

계약적부 조사	① 계약적부 조사 : 적부 조사자가 피보험자를 직접 면담 또는 전화를 활용하여 적부 주요 확인사항을 중심으로 확인하며, 계약적부 조사서상에 주요 확인사항 등을 기재하고 피보험자가 최종 확인하는 제도 ② 본 제도를 통해 보험계약 시 피보험자의 신체적, 환경적, 도덕적 위험에 대한 정확한 확인을 통해 계약선택의 합리성을 기하고, 고지의무위반 계약의 조기 발견과 부실계약의 예방을 할 수 있음 ③ 우체국보험은 연령, 보험 종류, 직업 등 신체·환경·도덕적 기준에 의한 계약적부 대상자 선정기준을 마련하여 대상자를 선정하여 계약적부 조사를 실시하고 있음 ④ 따라서, 청약심사자는 청약서와 계약적부 조사 결과 등을 종합적으로 평가하여 피보험자의 위험에 따라 정상인수, 조건부 인수, 거절 등의 합리적 인수조건을 결정하게 됨
특별조건부 계약	① 피보험자의 질병 등 신체적 위험을 측정하여 표준체로 인수가 불가할 경우 언더라이팅 관련 제 매뉴얼 및 언더라이터의 판단에 의해 「특별조건부 인수계약」으로 계약을 인수할 수 있음 ② 특별조건부 인수계약은 '특정 부위·질병 부담보'와 '특약해지', '보험료 할증', '보험료 감액', '보험금 삭감' 등이 있음 ③ 우체국보험에서는 현재 '특정 부위·질병 부담보'와 '특약해지', '보험료 할증'을 적용하고 있음 ④ 특정 부위·질병 부담보 제도 : 피보험자의 특정 부위·질병에 대한 병력으로 정상 인수가 불가한 경우, 해당 부위·질병에 일정한 면책 기간을 설정하여 인수하는 제도 ⑤ 보험료 할증 제도 : 피보험자의 위험 정도(질병 종류, 건강상태)에 따라 표준체 보험료에 위험도별 할증보험료를 부과하여 계약을 인수하는 제도 ⑥ 특약해지 제도 : 특정 질병으로 인한 생존치료금 발생 가능성이 높을 경우 주계약에 부가된 선택 특약 가입분을 해지(거절)처리하여 보험금 지급 사유를 사전에 차단하여 위험을 예방하고, 적극적인 계약 인수를 도모하는 제도

02

환경적 언더라이팅	① 피보험자의 직업·취미·운전 등 환경적 위험등급에 따라 담보급부별 가입 한도 차등화 등을 할 수 있음 ② 이는 1인당 과도한 가입을 제한하여 역선택을 예방함으로써 우체국 보험사업의 건전성을 도모하는 한편, 우체국보험의 근본 취지에 충실하기 위해 운영하는 제도임 ③ 환경적 위험이 보험상품 보장 위험에 심각한 영향을 미칠 수 있다고 판단되는 경우에는 가입이 거절될 수 있음

❹ 미성년자 계약, 피보험자 담보별 가입 한도 제도, 보험계약자 가입 한도 제도

미성년자 계약	① 청약일 현재 19세 미만으로 보험계약자 또는 피보험자, 보험수익자를 정할 경우에는 친권자, 후견인 등의 법정대리인 동의가 있어야 계약이 유효함 ② 미성년자 계약을 함에 있어 보험계약자가 친권자일 경우에는 나머지 친권자 1인의 자필서명을 득하여야 하며, 보험계약자가 후견인일 경우에는 후견인 란의 자필서명 생략이 가능함 ③ 친권의 행사 • 친권자는 부와 모이며, 부모가 혼인 중일 경우 부모가 공동으로 친권을 행사함 • "사망, 친권상실 신고" 등으로 인하여 부모 중 1인이 친권행사를 할 수 없을 때는 다른 1인이 행사함 • 부모가 이혼한 경우는 공동친권, 단독 친권 등 부모가 협의하여 친권자를 정할 수 있으나, 협의가 불가능한 경우는 당사자의 청구로 가정법원이 친권자를 결정함 • 부모 이혼 후 단독 친권자 사망 시는 생존하고 있는 부 또는 모가 친권을 행사함 • 양자일 경우는 양부모가 공동으로 친권을 행사하며, 만일 양부모 쌍방과 파양하였을 경우에는 친생부모의 친권이 부활됨
피보험자 담보별 가입 한도 제도	① 보장내용에 따라 피보험자 1인당 과도한 가입을 제한하여 역선택을 예방함으로써 우체국 보험사업의 건전성을 도모하는 한편, 우체국보험의 근본 취지에 충실하기 위해 운영하는 제도 ② 피보험자 1인당 담보별 가입 한도를 설정하고, 피보험자별로 모든 가입계약의 각 담보별 보장금액을 계산하여, 이미 설정된 가입 한도를 초과하는 경우에는 개별청약서 발행 거래에서 청약서 발행이 불가능함
미성년자 계약	① 청약일 현재 19세 미만으로 보험계약자 또는 피보험자, 보험수익자를 정할 경우에는 친권자, 후견인 등의 법정대리인 동의가 있어야 계약이 유효함 ② 미성년자 계약을 함에 있어 보험계약자가 친권자일 경우에는 나머지 친권자 1인의 자필서명을 득하여야 하며, 보험계약자가 후견인일 경우에는 후견인 란의 자필서명 생략이 가능함 ③ 친권의 행사 • 친권자는 부와 모이며, 부모가 혼인 중일 경우 부모가 공동으로 친권을 행사함 • "사망, 친권상실 신고" 등으로 인하여 부모 중 1인이 친권행사를 할 수 없을 때는 다른 1인이 행사함

미성년자 계약	• 부모가 이혼한 경우는 공동친권, 단독 친권 등 부모가 협의하여 친권자를 정할 수 있으나, 협의가 불가능한 경우는 당사자의 청구로 가정법원이 친권자를 결정함 • 부모 이혼 후 단독 친권자 사망 시는 생존하고 있는 부 또는 모가 친권을 행사함 • 양자일 경우는 양부모가 공동으로 친권을 행사하며, 만일 양부모 쌍방과 파양하였을 경우에는 친생부모의 친권이 부활됨

피보험자 담보별 가입 한도 제도	① 보장내용에 따라 피보험자 1인당 과도한 가입을 제한하여 역선택을 예방함으로써 우체국 보험사업의 건전성을 도모하는 한편, 우체국보험의 근본 취지에 충실하기 위해 운영하는 제도 ② 피보험자 1인당 담보별 가입 한도를 설정하고, 피보험자별로 모든 가입계약의 각 담보별 보장금액을 계산하여, 이미 설정된 가입 한도를 초과하는 경우에는 개별청약서 발행 거래에서 청약서 발행이 불가능함 ③ 피보험자 담보별 가입 한도 내용

위험 등급	사망보험금		암진단보험금		1일당 입원비					질병 수술비 (1회당)	중증 치매 간병비 (매월)
	질병	재해	일반암	고액암	암 직접 치료	요양 병원 암	뇌출혈, 급성 심근 경색증	일반 질병	재해		
비위험직	4억원	6억원	1.2억원	1억원	25만원	2만원	25만원	8만원	8만원	300만원 (3종 기준)	120만
위험4급									6만원		
위험3급		5억원							4만원	200만원 (3종 기준)	
위험2급	3억원	3억원							3만원		
위험1급									2만원		

보험 계약자 가입 한도 제도	① 소액보험 취급을 통한 보편적 보험서비스 제공을 위하여 보험계약자를 기준으로 보험 가입한도액을 설정하여 제도적 보완 방안을 마련한 제도 ② 보험계약자 1인당 가입 한도를 보험 가입금액 기준으로 설정하고, 이미 설정된 보험계약자별 가입 한도를 초과하는 경우에는 개별청약서 발행 거래에서 발행이 불가능하며, 보험계약자 1인당 가입 한도는 저축성 보험 종류(연금보험 포함)에 한하여 실시함 ③ 보험계약자 1인당 가입 한도 내용

구분	가입한도	한도적용 제외 대상
저축성 보험 (연금보험 포함)	20억원 (보험가입금액 기준)	• 계약자가 법인인 경우 • 2008.8.4. 제도시행 전 가입계약 중 알찬전환특약으로 만기자금 재유치, 기존 계약자와 동일하게 저축성 보험(연금보험 포함)으로 만기도래 후 3개월 이내 가입 • 우체국 즉시연금보험

❺ 보험계약의 승낙 · 거절과 청약의 철회

승낙 · 거절	① 보험계약은 보험계약자의 청약과 체신관서의 승낙으로 이루어짐 ② 체신관서는 보험계약자의 청약에 대해 피보험자가 계약에 적합하지 않을 경우 계약을 거절하거나 별도의 조건(보험 가입금액 제한, 일부 보장 제외, 보험료 할증 등)을 부과하여 인수할 수 있음 ③ 체신관서는 계약의 청약을 받고, 제1회 보험료를 받은 경우에 청약일부터 30일 이내에 승낙 또는 거절하여야 하며, 승낙한 때에는 보험 가입증서(보험증권)를 교부함 ④ 만일 30일 이내에 승낙 또는 거절의 통지를 하지 않으면 계약은 승낙된 것으로 봄
청약의 철회	① 보험계약자는 보험 가입증서(보험증권)를 받은 날부터 15일 이내에 그 청약을 철회할 수 있음 ② 전문보험계약자가 체결한 계약은 청약을 철회할 수 없음 ③ 청약한 날부터 30일(단, 전화를 통해 가입하는 계약 중 계약자의 나이가 만 65세 이상인 계약은 45일)이 초과된 계약은 청약을 철회할 수 없음 ④ 보험계약자가 청약을 철회한 때에는 체신관서는 청약의 철회를 접수한 날부터 3일 이내에 납입한 보험료를 반환함

❻ 보험계약의 효력

보험계약의 성립	① 보장개시일은 체신관서가 보장을 개시하는 날로서 계약이 성립되고 제1회 보험료를 받은 날을 말하나, 체신관서가 승낙하기 전이라도 청약과 함께 제1회 보험료를 받은 경우에는 제1회 보험료를 받은 날을 의미함 ② 따라서, 체신관서가 청약과 함께 제1회 보험료를 받은 후 승낙한 경우에도 제1회 보험료를 받은 때부터 보장이 개시됨 ③ 단, 자동이체납입의 경우에는 자동이체 신청에 필요한 정보를 제공한 때를 보장개시일로 보며, 계약자의 책임 있는 사유로 자동이체가 불가능한 경우에는 보험료가 납입되지 않은 것으로 봄
보험계약의 무효	① 계약의 무효: 외형상 계약은 성립되어 있으나 법률상 그 효력이 처음부터 발생하지 않은 것을 의미함 ② 체신관서는 약관에 의거 다음과 같은 경우에는 보험계약을 무효로 하고 이미 납입된 보험료를 반환함 ③ 보험계약 무효 사유 | 종류	무효사유 | |---|---| | 1 | 타인의 사망을 보험금 지급사유로 하는 계약에서 계약을 체결할 때까지 피보험자의 서면에 의한 동의를 얻지 않은 경우 (다만, 단체가 규약에 따라 구성원의 전부 또는 일부를 피보험자로 하는 계약을 체결하는 경우에는 이를 적용하지 않음. 이 때 단체보험의 보험수익자를 피보험자 또는 그 상속인이 아닌 자로 지정할 때에는 단체의 규약에서 명시적으로 정한 경우가 아니면 이를 적용함) |

보험계약의 무효	2	만 15세 미만자, 심신상실자 또는 심신박약자를 피보험자로 하여 사망을 보험금 지급사유로 한 계약의 경우 (다만, 심신박약자가 계약을 체결하거나 소속 단체의 규약에 따라 단체보험의 피보험자가 될 때에 의사능력이 있는 경우에는 계약이 유효함)
	3	계약을 체결할 때 계약에서 정한 피보험자의 나이에 미달되었거나 초과되었을 경우 (다만, 체신관서가 나이의 착오를 발견하였을 때 이미 계약나이에 도달한 경우에는 유효한 계약으로 보나, 제2호의 만 15세 미만자에 관한 예외가 인정되는 것은 아님)
보험계약의 취소	① 계약의 취소 : 계약은 성립되었으나 후에 취소권자의 취소의 의사표시로 그 법률효과가 소급되어 없어지는 것 ② 체신관서는 보험약관에 의거 아래 <사기에 의한 계약>에 해당하는 계약에 대해 취소권을 행사할 수 있음 ③ 사기에 의한 계약 **보험계약 취소사유** 피보험자가 청약일 이전에 암 또는 인간면역결핍바이러스(HIV) 감염의 진단 확정을 받은 후 계약자 또는 피보험자가 이를 숨기고 가입하는 등의 뚜렷한 사기의사에 의하여 계약이 성립되었음을 체신관서가 증명하는 경우에는 보장개시일부터 5년 이내(사기 사실을 안 날부터는 1개월 이내)에 계약을 취소할 수 있음 ④ 보험모집자는 계약체결시 계약자에게 약관 및 청약서 부본을 전달하고 약관의 주요 내용을 설명해야 함. 만약, 모집자가 청약 시 이러한 의무(3대 기본 지키기)를 이행하지 않았을 경우에는 계약자는 취소권을 행사할 수 있음 ⑤ 3대 기본 지키기 　• 보험계약자 및 피보험자의 자필서명 　• 약관 및 청약서 부본 전달 　• 약관의 주요 내용 설명 ⑥ 이때, 계약이 성립한 날부터 3개월 이내에 계약을 취소할 수 있으며, 체신관서는 이미 납입한 보험료에 보험료를 받은 기간에 대하여 환급금 대출이율을 연 단위 복리로 계산한 금액을 더하여 지급함	

TOPIC 16 확인문제 보험계약의 청약 및 언더라이팅

01 〈보기〉에서 우체국보험 언더라이팅(청약 심사)에 대한 설명으로 옳은 것을 모두 고른 것은?

23. 계리직

―〈보기〉―

ㄱ. 언더라이팅(청약심사)은 일반적으로 보험사의 "위험의 선택" 업무로서 위험평가의 체계화된 기법을 말한다.

ㄴ. 보험판매 과정에서 계약선택의 기준이 되는 위험 중 환경적 위험은 피보험자의 직업 및 업무내용, 운전여부, 취미활동, 음주 및 흡연여부, 피보험자와 수익자의 관계 등이다.

ㄷ. 체신관서는 피보험자의 신체적·환경적·도덕적 위험 등을 종합적으로 평가하여 정상인수, 조건부인수, 거절 등의 합리적 인수조건을 결정하는 언더라이팅(청약심사)을 하게 된다.

ㄹ. 계약적부조사는 적부조사자가 계약자를 직접 면담하여 계약적부조사서상의 주요 확인사항을 중심으로 확인하는 제도이다.

① ㄱ, ㄴ

② ㄱ, ㄷ

③ ㄴ, ㄹ

④ ㄷ, ㄹ

02 〈보기〉에서 우체국보험 청약서비스에 대한 설명으로 옳은 것을 모두 고른 것은? 22. 계리직

―〈보기〉―

ㄱ. 보험계약자가 성인인 계약에 한해서 태블릿청약 이용이 가능하다.

ㄴ. 타인계약 또는 미성년자(만 19세 미만자) 계약도 전자청약이 가능하다.

ㄷ. 전자청약과 태블릿청약을 이용하는 고객에게는 제2회 이후 보험료 자동이체 시 0.5%의 할인이 적용된다.

ㄹ. 전자청약은 가입설계서를 발행한 계약으로 전자청약 전환을 신청한 계약에 한하며, 가입설계일로부터 10일(비영업일 제외) 이내에만 가능하다.

① ㄱ, ㄷ

② ㄱ, ㄹ

③ ㄴ, ㄷ

④ ㄴ, ㄹ

03 다음은 청약서비스에 대한 설명이다. 옳은 것을 모두 고르시오.

〈 보기 〉

ㄱ. 전자청약이 가능한 계약은 가입설계서를 발행한 계약으로 전자청약 전환을 신청한 계약에 한하며, 가입설계일로부터 10일(비영업일 포함)이내에 한하여 전자청약을 할 수 있다.

ㄴ. 성인과 미성년자 모두 전자청약이 가능하다.

ㄷ. 태블릿청약서비스가 이용 가능한 계약은 보험계약자가 성인이어야 한다.

ㄹ. 태블릿청약서비스를 이용하는 고객에게는 제 1회 이후 보험료의 자동이체시 0.5%의 할인이 적용된다.

① ㄱ, ㄴ   ② ㄱ, ㄷ
③ ㄴ, ㄹ   ④ ㄷ, ㄹ

04 다음의 보험계약에 대한 설명으로 옳지 않은 것은?

① 미성년자 계약은 청약일 현재 19세 미만으로 보험계약자 또는 피보험자, 보험수익자를 정할 경우에는 친권자, 후견인 등의 법정대리인의 동의가 있어야 계약이 유효하다.

② 피보험자 담보별 가입한도 제도는 피보험자 1인당 담보별 가입한도를 설정하고, 피보험자별로 모든 가입계약의 각 담보별 보장금액을 계산하여, 이미 설정된 가입한도를 초과하는 경우에는 개별청약서 발행 거래에서 청약서 발행이 불가능하다.

③ 전문보험계약자가 체결한 계약이라도 보험가입증서(보험증권)를 받은 날부터 15일 이내에 그 청약을 철회할 수 있다.

④ 자동이체납입의 경우에는 자동이체 신청에 필요한 정보를 제공한 때를 보장개시일로 본다.

정답 찾기

01 ㄴ. 계약선택의 기준이 되는 세가지 위험은 다음과 같다. 따라서 피보험자의 음주 및 흡연여부는 신체적 위험에 해당하고, 피보험자와 수익자의 관계는 도덕적 위험에 해당한다.
ㄹ. 계약적부조사는 적부조사자가 피보험자를 직접 면담하거나 전화를 활용하여 적부 주요 확인사항을 중심으로 확인하며, 계약적부조사서상에 주요 확인사항 등을 기재하고 피보험자가 최종 확인하는 제도이다.

02 ㄴ. 타인계약(계약자와 피보험자가 다른 경우 또는 피보험자와 수익자가 다른 경우), 미성년자 계약 등은 전자청약이 불가하다.

ㄹ. 전자청약이 가능한 계약은 가입설계서를 발행한 계약으로 전자청약 전환을 신청한 계약에 한하며, 가입설계일로부터 10일(비영업일 포함) 이내에 한하여 전자청약을 할 수 있다.

03 ㄴ. 보험계약자와 피보험자가 다른 경우 또는 피보험자와 보험수익자가 다른 경우의 타인계약, 미성년자 계약 등은 전자청약이 불가능하다.
ㄹ. 태블릿청약서비스를 이용하는 고객에게는 제 2회 이후 보험료의 자동이체시 0.5%의 할인이 적용된다.

04 ③ 전문보험계약자가 체결한 계약은 청약을 철회할 수 없다.

Chapter 09 우체국보험 계약유지 및 보험금지급

TOPIC 17 우체국예금 계약유지

1 계약유지업무와 보험료의 납입

개요	① 계약 유지업무 : 넓은 의미에서 생명보험계약의 성립 이후부터 소멸까지 전 보험기간에 생기는 모든 사무 ② 좁은 의미 : 넓은 의미의 계약유지업무에서 청약업무와 (사고) 보험금 지급업무를 제외한 즉시 지급(해약, 만기, 중도금), 보험료수납, 계약사항 변경·정정, 납입 최고(실효예고안내) 등 일부 사무를 뜻함 ③ 생명보험 상품의 특징 중 하나는 보험기간의 장기성(長期性)임 ④ 장기의 보험기간 동안 고객에게 생기는 여러 가지 사정의 변경에 대해 보험회사가 적절히 대응하여 고객을 돌볼 때, 생명보험 본래의 목적을 달성할 수 있음 ⑤ 따라서, 보험계약 유지 기간 동안 고객의 사정 변경에 대응하여 고객의 니즈를 충족시키기 위해서 계약유지업무가 필요함
보험료의 납입	① 보험료 : 보험계약자가 보험약관에서 정한 보장을 받는 대가로서 체신관서에 납입하는 금액 ② 우체국보험은 고객의 보험료 납입 편의를 위해 납입 기간, 납입주기, 납입방법 및 할인제도 등을 다양하게 운영하고 있음 ③ 「우체국예금·보험에 관한 법률 시행규칙」 제47조(보험료의 납입)에 의거 보험계약자는 제2회분 이후의 보험료를 약정한 납입방법으로 해당 보험료의 납입 해당월의 납입기일까지 납입하여야 함 ④ 보험료의 납입 기간에 따라 전기납, 단기납으로 분류됨 ⑤ 보험료의 납입주기 TABLE_BELOW ⑥ 보험료를 납입하였을 때에는 체신관서는 영수증을 발행하여 교부함 ⑦ 다만, 금융기관(우체국 또는 은행)을 통하여 자동이체 납입한 때에는 해당 기관에서 발행한 증빙서류(자동이체기록 등)로 영수증을 대신할 수 있음

종류	대상
연납	보험료를 매년 연1회 납입하는 방법
6월납	보험료를 매년 2회, 매 6개월마다 납입하는 방법
3월납	보험료를 매년 4회, 매 3개월마다 납입하는 방법
월납	보험료를 매월 납입하는 방법
일시납	보험료를 일시에 납입

❷ 보험료의 납입방법

보험료의 납입방법	① 「우체국예금·보험에 관한 법률 시행규칙」 제47조(보험료의 납입) 3항에 의거 보험계 약자는 아래의 표 중 한 가지 방법을 선택하여 보험료를 납입할 수 있음 ② 다만, 아래 표 중 3호 및 4호에 따른 방법으로 납입하는 경우에는 보험료를 납입할 수 있는 우체국보험의 종류 및 보험료 납입방법 등은 우정사업본부장이 정하여 고시함 ③ 보험료 납입방법

구분	대상
1	보험계약자가 체신관서에 직접 납입하는 방법(창구수납)
2	자동적으로 계좌에서 이체하여 납입하는 방법(자동이체)
3	여신전문금융법 제2조 제3호에 따른 신용카드 및 같은 조 제6호에 따른 직 불카드로 납입하는 방법(카드납)
4	전자금융거래법 제2조 제13호에 따른 직불전자지급수단으로 납입하는 방법

	④ 보험계약자는 보험료 납입주기 및 납입방법의 변경을 청구할 수 있음
창구수납	① 창구수납 : 계약자가 우체국을 방문하여 보험료를 창구에 직접 납입하는 방법 ② 계약자가 창구에 보험료를 납입하였을 때에는 체신관서는 영수증을 발행하여 교부함
자동이체	① 자동이체 : 우체국 또는 은행 계좌에서 약정일에 보험료를 자동으로 출금하여 이체· 납입하는 제도 ② 우체국 계좌에서 보험료 등을 출금하여 납입하는 우체국이체와 은행 계좌에서 보험료 등을 출금하여 납입하는 은행 이체가 있음 ③ 우체국이체의 경우 금융결제원 및 각 금융기관을 거치지 않고 우체국 내부에서 출금 및 납입이 처리되므로 원부정리까지 비교적 신속한 처리가 가능함 ④ 자동이체 약정은 유지 중인 계약에 한해서 처리가 가능하며, 관계 법령 <전자금융거 래법 제15조(추심이체의 출금 동의)>에 따라 예금주 본인에게만 신청·변경 권한이 있음 ⑤ 자동이체 신청은 체신관서, 은행, 우체국보험고객센터, 전자금융(폰뱅킹, 인터넷뱅킹, 모바일앱)에서 신청 가능하며, 우체국보험은 현재 합산 자동이체 제도를 운영하고 있음 ⑥ 합산 자동이체 : 동일 계약자의 2건 이상의 보험계약이 동일계좌에서 같은 날에 자동이 체 되는 경우, 증서별 보험료를 합산하여 1건으로 출금하는 제도
전자금융에 의한 납입	① 인터넷(홈페이지 www.epostlife.go.kr)으로 보험료를 납입하는 방법 ② 폰뱅킹을 통한 보험료 납입 ③ 우체국보험 앱(우체국페이앱 포함)을 통한 보험료 납입 등이 있음
자동화기기 (CD, ATM 등) 에 의한 납입	① 자동화기기(CD, ATM 등)에 의한 납입 : 계약자의 보험료납입 편의를 위하여 우체국에 설치된 자동화기기 등을 이용하여 우체국 계좌에서 자금을 인출하여 보험료를 납입하 는 방법 ② 우체국에서 발행한 우체국 현금카드(제휴카드 포함) 및 (현금 출금 기능이 포함된) 우 체국 체크카드를 이용해야 하며, 우체국 계좌에 납입하고자 하는 보험료 상당의 잔고 가 있어야 거래가 가능함

02

자동화기기 (CD, ATM 등)에 의한 납입	③ 우체국 다드림 체크카드의 경우 카드에 등록된 증서(최대 20개)에 한해 선택납입이 가능함 ④ 보험계약조회(계약사항, 납입내역, 만기보험금 조회), 배당금 지급, 환급금 대출(지급, 상환, 이자 납입), 연체분 납입은 물론 선납도 가능함
카드납입	① 우체국보험의 보험료 카드납부 취급대상은 TM(Tele Marketing), 온라인(인터넷, 모바일)을 통해 가입한 보장성 보험계약 및 2021년 이후 신규 출시한 대면 채널의 보장성 보험계약에 한해 처리가 가능함 ② 초회보험료(1회), 계속 보험료(2회 이후)를 대상으로 하고 있으며, 선납 및 부활 보험료는 납입이 불가함 ③ 채널별 업무 범위

③ 채널별 업무 범위

채널 구분		조회 보험료 (즉시이체)	계속보험료			비고
			즉시이체(1회성)		자동이체 (신청·변경·해지)	
			납부	취소 (당일)		
대면	창구	○	○	○*	○	* 조작국 처리건
	TM	○	×	×	×	
비대면	온라인	○	○	×	○	** 인터넷, 모바일, 고객센터 처리건
	고객센터	×	○	○**	○	

계속 보험료 실시간이체	① 실시간이체: 고객 요청 시 즉시 계약자의 계좌 또는 보험료 자동이체 계좌에서 현금을 인출하여 보험료를 납부하는 제도 ② 자동이체 약정 여부와 관계없이 처리가 가능하며, 계약상태가 정상인 계약만 가능함 ③ 대상 보험료는 1·2연체 보험료 및 당월분 보험료이며 선납보험료는 납입이 불가함 ④ 수금방법이 자동이체인 계약은 실시간이체 출금계좌와 자동이체 약정계좌가 달라도 자동이체 할인이 적용됨
우체국페이 납입	① 우체국페이 납입: 우체국보험 온라인(인터넷, 모바일) 납부방법에 우체국페이 결제 방식을 도입하여 보험료를 납부하는 제도 ② 초회보험료(1회)를 제외한 계속 보험료를 대상으로 하고 보장성 및 저축성을 포함한 전 보험상품의 보험료를 납입할 수 있음

❸ 보험료 자동대출 납입제도

의미	① 보험료 미납으로 실효(해지)될 상태에 있는 보험계약에 대하여 계약자의 신청이 있는 경우 해약환급금 범위내에서 자동대출(환급금 대출)하여 보험료를 납입할 수 있음 ② 따라서, 계약자의 신청이 있는 경우라도 환급금 대출금과 환급금 대출이자를 합산한 금액이 해약환급금(당해 보험료가 납입된 것으로 계산한 금액을 의미)을 초과하는 때에는 보험료의 자동대출 납입을 지속할 수 없음 ③ 신청기한은 보험료 납부유예 기간이 끝나는 날의 전 영업일까지임

의미	④ 보험료의 자동대출 납입 기간은 최초 자동대출납입일부터 1년을 한도로 하며 그 이후의 기간에 대한 보험료의 자동대출 납입을 위해서는 재신청을 하여야 함

신청 불가 대상	종류	대상
	1	모든 순수보장성 보험, 어깨동무보험 3종(상해보장형), 평생OK보험* *평생OK보험의 경우 환급금대출은 가능하나 자동대출납입 신청은 불가
	2	실효(보험료납입 연체로 인한 계약 해지)계약, 납입완료(면제)계약, 환급금대출(이자) 기연체자
	3	계약내용 변경/정정, 사고지급 등 계류 중인 계약
	4	일반단체 계약

02

❹ 보험료의 할인

개요	① 보험료의 할인: 특정한 방법으로 보험료를 납입하는 경우 보험료의 일부를 할인함으로써 가입자에게 이익을 제공하는 한편, 보험료 납입업무를 간소화하여 사업운영의 효율성을 제고하기 위한 제도 ② 우체국보험은 선납 할인, 자동이체 할인, 단체 할인, 다자녀가구 할인, 실손보험료 할인(무사고 할인, 의료수급권자 할인), 우리 가족 암보험 건강체 할인, 고액계약 보험료 할인 등 다양한 보험료 할인제도를 운영하고 있음
선납 할인	① 선납 할인은 향후의 보험료를 3개월분(2021.9.12. 이전 계약은 1개월분) 이상 미리 납입하는 경우의 할인이며, 할인율은 해당 상품 약관에서 정한 예정이율(2017. 5. 19. 이후 상품)로 계산함 ② 금리변동형 상품 및 (개인) 연금저축 상품과 계약응당일 이후(당일 포함) 납입시 차회분 보험료는 선납 할인 적용에서 제외됨

자동이체 할인	① 「우체국예금·보험에 관한 법률 시행규칙」 제48조(보험료의 할인)에 의거 우정사업본부장은 보험계약자가 보험료(최초의 보험료 제외)를 자동이체(우체국 또는 은행)로 납입하는 계약에 대해 보험료의 2%에 해당하는 금액의 범위에서 할인할 수 있음 ② 따라서, 우체국보험은 계약 체결 시기, 이체 금융기관, 청약방법 등에 따라 약 0.1%~1.5%의 할인율을 적용하고 있음 ③ 자동이체납입 할인율

구분	할인율	대상
'01.09.30 이전 계약	1.5%	교육, 학자금, 장학, (구)연금, 백년연금, 정기, 특별보장, 다보장, 체신건강, 암치료, 양로, 상록보험
	0.5%	1.5% 할인 상품을 제외한 모든 상품
'01.10.01 ~ '05.06.30	0.5%	우체국 이체
	0.3%	은행 이체
'05.07.01 이후 계약	0.3%	우체국 이체
	0.1%	은행 이체

자동이체 할인	전자청약 등 판매 계약	0.5%	전자청약·태블릿청약·온라인(인터넷, 모바일) 가입 계약 ※ TM, 온라인(인터넷, 모바일)으로 가입한 장기 주택마련저축, 그린보너스저축보험 제외
단체납입 할인	① 보험계약자는 5명 이상의 단체를 구성하여 보험료의 단체납입을 청구할 수 있으며, 우정사업본부장은 보험계약자가 보험료를 단체 납입하는 경우에는 보험료의 2%에 해당하는 금액의 범위에서 보험료를 할인할 수 있음 ② 현재, 단체계약 할인율은 우체국 자동이체납입 할인율과 동일하며, 당월납입(선납 포함)에 한하여 할인 적용을 하고 유예기간 중의 보험료는 할인하지 아니함 ③ 해당 단체가 자동이체납입을 선택하여 자동이체로 납입하는 경우 보험료를 중복하여 할인하지 아니하며, 이 경우 자동이체납입의 보험료 할인방법에 따라 할인 적용함 ④ 연체분에 대해서도 자동이체 할인이 가능하며 할인율은 단체할인율을 적용함		
다자녀가구 할인	① 다자녀가구 할인 : 두 자녀 이상을 둔 가구의 미성년(0~만19세 미만) 자녀가 피보험자인 계약에 한하여, 판매 중인 보장성보험(2011. 1. 1. 이후 신규가입분부터 적용)에 가입하여 보험료의 자동이체 납입시 할인하는 제도 ② 할인율은 두 자녀 0.5%, 세 자녀 이상 1.0%로 차등 적용되며, 자동이체 할인과 중복할인이 가능함 ③ 자녀 수는 신청 시점(신규청약, 부활 청약, 유지 중) 기준이며, 계약 중 계약자 변경, 자녀 수 변동, 피보험자의 성년 나이 도달 등에 관계없이 만기까지 보험료 할인이 적용되고 보험기간 중 피보험자의 형제(자매·남매)가 출생한 경우 우체국에 신청한 이후 차회보험료부터 할인이 적용됨		
의료수급권자 할인	① 의료급여 수급권자에게 실손의료비보험의 보험료를 할인하는 제도 ② 이때, 의료급여법상의 '의료급여 수급권자'로서의 증명서류를 제출해야 하며 영업보험료의 5%를 할인하고 있음 ③ 증명서류는 Fax로도 제출이 가능하며, 피보험자의 수급권 자격만 확인하기 때문에 누구나 대신 제출이 가능하므로 별도의 위임서류 및 신분증 등이 필요 없음 ④ 계약 갱신 시 할인이 자동으로 적용되지 않으므로 증명서류를 반드시 제출해야만 할인이 적용되며 증명서류 제출 시에는 소급하여 할인이 적용됨 ⑤ 피보험자가 수급권자 자격상실 시에는 자격을 상실한 날부터 할인되지 않은 영업보험료를 납입해야 함		
실손의료 비보험 무사고 할인	① 갱신 직전 보험기간 2년(2017.5.18. 이전 계약은 직전 보험기간) 동안 보험금이 지급되지 않은 경우 보험료를 할인하는 제도임 ② 갱신 후 영업보험료의 5~10%를 할인하고 있음		
우체국 암케어보험 보험료 할인	① 피보험자가 B형 간염 항체 보유 시 영업보험료의 3%를 할인하는 B형 간염 항체 보유 할인과 고혈압과 당뇨병이 모두 없을 때 할인되는 우체국암케어보험 실버형 건강체 할인이 있음 ② 이 경우 영업보험료의 5%를 할인하고 있음		

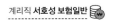

| 고액계약
보험료 할인 | ① 경제적 부담이 큰 고액보험에 대하여 보험 가입금액 2천만원 이상 가입 시 주계약 보험료(특약 보험료 제외)에 대해서 1~3% 보험료 할인 혜택을 적용함
② 할인율 | | | |

보험가입금액	2천~3천만원 미만	3천~4천만원 미만	4천만원
할인율	1.0%	2.0%	3.0%

	③ 고액계약 보험료 할인 대상 상품(24. 9월 현재 판매상품 기준): (무)우체국하나로OK건강종신보험 2402, (무)우체국든든한종신보험 2109, (무)우체국통합건강보험 2109, (무)온라인정기보험 2109, (무)우체국와이드건강보험 2112

| 무배당
win-win단체
플랜보험
보험료 할인 | ① 무배당 win-win 단체플랜보험 2109 가입 시에 단체별 피보험자 수에 따라 주계약 보험료(특약 보험료 포함)에 대해서 1~2%의 할인율을 적용하고 있음
② 할인율 | | | |

피보험자수	5인~20인	21인~100인	101인 이상
할인율	1.0%	1.5%	2.0%

❺ 보험료의 납입면제, 피보험자 사망 계약 보험료 납입중지

보험료의 납입면제	① 계약자 또는 피보험자가 불의의 사고 또는 질병에 의하여 사망 또는 50% 이상 장해 상태가 되었을 때 보험료납입을 면제하고 재해로 인한 경우 납입면제 신청과 동시에 상품에 따라 장해급부금도 청구 가능함 ② 납입면제 사유가 발생한 날이 해당 월의 계약응당일 이후일 경우 당월분 보험료는 납입해야 함 ③ 선납보험료 및 미경과보험료가 있는 계약은 해당 보험금에 합산하여 지급하고, 미납보험료, 대출 원리금이 있을 경우에는 이를 공제 후 지급함
피보험자 사망 계약 보험료 납입중지	① 우체국보험 약관 중 [계약의 소멸] 조항에 따라 체신관서가 피보험자 사망을 인지한 경우에는 보험료납입을 중지시켜 고객의 권익을 보호하고 있음 ② 납입중지 상태에서도 신규·추가 환급금 대출 및 원리금 상환은 가능하며, 자동대출 납입 신청 계약은 자동대출 납입이 자동해제됨 ③ 우체국보험 약관(계약의 소멸): "보험기간 중 피보험자의 사망 및 실종으로 인하여 약관에서 규정하는 보험금 지급 사유가 더 이상 발생할 수 없는 경우에는 보험계약은 그때부터 효력이 없다."

❻ 보험료의 납입유예, 보험계약의 납입최고와 계약의 해지

보험료의 납입유예	① 보험계약자가 보험료를 내지 아니하고 유예기간이 지난 때에는 그 보험계약은 효력을 잃음 ② 「우체국예금·보험에 관한 법률 시행규칙」 제50조(보험료납입 유예기간)에 따라 제2회 이후의 보험료납입 유예기간은 해당 월분 보험료의 납입기일부터 납입기일이 속하는 달의 다음 다음 달의 말일까지로 함 ③ 다만, 유예기간이 끝나는 날이 비영업일인 때는 익 영업일까지이며, 해지(효력상실)되는 날은 휴일 여부와 관계없음 ④ 납입기일 : 계약자가 제2회 이후의 보험료를 납입하기로 한 날을 의미
보험계약의 납입최고와 계약의 해지	① 보험계약자가 제2회 이후의 보험료를 납입기일까지 납입하지 않아 보험료납입이 연체 중인 경우에 체신관서는 납입최고(독촉)하고, 유예기간이 끝나는 날까지 보험료가 납입되지 않은 경우 유예기간이 끝나는 날의 다음 날에 계약은 해지(효력상실)됨 ② 체신관서의 납입최고는 유예기간이 끝나기 15일 이전까지 서면(등기우편 등) 등으로 이루어지며 <보험료 납입최고 안내사항>에 대해 안내함 ③ 보험료 납입최고 안내사항 **구분 / 안내사항** 1 : 보험계약자(보험수익자와 보험계약자가 다른 경우 보험수익자를 포함)에게 유예기간 내에 연체 보험료를 납입하여야 한다는 내용 2 : 유예기간이 끝나는 날까지 보험료를 납입하지 않을 경우 유예기간이 끝나는 날의 다음 날에 계약이 해지된다는 내용(이 경우 계약이 해지되는 때에는 즉시 해약환급금에서 환급금대출의 원금이자가 차감된다는 내용을 포함) ④ 보험계약자와 보험수익자가 다른 경우 보험계약자뿐만 아니라 보험수익자에게도 보험료 납입최고 안내를 하고 있음

❼ 보험계약의 부활

의미	① 부활 : 계약자에게 편의를 제공하기 위하여 법령에서 규정한 바에 따라 보험료납입 연체로 인하여 해지(효력상실)된 계약의 계속적인 유지를 원할 경우 소정의 절차에 따라 계약의 효력을 부활시키는 제도 ② 우체국보험 약관에 의거 보험료의 납입연체로 인한 해지 계약이 해약환급금을 받지 않은 경우 계약자는 해지된 날부터 3년 이내에 체신관서가 정한 절차에 따라 계약의 부활(효력회복)을 청약할 수 있음 ③ 체신관서가 부활(효력회복)을 승낙한 때에 계약자는 부활(효력회복)을 청약한 날까지의 연체된 보험료에 약관에서 정한 이자를 더하여 납입하여야 함
부활 조건	① 계약해지(효력상실) 후 만기 또는 해지 후 환급금을 수령한 경우에는 부활이 불가능함 ② 최초 가입 시와 직종(운전 등 포함)이 다른 경우 위험등급별 가입 한도 초과 및 상품별 가입거절 직종에 해당하지 않아야 함 ③ 환급금 대출이 있는 계약은 대출이자(최종상환일로부터 부활신청일까지) 납부 후 부활 청약이 가능함

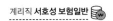

부활 조건	④ 계약 해지(효력상실)일로부터 3년 이내, 보험기간 만기일까지 부활을 청구한 계약이어야 함. 보험기간 만기일이 비영업일인 경우는 그다음 업무 개시 영업일까지 가능하며 계약해지(효력상실) 후 3년 이내라도 만기일이 경과하면 부활이 불가능함
미성년자 계약의 부활	① 보험계약자 또는 피보험자가 미성년자(19세 미만)인 경우 부모 공동으로 친권을 행사하며, 친권자 각각의 서명 또는 날인을 득하여야 함. 다만, 보험계약자가 친권자일 경우에는 나머지 친권자 1인의 자필서명을 받아야 하며, 후견인일 경우에는 후견인 란의 자필서명 생략이 가능함 ② 부모 이혼 시에는 법적으로 단독 친권자 또는 공동 친권자 지정 여부를 확인하여야 하며, 부모가 없을 시는 후견인 선정 여부 확인 후 미성년자의 기본증명서를 첨부함

❽ 보험계약의 변경

개요	① 계약 내용의 변경 : 계약자의 이익을 보호하기 위하여 일정한 범위 내에서 계약의 내용을 변경할 수 있게 하여 계약을 유지시켜 나가는 제도 ② 계약자는 체신관서의 승낙을 얻어 아래 <계약 내용의 변경> 사항을 변경할 수 있음 ③ 계약 내용의 변경

구분	대상
1	보험료의 납입방법
2	보험가입금액의 감액
3	보험계약자
4	기타 계약의 내용(단, 보험종목 및 보험료 납입기간의 변경은 제외)

개요	④ 보험계약의 변경 중 보험 가입금액 감액의 경우 그 감액된 부분은 해지된 것으로 보며, 이 경우 해약환급금을 계약자에게 지급함 ⑤ 보험계약자는 보험수익자를 변경할 수 있으며 이 경우에는 체신관서의 승낙이 필요하지는 않음 ⑥ 다만, 변경된 보험수익자가 체신관서에 권리를 대항하기 위해서는 보험계약자가 보험수익자가 변경되었음을 체신관서에 통지하여야 함 ⑦ 보험수익자를 변경하고자 할 경우에는 보험금의 지급 사유가 발생하기 전에 피보험자가 서면으로 동의하여야 함
계약관계자 변경	① 보험계약자 사망으로 인한 변경 • 보험계약자가 사망하여 그 법정상속인이 권리·의무 일체를 상속하는 경우 보험계약자의 법정상속인 전원의 동의로 보험계약자 변경이 가능함 • 법정상속인 전원의 동의 또는 피보험자 동의(2014.10.1. 이전 계약)를 얻지 못하여 보험계약자 변경 없이 보험계약을 해약하는 경우 상속에 의한 분할지급 절차에 따라 해약환급금(시효완성계약 포함)을 지급함 ② 보험계약자 계약자 요청으로 인한 변경 보험계약자가 제3자에게 보험계약의 권리·의무를 승계하는 임의승계로 2014.10.1. 이전 계약은 피보험자의 동의를 얻어야 함

계약관계자 변경	③ 연축저축보험의 승계 • 2001.1.1. 이후 체결된 연금저축 계약(세제 혜택이 있는 세제적격 연금저축보험)의 가입자 사망 시 배우자(상속인)가 상속을 통해 계약을 유지할 수 있음 • 사망한 날이 속하는 달의 말일부터 6개월 이내 신청해야 함
종피보험자 변경	① 부부형 보험계약(백년연금보험, 암치료보험)에서 배우자(종피보험자)와 이혼 후, 타인과 재혼 시 종피보험자 변경이 가능함 ② 종피보험자가 사망하거나 1급 장해 시에는 변경이 불가함
보험수익자 변경	① 보험계약자는 언제든지 보험수익자 변경이 가능하며, 타인의 생명보험(계약자≠피보험자)인 경우 보험수익자 변경 시에는 피보험자의 동의가 필요함 ② 보험금 지급 사유 발생 시점의 정당 보험수익자 여부를 확인하여야 하며, 보험사고 발생 후 보험수익자를 변경한 경우 보험금은 변경 전 보험수익자에게 지급하여야 함 ③ 보험금 지급 사유 발생 시점 | 약관상 지급사유		지급사유 발생일
---	---	---
장해급부금	장해상태가 되었을 때	장해진단일
진단급부금	진단이 확정되었을 때	진단확정일
수술급부금	수술을 받았을 때	수술일
입원급부금	입원하였을 때	입원일
사망급부금	사망하였을 때	사망일	 ④ 순수보장성보험, 종신보험 등 만기보험금이 없는 상품의 경우 만기 시 보험수익자 변경이 불필요하며, 사망 보장이 없는 상품은 피보험자 사망 시 보험계약자에게 책임준비금을 지급하고 계약 소멸되므로 사망 시 보험수익자 지정·변경이 불가함

❾ 보험계약자의 임의해지 및 피보험자의 서면동의 철회권, 중대사유로 인한 계약 해지

보험계약자의 임의해지 및 피보험자의 서면동의 철회권	① 보험계약자는 계약이 소멸하기 전에 언제든지 계약을 해지할 수 있으며, 이 경우 체신관서는 해당 상품의 약관에 따른 해약환급금을 보험계약자에게 지급함 ② 사망을 보험금 지급 사유로 하는 계약에서 서면으로 동의를 한 피보험자는 계약의 효력이 유지되는 기간에는 언제든지 서면동의를 장래를 향하여 철회할 수 있음 ③ 서면동의 철회로 계약이 해지되어 체신관서가 지급하여야 할 해약환급금이 있을 때에는 체신관서는 보험계약자에게 해약환급금을 지급해야 함
중대사유로 인한 계약 해지	① <중대 사유>와 같은 사실이 있을 경우에 체신관서는 그 사실을 안 날부터 1개월 이내에 계약을 해지할 수 있음 ② 중대사유 | 구분	내용
1	보험계약자, 피보험자 또는 보험수익자가 고의로 보험금 지급사유를 발생시킨 경우	

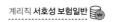

중대사유로 인한 계약 해지	2	보험계약자, 피보험자 또는 보험수익자가 보험금 청구에 관한 서류에 고의로 사실과 다른 것을 기재하였거나 그 서류 또는 증거를 위조 또는 변조한 경우(다만, 이미 보험금 지급사유가 발생한 경우에는 보험금 지급에 영향을 미치지 않음)
	③ 이 경우 체신관서는 그 취지를 보험계약자에게 통지하고 해당 상품의 약관에 따른 해약환급금을 지급함	

❿ 고지의무

개요	보험계약자 또는 피보험자는 청약할 때 청약서에서 질문한 사항에 대하여 알고 있는 사실을 반드시 사실대로 알려야(이하 "고지의무"라 하며, 상법상 "고지의무"와 같음) 함
고지의무 위반의 효과	① 체신관서는 보험계약자 또는 피보험자가 약관 및 상법상의 "고지의무"에도 불구하고, 고의 또는 중대한 과실로 중요한 사항에 대하여 사실과 다르게 알린 경우에는 체신관서가 별도로 정하는 방법에 따라 계약을 해지하거나 보장을 제한할 수 있음 ② 고지의무 위반 시 해지(또는 보장제한) 불가 사유 중 한 가지에 해당되는 때에는 계약을 해지하거나 보장을 제한할 수 없음 ③ 고지의무 위반 시 해지(또는 보장제한) 불가 사유 표 ④ 고지의무 위반으로 인하여 계약이 해지될 때에는 해약환급금을 지급하며, 보장을 제한할 때에는 보험료, 보험 가입금액 등이 조정될 수 있음 ⑤ 다만, 고지의무를 위반한 사실이 보험금 지급 사유 발생에 영향을 미쳤음을 체신관서가 증명하지 못한 경우에는 계약의 해지 또는 보장을 제한하기 이전까지 발생한 해당 보험금을 지급함

구분	불가사유
1	체신관서가 계약 당시에 그 사실을 알았거나 과실로 인하여 알지 못하였을 때
2	체신관서가 그 사실을 안 날부터 1개월 이상 지났거나 또는 보장개시일부터 보험금 지급사유가 발생하지 않고 2년이 지났을 때
3	계약을 체결한 날부터 3년이 지났을 때
4	보험을 모집한 자(이하 "모집자 등"이라 함)가 계약자 또는 피보험자에게 고지할 기회를 주지 않았거나 계약자 또는 피보험자가 사실대로 고지하는 것을 방해한 경우, 계약자 또는 피보험자에게 사실대로 고지하지 않게 하였거나 부실한 고지를 권유했을 때

⓫ 환급금 대출

개요	
	① 환급금 대출 : 보험계약이 해지될 경우에 보험계약자에게 환급할 수 있는 금액(이하 해약환급금)의 범위 내에서 보험계약자의 요구에 따라 대출하는 제도 ② 대출자격은 유효한 보험계약을 보유하고 있는 우체국보험 계약자로 함 ③ 순수보장성보험 등 보험상품의 종류에 따라 대출을 제한할 수 있음 ④ 연금보험의 경우 연금개시 후에는 환급금 대출을 제한함. 다만, 계약해지가 가능한 연금보험은 대출을 허용할 수 있음 ⑤ 환급금 대출의 대출금액은 해약환급금의 95% 이내에서 1만원 단위로 하며 보험 종류 및 채널별 세부 한도는 다음과 같음 ⑥ 보험 종류별 대출금액

구분	대출금액
1	연금 보험을 포함한 저축성 보험은 해약환급금의 최대 95% 이내 (즉시연금보험 및 우체국연금보험 1종은 최대 85% 이내)
2	보장성 보험은 해약환급금의 최대 85% 이내(실손보험 및 교육보험은 최대 80% 이내)

⑦ 채널별 환급금대출한도

대출채널		대출한도		비고
우체국 창구		해약환급금의 95% 이내(공통사항) * 일부 연금 상품, 보장성 보험 대출은 해약 환급금의 85% 이내		
우체국보험 고객센터		전자금융 약정	전자금융 미약정	
		1일 1회 1,000만원	1일 1회 500만원	
인터넷 뱅킹	OTP (1등급)	1회 5,000만원 1일 1억원		우체국 전자금융 약정 필수(OTP 사용고객은 약정 1개월 이내에는 보안카드 한도 적용)
	보안카드 (2,3등급)	1회 1,000만원 1일 5,000만원		
모바일	OTP 有	1회 5,000만원 1일 1억원		OTP 사용고객은 발급 즉시 적용(창구에서 발급받은 OTP만 사용 가능)
	OTP 無	1회 100만원 1일 300만원		OTP가 있는 경우라도 1일 300만원 대출 시 OTP인증을 하게끔 변경
CD, ATM	에버리치 ONE-Plus 카드	1일 1,000만원(1회 한도 미설정) *한도 합산기준 : 카드통합별(인별)		당월 상환하는 경우 한도 계산에서 제외

⑧ 대출 기간은 환급금 대출 대상계약의 보험기간(연금보험의 경우 연금개시 전) 내로 함

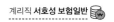

불공정 대출 금지	① 우체국보험 대출을 취급함에 있어 체신관서는 다음 불공정 대출 금지의 어느 하나에 해당하는 불공정한 대출을 하여서는 아니 됨 ② 불공정 대출 금지

구분	금지 행위
1	대출을 조건으로 차주의 의사에 반하여 추가로 보험가입을 강요하는 행위
2	부당하게 담보를 요구하거나 연대보증을 요구하는 행위
3	대출업무와 관련하여 부당한 편익을 제공받는 행위
4	우월적 지위를 이용하여 이용자의 권익을 부당하게 침해하는 행위

02

TOPIC 17 [확인문제] 우체국예금 계약유지

01 계속 보험료 실시간이체에 대한 설명으로 옳지 않은 것은? 24. 계리직

① 계약상태가 정상인 계약만 가능하다.
② 대상 보험료는 당월분 보험료, 1·2연체 보험료, 선납보험료이다.
③ 수금 방법이 자동이체인 계약은 실시간이체 출금계좌와 자동이체 약정계좌가 달라도 자동이체 할인이 적용된다.
④ 고객 요청 시 즉시 보험계약자의 계좌 또는 보험료자동이체 계좌에서 현금을 인출하여 보험료를 납부하는 제도이다.

02 〈보기〉에서 우체국보험 보험료의 할인 및 납입 면제에 대한 설명으로 옳은 것을 모두 고른 것은? 24. 계리직

─────────────── 〈 보기 〉 ───────────────
ㄱ. 보험료 납입 면제 시 선납보험료는 해당 보험금에 합산하여 지급하고, 미경과 보험료는 해당 보험금에서 제외한 후 지급한다.
ㄴ. 납입 면제 사유가 발생한 날이 해당 월의 계약응당일 이후일 경우, 당월분 보험료는 납입해야 한다.
ㄷ. 실손의료비보험의 피보험자가 의료급여 수급권자 자격상실 시에는 자격을 상실한 날부터 할인되지 않은 영업보험료를 납입해야 한다.
ㄹ. 금리변동형 상품 및 (개인)연금저축 상품을 포함한 보험계약은 향후의 보험료를 3개월분 (2021.9.12. 이전 계약은 1개월분) 이상 미리 납입하는 경우, 선납할인이 적용된다.

① ㄱ, ㄷ   ② ㄱ, ㄹ   ③ ㄴ, ㄷ   ④ ㄴ, ㄹ

03 우체국보험의 효력상실 및 부활에 대한 설명으로 옳지 않은 것은? 23. 계리직

① 보험료의 납입연체로 인한 해지계약이 해약환급금을 받지 않은 경우, 계약자는 해지된 날부터 3년 이내에 계약의 부활을 청약할 수 있다.
② 보험료 납입이 연체 중인 경우, 납입최고는 유예기간이 끝나기 15일 이전까지 서면(등기우편 등) 등으로 이루어진다.
③ 체신관서가 부활을 승낙한 경우, 계약자는 부활을 청약한 날까지의 연체된 보험료에 약관에서 정한 이자를 더하여 납입하여야 한다.
④ 보험료 납입 유예기간은 해당 월분 보험료의 납입기일부터 납입기일이 속하는 달의 다음 달의 말일까지이며, 유예기간의 마지막 날이 영업일이 아닌 때에는 그 다음 날로 한다.

04 우체국보험 환급금대출에 대한 설명으로 옳은 것은? 22. 계리직

① 보험계약자는 계약상태의 유효 또는 실효 여부에 관계없이 대출받을 수 있다.
② 무배당 파워적립보험2109는 해약환급금의 최대 80% 이내에서 1만 원 단위로 대출이 가능하다.
③ 즉시연금보험 및 우체국연금보험 1종은 해약환급금의 최대 85% 이내에서 1만 원 단위로 대출이 가능하다.
④ 무배당 우체국하나로OK보험2109는 해약환급금의 최대 95% 이내에서 1천 원 단위로 대출이 가능하다.

05 〈보기〉에서 우체국보험 보험료 납입에 대한 설명으로 옳은 것은 모두 몇 개인가? 22. 계리직

───────── 〈 보기 〉 ─────────

ㄱ. 보험료의 납입기간에 따라 전기납, 단기납, 일시납으로 분류된다.
ㄴ. 보험료 자동이체 약정은 유지 중인 계약에 한해서 처리가 가능하며, 보험계약자 본인에게만 신청·변경 권한이 있다.
ㄷ. 계속보험료 실시간이체는 자동이체 약정 여부에 관계없이 처리가 가능하며, 계약상태가 정상인 계약만 가능하다.
ㄹ. 보험료의 자동대출납입기간은 최초 자동대출납입일부터 1년을 한도로 하며, 그 이후의 기간은 보험계약자의 별도 의사표시가 없으면 자동 연장된다.

① 1개　　　　② 2개　　　　③ 3개　　　　④ 4개

정답찾기

01 ② 실시간이체는 선납보험료에는 적용되지 않는다.

02 ㄱ. 보험료 납입 면제시에는 선납보험료와 미경과보험료는 보험금에 합산하여 지급한다.
ㄹ. 금리변동형 상품 및 (개인)연금저축 상품은 선납할인이 적용되지 않는다.

03 보험계약자가 보험료를 내지 아니하고 유예기간이 지난 때에는 그 보험계약은 효력을 잃는다.「우체국예금·보험에 관한 법률 시행규칙 제50조(보험료 납입 유예기간)」에 따라 보험료 납입 유예기간은 해당 월분 보험료의 납입기일부터 납입기일이 속하는 달의 다음 다음 달의 말일까지로 한다. 다만, 유예기간의 마지막 날이 영업일이 아닌 때에는 그 다음 날로 한다.

04 "환급금대출"이라 함은 보험계약이 해지될 경우에 계약자에게 환급할 수 있는 금액(이하 해약환급금)의 범위 내에서 계약자의 요구에 따라 대출하는 제도이다.
① 대출자격은 유효한 보험계약을 보유하고 있는 우체국보험 계약자로 한다.
② 저축성보험은 해약환급금의 최대 95% 이내에서 1만 원 단위로 환급금 대출을 받을 수 있다.
④ 보장성보험은 해약환급금의 최대 85% 이내에서 1만 원 단위로 환급금 대출을 받을 수 있다.

05 ㄱ. 보험료의 납입기간에 따라 전기납, 단기납, 보험료 납입주기에 따라 연납, 6월납, 3월납, 일시납, 월납으로 분류된다.
ㄴ. 보험료 자동이체 약정은 유지 중인 계약에 한해서 처리가 가능하며, 예납주 본인에게만 신청, 변경 권한이 있다.
ㄹ. 보험료 자동대출 납입제도 : 최초 자동대출납입일부터 1년을 하도록 하며, 그 이후의 기간은 보험료의 자동대출 납입을 위해서는 재신청하여야 한다.

TOPIC 18 보험금 지급

1 개요

개요	① 보험금 지급은 보험 본연의 목적이며, 체신관서(보험자)가 부담해야 하는 의무임 ② 따라서 법령 등이 정한 특정한 경우를 제외하고는 보험사고가 발생할 경우 빠른 시일 내에 보험금을 지급하여야 함 ③ 보험계약자 또는 피보험자나 보험수익자는 약관에서 정한 보험금 지급 사유의 발생을 안 때에는 지체없이 이를 체신관서에 알려야 함

2 보험금의 지급 청구

보험금 청구서류	① 보험수익자 또는 보험계약자는 보험기간 만료 전에 보험약관에서 정한 보험금 지급 사유가 발생하였을 때에는 지체없이 그 사실을 체신관서에 알려야 함 ② 보험금의 지급 청구를 할 때에는 보험금 청구서류 중 해당하는 서류를 제출하고 보험금 또는 보험료 납입면제를 청구하여야 함 ③ 보험금 청구서류 {{TABLE}} ④ 병원 또는 의원에서 발급한 사고증명서는 「의료법」 제3조(의료기관)에서 규정한 국내의 병원이나 의원 또는 국외의 의료관련법에서 정한 의료기관에서 발급한 것이어야 함
즉시 지급과 심사지급	① 보험수익자 또는 보험계약자로부터 지급 청구가 있는 경우 지급 사유에 따라 즉시 지급과 심사지급으로 구분함 ② 즉시 지급 : 별도의 심사 또는 조사행위 없이 접수처리 즉시 보험금 등을 지급하는 것으로 즉시 지급대상 보험금에는 생존보험금, 해약환급금, 연금, 학자금, 계약자배당금 등이 있음 ③ 심사지급 : 이와는 달리 보험금 지급 청구 접수 시 사실 증명 및 사고조사에 필요한 관계서류를 제출받아 보험금 지급의 적정 여부를 심사한 후 약정한 보험금을 지급하는 것

구분	청구서류
1	청구서(체신관서 양식)
2	사고증명서[사망진단서, 장해진단서, 진단서(병명기입), 입원확인서 등]
3	신분증(주민등록증이나 운전면허증 등 사진이 붙은 정부기관 발행 신분증, 본인이 아닌 경우에는 본인의 인감증명서 또는 본인서명사실확인서 포함)
4	기타 보험수익자 또는 보험계약자가 보험금 수령 또는 보험료 납입면제 청구에 필요하여 제출하는 서류

보험금의 지급절차	① 체신관서가 보험금 청구서류를 접수한 때에는 접수증을 교부하고 휴대전화 문자메시지 또는 전자우편 등으로도 송부하며, 그 서류를 접수한 날부터 3영업일 이내에 보험금을 지급하거나 보험료납입을 면제함 ② 다만, 보험금 지급 사유 또는 보험료 납입면제 사유의 조사나 확인이 필요한 때에는 접수 후 10영업일 이내에 보험금을 지급하거나 보험료납입을 면제함 ③ 체신관서가 보험금 지급 사유를 조사·확인하기 위하여 지급기일 이내에 보험금을 지급하지 못할 것으로 예상되는 경우에는 그 구체적인 사유, 지급예정일 및 보험금 가지급제도에 대하여 피보험자 또는 보험수익자에게 즉시 통지함 ④ 보험금 가지급제도 : 지급기한 내에 보험금이 지급되지 못할 것으로 판단될 경우 예상되는 보험금의 일부를 먼저 지급하는 제도 ⑤ 지급예정일은 <보험금 지급예정일 30일 초과사유> 각호의 어느 하나에 해당하는 경우를 제외하고는 보험금 청구서류를 접수한 날부터 30영업일 이내에서 정함 ⑥ 보험금 지급예정일 30일 초과사유

구분	초과사유
1	소송제기
2	분쟁조정신청
3	수사기관의 조사
4	해외에서 발생한 보험사고에 대한 조사
5	체신관서의 조사요청에 대한 동의 거부 등 보험계약자, 피보험자 또는 보험수익자의 책임 있는 사유로 보험금 지급사유의 조사와 확인이 지연되는 경우
6	보험금 지급사유 등에 대해 제3자의 의견에 따르기로 한 경우

❸ 보험금을 지급하지 않는 사유, 사망보험금 선지급제도

보험금을 지급하지 않는 사유	① 보험수익자 또는 보험계약자의 보험금청구에도 불구하고, 체신관서는 다음 보험금 지급 면책 사유 중 어느 한 가지로 보험금 지급 사유 등이 발생한 때에는 보험금을 지급하지 않거나 보험료납입을 면제하지 않음 ② 보험금 지급 면책 사유

구분	면책사유
1	피보험자가 고의로 자신을 해친 경우 다만, 다음 중 어느 하나에 해당하면 보험금을 지급하거나 보험료 납입을 면제함. 가. 피보험자가 심신상실 등으로 자유로운 의사결정을 할 수 없는 상태에서 자신을 해친 경우 나. 계약의 보장개시일[부활(효력회복)계약의 경우는 부활(효력회복)청약일]부터 2년이 지난 후에 자살한 경우

보험금을 지급하지 않는 사유	2	보험수익자가 고의로 피보험자를 해친 경우 다만, 그 보험수익자가 보험금의 일부 보험수익자인 경우에는 다른 보험수익자에 대한 보험금은 지급함
	3	계약자가 고의로 피보험자를 해친 경우
사망보험금 선지급제도		사망보험금 선지급은 해당 약관 <선지급 서비스 특칙>에 의거 보험기간 중에 「의료법」 제3조(의료기관) 제2항에서 정한 종합병원의 전문의 자격을 가진 자가 실시한 진단결과 피보험자의 남은 생존 기간이 6개월 이내라고 판단한 경우에 체신관서가 정한 방법에 따라 사망보험 금액의 60%를 선지급 사망보험금으로 피보험자에게 지급하는 제도

❹ 분쟁의 조정, 소멸시효

분쟁의 조정 등	① 계약에 관하여 분쟁이 있는 경우 분쟁 당사자 또는 기타 이해관계인과 체신관서는 과학기술정보통신부 장관이 정하는 바에 따라 우체국보험분쟁조정위원 회의 심의조정을 받을 수 있음 ② 약관의 해석에 있어서는 약관해석 원칙을 준용한다. ③ 약관해석 원칙

구분	약관해석 원칙
1	신의성실의 원칙에 따라 공정하게 약관을 해석하여야 하며 계약자에 따라 다르게 해석하지 않음
2	약관의 뜻이 명백하지 않은 경우에는 계약자에게 유리하게 해석함
3	보험금을 지급하지 않는 사유 등 계약자나 피보험자에게 불리하거나 부담을 주는 내용은 확대하여 해석하지 않음

소멸시효	보험금청구권, 보험료 반환청구권, 해약환급금청구권 및 책임준비금 반환청구권은 3년간 행사하지 않으면 소멸시효가 완성됨

TOPIC 18 확인문제 보험금 지급

01 우체국보험의 보험금 지급 청구에 대한 설명으로 옳은 것은? 23. 계리직

① 보험금청구권은 지급사유 발생일로부터 2년간 행사하지 않으면 소멸된다.

② 체신관서는 보험금 청구서류를 접수한 날부터 10일 이내에 보험금을 지급하여야 한다.

③ 소송제기, 분쟁조정신청, 수사기관의 조사, 해외에서 발생한 보험사고에 대한 조사는 보험금 지급예정일 30일 초과사유에 해당된다.

④ 사망보험금 선지급제도는 피보험자의 남은 생존기간이 6개월 이내인 경우 사망보험금액의 60%를 선지급사망보험금으로 수익자에게 지급하는 제도이다.

02

정답 찾기

01 ① 보험금청구권, 보험료 반환청구권, 해약환급금청구권 및 책임준비금 반환청구권은 3년간 행사하지 않으면 소멸시효가 완성된다.

② 체신관서가 보험금 청구서류를 접수한 때에는 접수증을 교부하고 휴대전화 문자메시지 또는 전자우편 등으로도 송부하며, 그 서류를 접수한 날부터 3영업일 이내에 보험금을 지급하거나 보험료 납입을 면제한다. 다만, 보험금 지급사유 또는 보험료 납입면제 사유의 조사나 확인이 필요한 때에는 접수 후 10 영업일 이내에 보험금을 지급하거나 보험료 납입을 면제한다.

④ 사망보험금 선지급은 보험기간 중에 「의료법」 제3조 (의료기관) 제2항에서 정한 종합병원의 전문의 자격을 가진 자가 실시한 진단결과 피보험자의 남은 생존기간이 6개월 이내라고 판단한 경우에 체신관서가 정한 방법에 따라 사망보험금액의 60%를 선지급사망보험금으로 피보험자에게 지급하는 제도이다.

02 다음은 보험금 지급에 대한 설명이다. 옳은 것을 모두 고르시오.

> ──────〈보기〉──────
>
> ㄱ. 체신관서가 보험금 청구서류를 접수한 때에는 접수증을 교부하고 반드시 대면으로 송부하여야 한다.
> ㄴ. 심사 지급 대상 보험금에는 생존보험금, 해약환급금, 연금, 학자금, 계약자배당금 등이 있다.
> ㄷ. 보험금 청구서류는 병원 또는 의원에서 발급한 사고증명서는 「의료법」 제3조(의료기관)에서 규정한 국내의 병원이나 의원 또는 국외의 의료관련법에서 정한 의료기관에서 발급한 것이어야 한다.
> ㄹ. 보험금 지급사유 또는 보험료 납입면제 사유의 조사나 확인이 필요한 때에는 접수 후 10영업일 이내에 보험금을 지급하거나 보험료 납입을 면제한다.

① ㄱ, ㄴ   ② ㄱ, ㄷ
③ ㄴ, ㄹ   ④ ㄷ, ㄹ

03 보험금 지급에 대한 설명으로 옳지 않은 것은?

① 보험금 지급은 보험 본연의 목적이며, 체신관서(보험자)가 부담해야 하는 의무이다.
② 법령 등이 정한 특정한 경우를 제외하고는 보험사고가 발생할 경우 빠른 시일 내에 보험금을 지급하여야 한다.
③ 보험계약자 또는 피보험자나 보험수익자는 약관에서 정한 보험금 지급사유의 발생을 안 때에는 지체없이 이를 주민센터에 알려야 한다.
④ 보험금의 지급청구를 할 때에는 보험금 청구서류 중 해당하는 서류를 제출하고 보험금 또는 보험료 납입면제를 청구하여야 한다.

04 다음은 보험금을 지급하지 않는 사유에 대한 설명으로 옳지 않은 것은?

① 피보험자가 고의로 자신을 해친 경우

② 보험수익자가 고의로 피보험자를 해친 경우

③ 계약자가 고의로 피보험자를 해친 경우

④ 계약의 보장개시일(부활(효력회복)계약의 경우는 부활(효력회복)청약일)부터 1년이 지난 후에 자살한 경우

🔍**정답찾기**

02 ㄱ. 체신관서가 보험금 청구서류를 접수한 때에는 접수증을 교부하고 휴대전화 문자메세지 또는 전자우편 등으로도 송부하며, 그 서류를 접수한 날부터 3영업일 이내에 보험금을 지급하거나 보험료 납입을 면제한다.
ㄴ. 즉시 지급 대상 보험금에는 생존보험금, 해약환급금, 연금, 학자금, 계약자배당금 등이 있다.

03 ③ 보험계약자 또는 피보험자나 보험수익자는 약관에서 정한 보험금 지급사유의 발생을 안 때에는 지체없이 이를 체신관서에 알려야 한다.

04 ④ 계약의 보장개시일(부활(효력회복)계약의 경우는 부활(효력회복)청약일)부터 2년이 지난 후에 자살한 경우

정답 **02** ④   **03** ③   **04** ④

서호성 계리직 보험일반

03

우체국보험상품

Chapter
10 우체국보험상품

TOPIC
19 우체국보험 상품 - 보장성보험

❶ 개요

보험 종류	① 근거 : 「우체국예금·보험에 관한 법률」 제28조(보험의 종류와 금액 등) 및 「동법 시행규칙」 제35조(보험의 종류) ② 우체국 보험 종류

종류	개념
보장성보험	생존 시 지급되는 보험금의 합계액이 이미 납입한 보험료를 초과하지 아니하는 보험
저축성보험	생존 시 지급되는 보험금의 합계액이 이미 납입한 보험료를 초과하는 보험
연금보험	일정 연령 이후에 생존하는 경우 연금의 지급을 주된 보장으로 하는 보험

금액	① 「동법 시행규칙」 제36조(계약보험금 및 보험료의 한도)에 따른 계약보험금 한도액 : 보험종류별로 피보험자 1인당 4천만원으로 함 ② 연금보험(단, 연금저축계좌에 해당하는 보험은 제외)의 최초 연금액은 피보험자 1인당 1년에 900만원 이하로 함 ③ 다만, 연금보험 중 「소득세법 시행령」 제40조의2 제2항 제1호에 따른 연금저축계좌에 해당하는 보험의 보험료 납입금액은 피보험자 1인당 연간 900만원 이하로 함

보험상품의 개발	① 보험상품의 개발 시 우정사업본부장은 예정이율·예정사업비율 및 예정사망률 등을 기초로 하여 보험료를 산정하고, 우체국보험의 재무건전성, 계약자보호 및 사회공익 등을 고려하여 사업방법서, 보험약관, 보험료 및 책임준비금 산출방법서 등 기초서류를 합리적으로 작성하여야 함 ② 보험약관을 작성할 때는 「우체국예금·보험에 관한 법률 시행규칙」 제43조(보험약관)에 의거 아래 <보험약관 기재사항>을 명료하고 알기 쉽게 기재하여야 함 ③ 보험약관 기재사항

구분	내용
1	보험금의 지급사유
2	보험계약의 변경

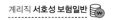

보험상품의 개발	3	보험계약의 무효사유
	4	보험자의 면책사유
	5	보험자의 의무의 한계
	6	보험계약자 또는 피보험자가 그 의무를 이행하지 아니한 경우에 받는 손실
	7	보험계약의 전부 또는 일부의 해지사유와 해지한 경우의 당사자의 권리·의무
	8	보험계약자 또는 보험수익자가 이익금 또는 잉여금을 배당받을 권리가 있는 경우 그 범위
	9	그 밖에 보험계약에 관하여 필요한 사항

❷ 보장성보험

무배당 우체국 든든한 종신보험 2109	① 해약환급금 50% 지급형 선택 시 동일한 보장혜택을 제공하고, 표준형 대비 저렴한 보험료로 고객 부담 완화 ② 주계약에서 3대질병 진단 시 사망보험금 일부를 선지급하여 치료자금 지원 ③ 주계약 및 일부 특약을 비갱신형으로 설계하여 보험료 상승 부담없이 동일한 보험료로 보장 ④ 다양한 특약 부가로 사망 및 생존(진단, 입원, 수술 등) 보장 등 고객맞춤형 보장 설계 ⑤ 주요질환(3대질병) 보장 강화 : 특약부가로 3대질병(암, 뇌출혈, 급성심근경색증) 발병시 치료비 추가보장 및 고액암 보장 강화 ⑥ 납입면제 : 보험료 납입 면제로 부담을 낮추고 안정적인 보장 제공 ⑦ 세제혜택 : 근로소득자는 납입보험료(연간 100만원 한도)에 대하여 12% 세액공제
무배당 우체국 건강클리닉 보험 (갱신형) 2109	① 각종 질병, 사고 및 주요 성인질환 종합 보장 ② 3대질병 진단(최대 3,000만원), 중증수술(최대 500만원) 및 중증재해장해(최대 5,000만원) 고액 보장 ③ 0세부터 65세까지 가입 가능한 건강보험 ④ 10년 만기 생존 시마다 건강관리자금 지급 ⑤ "국민체력100" 체력 인증시 보험료 지원혜택 제공 ⑥ 세제혜택 : 근로소득자는 납입한 보험료(연간 100만원 한도)에 대하여 12% 세액공제
무배당 우체국 New100세 건강보험 2203	① 뇌·심질환을 진단, 입원, 수술까지 종합적으로 보장하고, 비갱신형으로 설계하여 보험료 인상없이 최대 100세까지 집중보장(주계약 및 특약(비갱신형)) ② 다양한 특약을 추가하여 추가 진단비, 입원, 수술, 2대질병통원, 후유장해까지 보장 ③ 해약환급금 50% 지급형 선택 시 표준형보다 저렴한 보험료로, 표준형과 동일한 보장혜택 제공 ④ 다양한 소비자 필요에 따라 특약을 갱신 및 비갱신으로 선택하여 가입 가능 ⑤ 주계약 및 특약(비갱신형)의 보험기간을 80·90·100세만기로 다양화 ⑥ 납입면제 : 보험료 납입 면제로 부담을 낮추고 안정적인 보장제공 ⑦ "국민체력100" 체력 인증시 보험료 지원혜택 제공 ⑧ 세제혜택 : 근로소득자는 납입보험료(연간 100만원 한도)에 대하여 12% 세액공제

03

무배당 우체국 하나로 OK건강 종신보험 2402	① 주계약 사망보험금을 통한 유족보장과 특약 가입을 통한 건강, 상해, 중대질병·수술, 3대질병 보장
	② 다수의 특약 중 필요한 보장을 선택하여 가입 가능
	③ 부담없는 보험료로 각종 질병, 사고 및 고액치료비 보장
	④ 주계약 해약환급금 50%지급형 선택 시 동일한 보장혜택을 제공하고, 표준형 대비 저렴한 보험료로 고객 부담 완화
	⑤ 다양한 소비자 수요에 맞춰 일부특약을 갱신·비갱신 선택형으로 설계하여, 고객의 필요에 따라 선택하여 가입 가능
	⑥ 보험료 납입면제 및 고액계약 할인(주계약)으로 보험료 부담 완화
	⑦ 세제혜택 : 근로소득자는 납입한 보험료(연간 100만원 한도)에 대하여 12% 세액공제
무배당 우체국 와이드 건강보험 2112	① 각종 특약설계로 보장범위를 경증질환까지 폭넓게 확대하여 사망부터 생존(진단, 첫 날부터 입원, 수술, 재해사고, 후유장해 등)까지 종합적으로 보장
	② 4대질병(암·뇌출혈·뇌경색증·급성심근경색증)으로 진단시 사망보험금의 일부를 선지급하여 치료비를 지원(주계약 1종 가입시)
	③ 암으로 재진단시 계속 보장하고, 선진 항암치료기법인 표적항암약물허가치료를 보장하여 암 환자의 삶의 질 개선 및 치료비 부담을 완화(해당 특약 가입시)
	④ 보험료 납입면제 및 고액계약 할인(주계약 보험료)으로 보험료 부담을 완화
	⑤ 세제혜택 : 근로소득자는 납입보험료(연간 100만원 한도)에 대하여 12% 세액공제
무배당 우체국 실속정기보험 2109	① 비갱신형으로 보험료 변경 없이 사망과 50% 이상 중증장해 보장
	② 특약 선택시 일상생활 재해 및 암, 뇌출혈, 급성심근경색증 추가 보장
	③ 고객 형편 및 목적에 맞게 순수형 또는 환급형 선택 가능
	④ 병이 있어도 3가지(건강관련) 간편고지로 간편하게 가입(2종(간편가입))
	⑤ 세제혜택 : 근로소득자는 납입한 보험료(연간 100만원 한도)에 대하여 12% 세액공제
무배당 우체국 암케어보험 2406 〈2024 신규 추가〉	① (주계약 암진단형 가입) 우체국보험 암진단보험금 최고액 보장으로 암진단시 최대 4,000만원까지 보장
	② 특약 선택시 검사, 진단, 수술, 치료, 관리, 사망까지 암발병 전단계를 빈틈없이 보장
	③ (계속받는 암진단특약 가입) 암으로 재진단 받으면 계속보장
	④ (특약 가입) 신규 항암치료특약으로 고액의 비급여 항암치료 보장 확대
	⑤ 다양한 소비자 수요에 맞춰 주계약 및 일부특약을 갱신·비갱신 선택형으로 설계하여, 고객의 필요에 따라 선택하여 가입 가능
	⑥ 50% 이상 장해 진단시 보험료 납입면제로 보험료 부담을 완화
	⑦ 세제혜택 : 근로소득자는 납입한 보험료(연간 100만원 한도)에 대하여 12% 세액공제
무배당 우체국 더든든한자녀 지킴이보험 2203	① 출생시부터 최대 100세까지 꼭 필요한 보장만 담은 어린이 종합보험
	② 태아부터 최대 20세까지 폭 넓게 가입 가능한 어린이보험
	③ 보험금 면책 및 감액기간 없이 가입 즉시 100%보장
	④ 가입 목적 및 보험료 수준에 따라 1종(30세만기) 또는 2종(80/100세만기)(순수형 / 환급형) 중 선택하여 가입가능
	⑤ 장해, 골절, 깁스 등 재해관련 일상생활 위험을 주계약에서 기본 보장
	⑥ 태아가 특약 가입시 선천이상, 신생아질병은 물론 산모 위험까지 보장 가능

무배당 우체국 더든든한자녀 지킴이보험 2203	⑦ 다양한 특약 구성으로 암 진단 및 치료(입원, 수술, 통원), 뇌·심장질환 진단, 질병· 재해 입원 및 수술 등 고객의 필요에 따른 맞춤형 상품설계 ⑧ 성인질환 진단·입원·수술 및 사망 보장까지 미래 성인기 대비 맞춤형 설계 가능 ⑨ 세제 혜택 : 근로소득자는 납입한 보험료(연간 100만 원 한도)에 대하여 12% 세액공제
무배당 어깨동무보험 2109	① 가입자 선택의 폭 확대 : 부양자 사망 시 장애인에게 생활안정자금을 지급하는 '생활보 장형', 장애인의 암 발병 시에 치료비용을 지급하는 '암보장형', 장애인의 재해사고 시 사망은 물론 각종 치료비를 보장하는 '상해보장형' 중, 여건에 맞게 가입 ② 장애인에게 적용되는 가입 장벽 완화 : 보험가입시 장애인에게 적용되는 고지사항을 생 략하거나 최대한 완화하여 가입 용이 ③ 장애인전용보험만의 세제 혜택 : 근로소득자는 납입한 보험료(연간 100만원 한도)에 대 하여 15% 세액공제, 증여세 면제(보험수익자가 장애인인 경우 연간 4,000만원 한도) 등 ④ 가입나이 확대 : 어린이와 고령자도 가입 가능 ⑤ 장애로 인한 추가지출이 많은 장애인 가구의 경제적 여건을 고려한 저렴한 보험료 ⑥ 건강관리자금 지급 : 상해보장형의 경우, 매 2년마다 건강관리자금 지급으로 각종 질환 조기진단 및 사전예방 자금으로 활용
무배당 에버리치상해 보험 2109	① 교통사고나 각종 재해로 인한 장해, 수술 또는 골절 시 치료비용 체계적으로 보장 ② 한번 가입으로 90세까지 보장 및 휴일재해 사망보장 강화 ③ 세제 혜택 : 근로소득자는 납입한 보험료(연간 100만 원 한도)에 대하여 12% 세액공제
무배당 우체국 예금제휴보험 2109	① 1종(휴일재해보장형) : '시니어싱글벙글정기예금' 가입시 무료로 가입 ② 2종(주니어보장형) : '우체국 아이LOVE적금' 가입시 무료로 가입 ③ 3종(청년우대형) : 우체국예금 신규가입 고객 중 가입기준을 충족할 경우 무료로 가입 가능
무배당 우체국 단체보장보험 2501	과학기술정보통신부 소속 공무원 및 산하기관 직원을 대상으로 한 단체보험
무배당 우체국 안전벨트보험 2109	① 교통사고 종합 보장 : 교통재해로 인한 사망, 장해 및 각종 의료비 종합 보장 ② 성별에 따른 차이는 있으나 나이에 관계없이 동일한 보험료 ③ 교통재해 사망 시 최고 2억원 보장, 교통재해 장해 시 최고 1억원 보장 ④ 교통재해로 인한 입원, 수술, 골절, 외모수술 및 깁스치료까지 각종 치료비 종합적으로 보장, 휴일교통재해 사망 보장 강화 ⑤ 세제 혜택 : 근로소득자는 납입한 보험료(연간 100만 원 한도)에 대하여 12% 세액공제
무배당 우체국 급여실손 의료비보험 (갱신형) 2109	① 부담없는 가격의 의료비 전문보험 ② 한번 가입으로 평생 의료비 걱정 끝 ③ 입원·통원 합산 5천만원, 통원(외래 및 처방 합산) 회당 20만원까지 보장 ④ 보험금 지급실적이 없는 경우 보험료 할인혜택 ⑤ 개인별 의료이용량에 따라 보험료 차등(할인·할증) 적용 ⑥ 주계약 종합형 및 비급여특약 의무가입으로 보장공백 최소화 ⑦ 세제혜택 : 근로소득자 납입 보험료(연간 100만 원 한도) 12% 세액공제

무배당 우체국 급여실손 의료비보험 (계약전환 · 단체개인전환 · 개인중지 재개용) (갱신형) 2109	① 실손의료비보험 계약전환, 단체실손의료비보험 개인실손전환 및 개인실손의료비보험 중지 후 재개시 가입가능한 실손의료비 상품 ② 입원 · 통원 합산 5천만원, 통원(외래 및 처방 합산) 회당 20만원까지 보장 ③ 보험금 지급실적이 없는 경우 보험료 할인혜택 ④ 개인별 의료이용량에 따라 보험료 차등(할인 · 할증) 적용 ⑤ 주계약 종합형 및 비급여특약 의무가입으로 보장공백 최소화 ⑥ 세제혜택 : 근로소득자 납입 보험료(연간 100만원 한도) 12% 세액공제
무배당 우체국 노후실손 의료비보험 (갱신형) 2109	① (의료비 전문 보험) 상해 및 질병 최고 1억원, 통원 건당 최고 100만원, 요양병원의료 비 5천만원, 상급병실료 차액 2천만원 ② 최대 75세까지 가입이 가능한 실버 전용보험 ③ 필요에 따라 종합형 · 질병형 · 상해형 중 선택 ④ 세제혜택 : 근로소득자는 납입한 보험료(연간 100만원 한도)에 대하여 12% 세액공제
무배당 우체국 간편실손 의료비보험 (갱신형) 2109	① 병이 있거나 나이가 많아도 3가지(건강관련) 간편고지로 간편하게 가입하는 실손보험 ② 5세부터 70세까지 가입 가능 ③ 입원 최대 5천만원, 통원 건당 20만원(단, 처방조제비 제외) 보장 ④ 필요에 따라 종합형, 질병형, 상해형 중 선택 ⑤ 세제혜택 : 근로소득자 납입 보험료(연간 100만원 한도) 12% 세액공제
무배당 만원의 행복보험 2109	① 차상위계층 이하 저소득층을 위한 공익형 상해보험 ② 성별 · 나이에 상관없이 보험료 1만원(1년 만기 기준), 1회 납입 1만원(1년 만기 기준) 초과 보험료는 체신관서가 공익자금으로 지원 ③ 사고에 따른 유족보장과 재해입원 · 수술비 정액 보상 ④ 만기보험금(1년만기 1만원, 3년만기 3만원) 지급으로 납입보험료 100% 환급
무배당 우체국 통합건강보험 2109	① 사망부터 생존(진단, 입원, 수술 등)까지 종합적으로 보장하는 통합건강보험 통합건강 보험 ② 대상포진 및 통풍 등 생활형 질병 보장 ③ 시니어보장강화로 면역관련(다발경화증, 특정 류마티스관절염 등)질환 및 시니어수술 (백내장 · 관절염 · 인공관절 치환 수술) 특화 보장 ④ 중증치매로 최종 진단 확정시 중증치매진단간병자금 지급 ⑤ 장해(50% 이상) 발생시 보험료 납입면제 제공 및 주계약 보험료 고액계약 할인으로 보험료 납입부담 완화 ⑥ 첫날부터 입원비 보장(일반 입원 및 중환자실 입원) ⑦ 세제혜택 : 근로소득자는 납입보험료(연간 100만원 한도)에 대하여 12% 세액공제
무배당 우체국 간편건강보험 (325) (20년갱신형) 2409 〈2024 신규 추가〉	① 3가지(건강관련) 간편고지로 간편하게 가입 ② 보험가입이 어려웠던 고령자 및 유병자도 가입 가능 ③ 3대질병(암,뇌,심) 중심 진단, 입원, 수술비와 치료비, 일상생활의 위험까지 폭넓은 보 장 제공 ④ 주계약은 재해사망으로 간소화하고 필요한 담보는 특약으로 가입할 수 있도록 설계하 여 고객 선택권 확대 ⑤ 긴 기간 동안 보험료 인상 걱정 없도록 20년 갱신형으로 운영하여 최대 100세까지 안 정적인 보장 제공

무배당 우체국 간편건강보험 (355) (20년갱신형) 2409	① 건강을 장기간 유지한 유병자가 합리적인 보험료로 가입 가능한 경증유병자보험 ② 보험가입이 어려웠던 고령자 및 젊은 경증질환자도 가입 가능 ③ 3대질병(암,뇌,심) 중심 진단, 입원, 수술비와 치료비, 일상생활의 위험까지 폭넓은 보장 제공 ④ 주계약은 재해사망으로 간소화하고 필요한 담보는 특약으로 가입할 수 있도록 설계하여 고객 선택권 확대 ⑤ 긴 기간 동안 보험료 인상 걱정 없도록 20년 갱신형으로 운영하여 최대 100세까지 안정적인 보장 제공
무배당 우체국 더간편 건강보험 (갱신형) 2407 〈2024년 개정〉	① 1가지(건강관련) 간편고지로 간편하게 가입 ② 병이 있거나 나이가 많아도 가입 가능 ③ 고액의 치료비가 소요되는 3대질병 진단(최대 3,500만 원)에, 뇌경색증·뇌혈관질환·허혈성심장질환 진단(최대 500만 원)까지 보장(1종(간편가입) 기준, 특약 가입시) ④ 암보장형, 2대질병보장형으로 구성하여 꼭 필요한 보장만 가입 가능 ⑤ 15년만기 생존시마다 건강관리자금 지급(주계약)
무배당 우체국 치아보험 (갱신형) 2109	① 보철치료(임플란트, 브릿지, 틀니), 크라운치료, 충전치료, 치수치료, 영구치발거, 치석제거(스케일링), 구내방사선·파노라마 촬영, 잇몸질환치료 및 재해로 인한 치과치료 등을 보장하는 치과치료 전문 종합보험 ② 특약 가입시 임플란트(영구치 발거 1개당 최대 150만원), 브릿지(영구치발거 1개당 최대 75만원), 틀니(보철물 1개당 최대 150만원) 치료보험금 지급 ③ 충전(치아 치료 1개당 최대 15만원(인레이·온레이 충전치료시)) 및 크라운(치아 치료 1개당 최대 30만원) 치료보험금 지급 ④ 근로소득자는 납입한 보험료(연간 100만원 한도)에 대하여 12% 세액공제 혜택
무배당 우체국 치매간병보험 2109	① 경증치매부터 중증치매까지 체계적으로 보장하는 치매전문보험 ② 중증치매로 최종 진단 확정되고, 매년 생존시 최대 15년 동안 중증치매진단간병자금 매월 지급 ③ 중증치매로 최종 진단 확정시 보험료 납입 면제 ④ 치매 관련 특약부가 : 중증알츠하이머치매 및 특정파킨슨병 등 추가 보장 ⑤ 병이 있어도 간편심사로 가입 가능(2종(간편심사)) ⑥ 80세 계약해당일에 생존 시 건강관리자금 지급(중증치매 미발생시) ⑦ 세제혜택 : 근로소득자는 납입보험료(연간 100만원 한도)에 대하여 12% 세액공제
무배당 내가만든 희망보험 2109	① 각종 질병과 사고 보장을 본인이 선택하여 설계 가능 ② 3대질병 진단(최대 2,000만원) 및 뇌경색증진단(최대 500만원) 보장(3대질병보장 가입시) ③ 12대성인질환 보장(생활보장 가입시) ④ 50% 장해 시 또는 3대질병 최초 진단 시 보험료 납입 면제 및 비갱신형 상품으로 보험료 변동없음(10, 20, 30년 만기) ⑤ 20세부터 60세까지 가입 가능한 건강보험 ⑥ 보험기간 중 매10년마다 생존 시 건강관리자금 지급 ⑦ 세제혜택 : 근로소득자는 납입한 보험료(연간 100만원 한도)에 대하여 12% 세액공제

무배당 우체국 간병비보험 2309	① 병원에서 발생하는 간병인 사용 비용을 보장 ② 장기요양 1~2등급으로 진단 확정되고, 매년 생존시 최대 10년동안 간병자금을 매월 지급(장기요양간병비 특약Ⅱ 가입시, 최대 120개월 한도) ③ 장기요양 진단보험금(1~2등급, 1~5등급) 설계 가능하여 고객 맞춤형 혜택을 제공 ④ 병이 있어도 3가지(건강관련) 간편고지로 간편하게(2종(간편가입)) ⑤ 만 15세부터 70세까지 폭 넓게 가입 가능한 간병비보험(1종(일반가입 기준)) ⑥ 세제혜택 : 근로소득자는 납입한 보험료(연간 100만 원 한도)에 대하여 12% 세액공제
무배당 우체국 나르미 안전보험 2109	① 운송업종사자 전용 공익형 교통상해보험 ② 나이에 상관없이 성별에 따라 1회 보험료 납입으로 보장 가능(1년 만기) ③ 보험료의 50%를 체신관서가 공익재원으로 지원 ④ 교통재해사고 종합 보장 : 교통재해로 인한 사망, 장해 및 교통사고에 대한 의료비(중환자실 입원 등) 보장
무배당 win-win 단체플랜보험 2109	① 단체에서 요구하는 보장내용 충족을 위해 다양한 특약을 구성하여 각종 사고에 대한 맞춤형 보장 설계 ② 0세 및 어린이 단체도 가입 가능하고, 어린이 단체를 위한 화상, 식중독, 깁스 등 보장 ③ 종업원의 복지 증진강화 및 불의의 사고에 대한 유가족의 안정적인 생활 보장을 위해 특약으로 재해·교통 재해사망보장 강화 ④ 세제 혜택 : 법인사업자는 근로자를 위해 납입한 보험료를 손금처리 가능
무배당 우체국 온라인어린이 보험 2109	① 암, 장해, 입원, 수술, 골절, 화상, 식중독 등의 각종 일상 생활 위험을 포괄적으로 보장하는 어린이 종합보험 ② 중증질환(소아암, 중증장해 등) 고액 보장 ③ 만기시 만기보험금 지급으로 계약자의 형편에 따라 다양한 목적자금으로 활용 가능
무배당 우체국 온라인암보험 2109	① 저렴한 보험료, 일반암 진단시 최대 3,000만원까지 지급(3구좌 가입시) ② 고액암(백혈병, 뇌종양, 골종양, 췌장암, 식도암 등) 진단시 최대 6,000만원까지 지급(3구좌 가입시) ③ 암 진단시 보험료 납입 면제 ④ 보험료 인상없이 처음과 동일한 보험료로 보험기간 동안 보장 ⑤ 세제혜택 : 근로소득자는 납입한 보험료(연간 100만원 한도)에 대하여 12% 세액공제
무배당 우체국 온라인3대 질병보험 2109	① 경증질환(소액암, 뇌혈관질환 및 허혈성심장질환)부터 중증질환(암·뇌출혈·급성심근경색증)까지 체계적으로 보장 ② 50% 이상 장해상태가 되었거나, 암, 뇌출혈 또는 급성심근경색증으로 진단시 보험료 납입을 면제 ③ 비갱신형 상품으로 보험료 인상없이 처음과 동일한 보험료로 만기까지 보장 ④ 세제혜택 : 근로소득자는 납입한 보험료(연간 100만원 한도)에 대하여 12% 세액공제
무배당 우체국 온라인 정기보험 2109	① 보험료 납입면제 및 고액계약 할인으로 보험료 부담을 완화 ② 생존기간 6개월 이내 판단시 사망보험금의 60%를 선지급 ③ 비갱신형 상품으로 보험료 변동 없이 처음과 동일한 보험료로 보험기간 동안 보장 ④ 세제혜택 : 근로소득자는 납입한 보험료(연간 100만원 한도)에 대하여 12% 세액공제

무배당 우체국 온라인입원 수술보험 2112	① 건강보험의 핵심보장인 입원 및 수술을 보장하는 온라인전용 보험상품 ② 질병 또는 재해로 50% 이상 장해상태가 되었을 때 차회 이후의 보험료 납입을 면제 ③ 비갱신형 상품으로 보험료 인상없이 처음과 동일한 보험료로 만기까지 보장 ④ 세제혜택 : 근로소득자는 납입보험료(연간 100만원 한도)에 대하여 12% 세액공제
무배당 우체국 온라인 종합건강보험 (갱신형) 2201	① 현대인의 건강한 생활을 위하여 사망부터 생존(진단, 입원, 수술 등)까지 종합적으로 보장하는 온라인전용 종합건강보험상품 ② 꼭 필요한 보장을 선택하여 가입할 수 있는 맞춤형 상품 ③ 부담없는 보험료로 각종 질병과 사고는 물론 고액치료비 및 백내장·관절염·인공관 절치환 수술 등 시니어 질환을 보장(특약 가입시) ④ 세제혜택 : 근로소득자는 납입보험료(연간 100만원 한도)에 대하여 12% 세액공제
무배당 우체국 온라인 치매간병보험 2201	① 경도치매부터 중증치매까지 체계적으로 보장하는 온라인전용 치매전문보험 ② "중증치매상태"로 최종 진단 확정되고, 매년 생존시 최대 15년 동안 중증치매진단간병 자금을 매월 지급 ③ 비갱신형 상품으로 보험료 인상없이 처음과 동일한 보험료로 만기까지 보장 ④ 세제혜택 : 근로소득자는 납입보험료(연간 100만원 한도)에 대하여 12% 세액공제
무배당 우체국 대한민국엄마 보험 2309	① 산모의 건강하고 안정적인 출산부터 자녀의 성장 지원을 위한 공익보험 ② 별도의 조건 없이 체신관서가 보험료 전액을 지원 ③ 10년간 자녀의 희귀질환을 보장하고, 임신 22주 이내 특약에 가입한 경우 산모의 임신 질환 추가보장 ④ 보험금 면책 및 감액기간 없이 가입 즉시 100% 보장

03

TOPIC 19 확인문제 우체국보험 상품 - 보장성보험

01 무배당 우체국대한민국엄마보험 2309에 대한 설명으로 옳은 것은? 24. 계리직

① 과학기술정보통신부장관이 보험료의 50%를 납입한다.
② 무배당 임신질환진단특약 2309는 임신 24주 이내 임신부가 가입 가능하다.
③ 무배당 임신질환진단특약 2309의 실제 보험기간은 계약일로부터 10개월이다.
④ 보험기간 중 계약 해지 등의 사유로 발생한 해약 환급금은 과학기술정보통신부장관에게 귀속된다.

02 〈보기〉의 내용을 모두 충족하는 보험상품으로 옳은 것은? 24. 계리직

─────────────── 〈 보기 〉 ───────────────
• 주계약에 1종(해약환급금 50% 지급형)이 있다.
• 주계약의 보험기간은 80세, 90세, 100세 만기이다.
• '국민체력100' 체력 인증 시 보험료 지원 혜택이 있다.
• 주계약은 비갱신형으로서 납입기간 동안 보험료 인상이 없다.

① 무배당 우체국통합건강보험 2109
② 무배당 우체국와이드건강보험 2112
③ 무배당 우체국New100세건강보험 2203
④ 무배당 우체국하나로OK건강종신보험 2402

03 〈보기〉의 (   )에 들어갈 내용을 바르게 짝지은 것은? ^{24. 계리직}

---〈보기〉---

(가) 무배당 우체국든든한종신보험 2109는 주계약보험 가입금액 4천만 원에 가입하는 경우, 주계약 보험료의 (   )%를 할인하여 준다.

(나) 무배당 우체국치매간병보험 2109는 중증치매상태로 최종 진단 확정되고, 최종 진단 확정된 날을 최초로 하여 (   )년 동안 매년 최종 진단 확정일에 살아 있을 때 중증치매진단간병자금을 지급한다.

(다) 무배당 우체국간병비보험 2309는 장기요양상태 보장개시일 이후에 최초로 장기요양 1등급 또는 2등급으로 진단 확정되고, 진단 확정된 날을 최초로 하여 (   )년 동안 매년 진단 확정일에 살아 있을 때 장기요양(1~2등급)진단간병자금을 지급한다.

	(가)	(나)	(다)
①	2	10	15
②	3	15	10
③	2	15	10
④	3	10	15

정답찾기

01 ① 과학기술정보통신부장관이 보험료의 100%를 납입한다.
② 무배당 임신질환진단특약 2309는 임신 22주 이내 임신부가 가입 가능하다.
③ 무배당 임신질환진단특약 2309의 실제 보험기간은 분만시까지(10개월 한도)이며, 10개월보다 짧을 수 있다.

02 ③ 무배당 우체국New100세건강보험 2203에 대한 설명이다.

03 ② 고액할인 3%, 중증치매진단간병자금 15년, 장기요양진단간병자금 10년

04 우체국보험상품에 대한 설명으로 옳지 않은 것은? ^{24. 계리직}

① 무배당 우체국더든든한자녀지킴이보험 2203 2종(든든형)은 최대 100세까지 보장이 가능하다.

② 무배당 우체국간편가입건강보험(갱신형) 2109는 건강관련 3가지의 간편고지로 가입이 가능하다.

③ 무배당 win-win단체플랜보험 2109는 피보험자가 3인 이상 단체로 가입할 경우, 보험료 할인 혜택이 있다.

④ 무배당 우체국든든한종신보험 2109는 3대 질병 진단보험금 지급사유가 발생한 경우, 주계약 사망보험금 일부를 선지급한다.

05 우체국보험상품에 대한 설명으로 옳은 것은? ^{23. 계리직}

① 무배당 청소년꿈보험 2109는 체신관서가 공익재원으로 보험료를 50% 지원하는 상품이다.

② 무배당 우체국예금제휴보험 2109는 체신관서가 공익재원으로 보험료를 80% 지원하는 상품이다.

③ 무배당 우체국나르미안전보험 2109는 체신관서가 공익재원으로 보험료를 50% 지원하는 상품이다.

④ 무배당 만원의행복보험 2109는 성별·나이에 상관없이 체신관서가 공익재원으로 보험료 1만 원(1년 만기 기준)을 지원하는 상품이다.

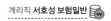

06 우체국보험상품에 대한 설명으로 옳지 않은 것은? ^{23. 계리직}

① 무배당 우체국더간편건강보험(갱신형) 2109는 1가지 건강관련 간편고지로 가입이 가능한 상품이다.

② 무배당 우체국와이드건강보험 2112에 보험가입금액 2,500만 원을 가입하는 경우, 주계약 보험료에 대해서 고액계약 보험료 할인을 받을 수 있다.

③ 무배당 우체국치매간병보험 2109의 해약환급금 50% 지급형에 가입한 경우, 보험기간 중 계약이 해지될 경우에는 표준형 해약 환급금의 50%를 해약환급금으로 지급받는다.

④ 무배당 우체국실속정기보험 2109 2종(간편가입)에 가입 후 계약일부터 3개월 이내에 1종(일반가입)으로 가입을 희망하는 경우, 일반계약 심사를 통하여 1종(일반가입)에 청약할 수 있다.

03

정답찾기

04 ③ 무배당 win-win단체플랜보험 2109는 피보험자가 5인 이상 단체로 가입할 경우, 보험료 할인 혜택이 있다.

05 ① 무배당 청소년꿈보험 2109는 공익보험으로 특정 피보험자 범위에 해당하는 청소년에게 무료로 보험가입 혜택을 주어 학자금을 지급하는 교육보험이다.
② 무배당 우체국예금제휴보험 2109는 우체국예금 가입시 무료로 가입할 수 있는 보험상품이다. 1종 휴일재해보장형은 '우체국 장병내일준비적금'에 가입할 경우 무료로 가입할 수 있고, 2종 주니어보장형은 '우체국 아이LOVE적금'에 가입할 경우 무료로 가입할 수 있다. 그리고 3종 청년우대형은 우체국예금 신규가입 고객 중 가입기준을 충족할 경우 무료로 가입 가능하다.

④ 무배당 만원의행복보험 2109는 차상위계층 이하 저소득층을 위한 공익형 상해보험으로 성별·나이에 상관없이 보험료 1만 원(1년 만기 기준)만 납부하도록 하고 1회 납입 1만 원(1년 만기 기준) 초과 보험료는 체신관서가 공익자금으로 지원한다. 게다가 만기보험금(1년 만기 1만 원, 3년 만기 3만 원) 지급을 통해 납입보험료를 100% 환급한다.

06 ③ "해약환급금 50% 지급형"의 계약이 보험료 납입기간 중 해지될 경우의 해약환급금은 "표준형" 해약환급금의 50%에 해당하는 금액으로 한다. 다만, 보험료 납입기간이 완료된 이후 계약이 해지되는 경우에는 "표준형"의 해약환급금과 동일한 금액을 지급한다.

TOPIC
20 우체국보험 상품(저축성보험, 연금보험)과
관련세제

1 저축성보험

무배당 청소년꿈보험 2109	공익보험으로 특정 피보험자 범위에 해당하는 청소년에게 무료로 보험가입 혜택을 주어 학자금을 지급하는 교육보험
무배당 그린보너스 저축보험 플러스 2203	① 실세금리 적용 : 적립부분 순보험료를 신공시이율Ⅳ로 부리・적립하며, 시중금리가 떨어지더라도 최저 1.0% 금리 보증 ② 만기 유지 시 계약일부터 최초 1년간 보너스금리 추가 제공 <table><tr><td>**3년 만기**</td><td>**5년 만기**</td><td>**10년 만기**</td></tr><tr><td>1.0%</td><td>1.5%</td><td>3.0%</td></tr></table> ③ 절세형 상품 : 관련 세법에서 정하는 요건에 부합하는 경우 일반형은 이자소득이 비과세되고 금융소득종합 과세에서도 제외되며, 비과세종합저축은 조세특례제한법 제88조의2에서 정한 노인 및 장애인 등의 계약자에게 만기뿐만 아니라 중도 해약 시에도 이자소득 비과세 ④ 예치형, 적립형 및 보험기간(3년, 5년, 10년)에 따라 단기목돈 마련, 교육자금, 노후설계자금 등 다양한 목적의 재테크 수단으로 활용
무배당 파워적립보험 2109	① 실세금리 적용 : 적립부분 순보험료를 신공시이율Ⅳ로 부리・적립하며, 시중금리가 떨어지더라도 최저 1.0% 금리 보증 ② 중도에 긴급자금 필요시 이자부담 없이 중도인출로 자금활용, 자유롭게 추가납입 가능 ③ 기본보험료 30만원 초과금액에 대해 수수료를 인하함으로써 수익률 증대 ④ 단기납(3년, 5년)으로 납입기간 부담 완화 ⑤ 1종(만기목돈형), 2종(이자지급형) 및 보험기간(3년, 5년, 10년)에 따라 단기목돈마련, 교육자금, 노후설계자금 등 다양한 목적의 재테크 수단으로 활용 ⑥ 절세형상품 : 관련 세법에서 정하는 요건에 부합하는 경우 이자소득 비과세 혜택
무배당 우체국 온라인저축 보험 2109	① 가입 1개월 유지 후 언제든지 해약해도 납입보험료의 100% 이상을 보장하는 신개념 저축보험 ② 경과이자에 비례하여 사업비를 공제하므로, 신공시이율Ⅳ가 변동되면 사업비 공제금액(상한금액 설정)도 함께 변동 ③ "신공시이율Ⅳ"(최저보증이율 1.0%)로 부리 적립 등 실세금리 반영 ④ 중도에 긴급자금 필요시 이자부담 없이 중도인출로 자금활용, 자유롭게 추가납입으로 고객편의 제공 ⑤ 관련 세법이 정한 바에 따라 보험차익 비과세 요건 충족시 이자소득세가 전액 면제되고 금융소득종합과세 대상에서도 제외

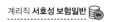

무배당 알찬전환특약 2109	① 만기보험금 재예치로 알찬 수익 보장
	② 적립부분 순보험료를 신공시이율Ⅳ로 부리하므로 수익률이 높을 뿐만 아니라 시중금리 하락과 관계없이 최저 1.0% 금리보증
	③ 보험기간을 2, 3, 4, 5, 7, 10년으로 다양화하여 학자금, 결혼비용, 주택마련자금, 사업자금 등 경제적 필요에 맞춰 자유롭게 선택 가능하며 다양한 목적의 재테크 수단으로 활용

❷ 연금보험

무배당 우체국 연금보험 2109	① 실세금리 등을 반영한 신공시이율Ⅳ로 적립되며, 시중금리가 하락하더라도 최저 1.0%(다만, 가입후 10년 초과시 0.5%)의 금리 보장
	② 다양한 목적의 재테크 기회로 활용 • 종신연금형 : 평생 연금수령을 통한 생활비 확보 가능, 조기 사망시 20년 또는 100세까지 안정적인 연금 수령 • 상속연금형 / 확정기간연금형 : 연금개시 후에도 해지 가능하므로 다양한 목적자금으로 활용 가능 • 더블연금형 : 연금개시 후부터 80세 계약해당일 전일까지 암, 뇌출혈, 급성심근경색증, 장기요양상태(2등급 이내) 중 최초 진단시 연금액 두배로 증가
	③ 관련 세법에서 정하는 요건에 부합하는 경우 이자소득 비과세 및 금융소득종합과세 제외
	④ 45세 이후부터 연금 지급 : 45세 이후부터 연금을 받을 수 있어 노후를 위한 준비
우체국 연금저축보험 2109	① 실세금리 등을 반영한 신공시이율Ⅳ로 적립되며, 시중금리가 하락하더라도 최저 1.0%(다만, 가입후 10년 초과시 0.5%)의 금리 보장
	② 니즈에 맞는 연금지급형태 선택으로 종신(종신연금형) 또는 확정기간(확정기간연금형)동안 안정적인 연금 지급
	③ 관련 세법이 정한 바에 따라 납입한 보험료에 대하여 세액공제[연간 600만원 한도로 납입금액의 12% 세액공제(종합소득금액이 4천 500만원(근로소득만 있는 경우에는 총급여액 5천 500만원) 이하인 경우 납입금액의 15% 세액공제)] 혜택을 제공
	④ 추가납입제도로 자유롭게 추가납입 가능
	⑤ 유배당 상품 : 배당상품으로 향후 운용이익금 발생시 배당혜택 제공
무배당 우체국 연금저축보험 (이전형) 2109	① 실세금리 등을 반영한 신공시이율Ⅳ로 적립되며, 시중금리가 하락하더라도 최저 1.0%(다만, 가입후 10년 초과시 0.5%)의 금리 보장
	② 고객 니즈에 맞는 연금지급형태 선택으로 종신(종신연금형) 또는 확정기간(확정기간연금형)동안 안정적인 연금지급
	③ 관련 세법이 정한 바에 따라 납입한 보험료에 대하여 세액공제[연간 600만원 한도로 납입금액의 12% 세액공제(종합소득금액이 4천 500만원(근로소득만 있는 경우에는 총급여액 5천 500만원) 이하인 경우 납입금액의 15% 세액공제)] 혜택을 제공
	④ 추가납입제도로 자유롭게 추가납입 가능

무배당 우체국 온라인 연금저축보험 2109	① 실세금리를 반영한 높은 금리로 부리 적립(가입후 10년 이내 1.0%, 10년 초과 0.5% 최저보증) ② 만55세부터 80세까지 연금개시 나이 선택가능 ③ 다양한 연금형태 제공 : '종신연금형'과 '확정기간연금형' 중 여건에 맞는 연금형태 선택 가능 ④ 관련 세법이 정한 바에 따라 납입한 보험료에 대하여 세액공제[연간 600만원 한도로 납입금액의 12% 세액공제(종합소득금액이 4천 500만원(근로소득만 있는 경우에는 총급여액 5천 500만원) 이하인 경우 납입금액의 15% 세액공제)] 혜택을 제공 ⑤ 추가납입제도로 자유롭게 추가납입 가능
무배당 우체국 개인연금보험 (이전형) 2109	① 이 보험으로의 가입은 종전의 조세특례제한법에서 정한 바에 따라 다른 금융기관의 개인연금저축을 이전받는 경우에 한함 ② 계약이전 받기 전 계약과 계약이전 받은 후 계약의 총 보험료 납입기간은 10년 이상이어야 함 ③ 계약이전 받기 전 이미 연금을 지급받고 있었던 계약을 이전한 경우 가입즉시부터 연금지급 개시함
어깨동무 연금보험 2109	① 장애인전용연금보험 : 일반연금보다 더 많은 연금을 받도록 설계, 장애인의 안정적인 노후생활 보장 ② 실세금리 등을 반영한 신공시이율Ⅳ로 적립되며, 시중금리가 하락하더라도 최저 1.0%(다만, 가입후 10년 초과시 0.5%)의 금리 보장 ③ 보증지급기간 다양화 : 고객니즈에 맞는 보증지급기간(20년 보증지급, 30년 보증지급, 100세 보증지급)선택 가능 ④ 연금개시연령 확대 : 장애인 부모의 부양능력 약화 위험 및 장애아동을 고려, 20세부터 연금수급 가능 ⑤ 유배당 상품 : 배당상품으로 향후 운용이익금 발생시 배당혜택 제공
우체국 연금보험 2312	① 유배당 상품 : 배당상품으로 향후 운용이익금 발생시 배당혜택 제공 ② 실세금리 등을 반영한 신공시이율Ⅳ로 적립되며, 시중금리가 하락하더라도 최저 1.0%(다만, 가입후 10년 초과시 0.5%)의 금리 보장 ③ 다양한 목적의 재테크 기회로 활용 　• 종신연금형(정액형, 조기집중연금형) : 초기연금액 증액으로 소득절벽기 보완(조기집중연금형), 평생동안 연금수령 통한 생활비 확보 가능, 조기사망시에도 보증지급기간 동안 안정적인 연금 수령 　• 확정기간연금형 : 연금개시 후에도 해지 가능하므로 다양한 목적자금으로 활용 가능 ④ 중도인출제도 및 추가납입제도 : 중도에 긴급자금 필요시 이자부담 없이 중도인출로 자금활용, 자유롭게 추가납입으로 고객편의 제공 ⑤ 관련 세법에서 정하는 요건에 부합하는 경우 이자소득 비과세 및 금융소득종합과세 제외

③ 보장성보험 관련 세제

보장성보험료 세액공제	국민경제생활안정을 목적으로 보장성보험 가입을 유도하기 위하여 보장성보험 가입자가 납입하는 보험료에 대해 소득세법에 따라 종합소득산출세액에서 일정금액을 공제해 주는 제도
세액공제 대상 상품 ('25.1.1.)	① 판매중인 상품으로 보험료 전액이 세액공제됨 ② 해당상품 (무)에버리치상해·(무)우체국안전벨트·(무)우체국건강클리닉·(무)만원의행복·(무)우체국급여실손의료비·(무)우체국노후실손의료비·(무)우체국간편실손의료비·(무)우체국치아·(무)어깨동무·(무)우체국하나로OK건강종신·(무)우체국간병비·(무)우체국암케어·(무)우체국간편건강(325)·(무)우체국간편건강(355)·(무)우체국더간편건강·(무)우체국온라인암·(무)우체국든든한종신·(무)우체국실속정기·(무)우체국당뇨안심·(무)우체국온라인어린이·(무)우체국온라인3대질병·(무)우체국온라인정기·(무)우체국더든든한자녀지킴이·(무)우체국New100세건강·(무)내가만든희망·(무)win-win단체플랜·(무)우체국치매간병·(무)우체국통합건강·(무)우체국나르미안전·(무)우체국와이드건강·(무)우체국온라인 입원수술·(무)우체국온라인종합건강·(무)우체국온라인치매간병 및 각 보장성 특약
세액공제 가능 대상자 및 공제한도액	① 표 {표}

① 표

구분	내용
대상자	근로소득자(사업소득자, 일용근로자 등은 제외)
세액공제 한도액	연간 납입보험료(100만원 한도)의 12%(장애인전용보험은 15%)
계약요건	• 보장성보험(생존보험금 ≤ 총납입보험료)에 한함 • 실질적인 계약자 = 세액공제를 받고자 하는 근로자 본인 • 피보험자 = 기본공제 대상자

② 실질적인 계약자 = 실제로 보험료를 납입하는 자

④ 장애인전용보험 관련 세제

의미	근로소득자가 기본공제대상자 중 장애인을 피보험자 또는 보험수익자로 하는 보험을 가입한 경우, 근로소득자가 실제로 납입한 보험료(연간 100만원 한도)의 15%에 해당하는 금액을 해당 과세기간의 종합소득산출세액에서 공제받을 수 있는 제도

장애인 전용보험 상품 및 세부요건	구분	내용
	대상상품	(무)어깨동무보험(1종, 2종, 3종) 및 장애인전용보험전환특약을 부가한 보장성보험
	세액공제 한도액	연간 납입보험료(100만원 한도)의 15%

장애인 전용보험 상품 및 세부요건	계약요건	• 피보험자 또는 보험수익자 : 기본공제대상자로서 장애인*일 것 * 장애인의 범위 : 「장애인 복지법」 제2조에 의한 장애인 및 「국가유공자 등 예우 및 지원에 관한 법률」 제6조에 의하여 등록한 상이자 • 계약자 : 근로소득자 본인 또는 소득이 없는 가족

❺ 연금저축보험 관련 세제

<table>
<tr><td rowspan="10">연금저축보험 세액공제</td><td colspan="2">
① 연금저축보험에 납입하는 보험료에 대해 종합소득산출세액에서 일정금액을 공제해주어 소득세 절세 효과를 주는 대신에 연금을 수령할 때 과세를 하는 제도
② 일반적으로 연금소득세는 저율로 과세되기 때문에 소득이 적은 노후에 연금 수령시 소득세율을 낮추는 절세 효과가 있음
③ 연금저축 세액공제는 보장성보험료 세액공제가 근로소득자만을 대상으로 하는 것과는 달리, 근로소득 외의 종합소득이 있는 경우에도 가능함
④ 연금저축보험 상품 및 한도액
</td></tr>
</table>

구분	내용
대상상품	우체국연금저축보험 2109, (무)우체국연금저축보험(이전형) 2109, (무)우체국온라인연금저축보험 2109
대상자	종합소득이 있는 거주자로 연금저축 가입자
세액공제 한도액	연금저축 연간 납입보험료 600만원 한도의 12% 세액공제[종합소득금액 4천 500만원 이하(근로소득만 있는 경우 총급여액 5천 500만원 이하)인 거주자는 15%]

⑤ 연금계좌 세액공제 납입 한도 및 공제율

종합소득금액 (총급여액)	세액공제 대상 납입한도 (퇴직연금 합산시)	공제율
4천 500만원 이하 (5천 500만원 이하)	600만원 (900만원)	15%
4천 500만원 초과 (5천 500만원 초과)		12%

⑥ 연금저축 세액공제 요건

구분	내용
1	취급 금융기관(우체국예금·보험에 관한 법률에 의한 체신관서)
2	연 1,800만원 이내에서 납입할 것(체신관서는 월 75만원 한도)
3	연금수령 개시 이후에는 보험료를 납입하지 않을 것

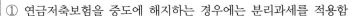

① 연금저축보험을 중도에 해지하는 경우에는 분리과세를 적용함

② 이는 일반 연금 외 수령으로 기타소득세(지방소득세 포함 16.5%)가 부과되나, 만약 부득이한 사유로 인한 연금외 수령이 인정되는 경우에는 연금소득세(지방소득세 포함 3.3 ~ 5.5%)를 부과함

③ 부득이한 사유의 범위

> ① 천재·지변 ② 사망 ③ 가입자 또는 부양가족의 3개월 이상 요양이 필요한 질병 및 부상 ④ 연금취급자 영업정지, 인·허가 취소, 해산 결의, 파산선고 ⑤ 해외이주 ⑥ 가입자의 파산 또는 개인회생절차 개시 ⑦ 재난으로 15일 이상의 입원치료가 필요한 피해를 입은 경우

④ 연금저축보험의 연금수령 요건을 부합하는 경우에는 그 지급금액은 연금소득으로 인정하여 연금소득세를 부과함(단, 연간 연금액이 연금수령한도를 초과하는 경우, 그 초과금액은 연금외소득으로 간주하여 기타소득세(지방소득세 포함 16.5%)를 부과함)

⑤ 연금수령 요건

구분	내용
1	가입자가 만 55세 이후 연금수령 개시를 신청한 후 인출할 것
2	연금계좌 가입일부터 5년이 경과된 후에 인출할 것
3	과세기간 개시일 [주1] 현재 연금수령한도 [주2] 이내에서 인출할 것 주1) 연금수령 개시를 신청한 날이 속하는 과세기간에는 연금수령 개시를 신청한 날로 함 주2) 연금수령한도 $= \dfrac{\text{연금 계좌의 평가액}}{(11 - \text{연금수령연차})} \times \dfrac{120}{100}$ ※ **연금수령연차** : 최초로 연금수령할 수 있는 날이 속하는 과세기간을 기산 연차로 하여 그 다음 과세기간을 누적 합산한 연차를 말하며, 연금수령연차가 11년 이상이면 위 계산식 미적용

⑥ 다만, 연간 연금액이 1,500만원 이하인 경우에는 분리과세 할 수 있고, 1,500만원을 초과하면 종합과세를 또는 15% 분리과세를 선택할 수 있음

⑦ 이 때, 연금소득에 대한 세율은 「소득세법」 제129조 1항 5의2(원천징수세율)에 따라 아래 연금소득 원천징수 세율과 같음

⑧ 연금소득 원천징수 세율

구분	세율	
가. 연금소득자의 나이에 따른 세율	**나이(연금수령일 현재)**	**세율(지방소득세 포함)**
	만 70세 미만	5.5%
	만 70세 이상 만 80세 미만	4.4%
	만 80세 이상	3.3%
나. 종신연금형	4.4%(지방소득세 포함)	

주1) 가, 나를 동시 충족하는 경우에는 낮은 세율 적용

(왼쪽 세로 구분: 연금저축보험 중도해지 또는 연금수령시 세제)

03

연금소득 확정 · 신고시 연금소득공제	① 연금소득의 종합소득 확정 신고시에는 「소득세법」 제47조의2(연금소득공제)에 의거 연금소득공제(필요경비)를 적용 받을 수 있음 ② 이 때, 연금소득이 있는 거주자에 대해서는 해당 과세기간에 받은 총연금액에서 아래 표에 규정된 연금소득 공제금액을 공제함 ③ 다만, 공제액이 900만원을 초과하는 경우에는 900만원을 공제함 ④ 연금소득 공제금액

총 연금액	공제금액(900만원 한도)
350만원 이하	총연금액
350만원 초과 700만원 이하	350만원 + (350만원 초과금액) × 40%
700만원 초과 1,400만원 이하	490만원 + (700만원 초과금액) × 20%
1,400만원 초과	630만원 + (1,400만원 초과금액) × 10%

❻ 개인연금저축 관련세제

개요	① 2000년 12월 31일 이전에 가입된 세제적격 개인연금저축보험은 관련 세법에 의해 연 간 납입보험료의 40%(72만원 한도)를 소득공제하며, 연금개시 이후 연금으로 수령받 는 연금소득에 대해 비과세가 적용됨 ② 또한, 중도해지 시에는 보험차익에 대한 소득세(지방소득세 포함 15.4%)와 해지추징 세(5년 이내 해지시, 지방소득세 포함 4.4%)가 부과됨 ③ 다만, 천재 · 지변, 사망, 퇴직 등 불가피한 사유로 인한 해지시에는 보험차익에 대해 소득세를 부과하지 아니한다. ④ 개인연금저축 중도해지 시 보험차익과세 면제사유*

> ① 천재 · 지변 ② 사망 ③ 퇴직 ④ 해외 이주 ⑤ 직장폐업 ⑥ 3개월 이상 장기간 입원치료, 요양을 요하는 상해 및 질병 발생 ⑦ 취급기관 영업정지, 인 · 허가 취소, 해산결의 또는 파산선고

개인연금저축 소득공제 요건	구분	내용
	대상 상품	개인연금보험, 백년연금보험
	소득공제 한도액	연간 납입액의 40%(72만원 한도)

❼ 저축성보험 과세

구분		내용
저축성 보험의 보험차익 비과세	① 보험차익 : 보험계약에 따라 만기에 받는 보험금·공제금 또는 계약기간 중도에 해당 보험계약이 해지됨에 따라 받는 환급금에서 납입보험료를 **뺀** 금액을 의미함 ② 보험차익은 소득세법상 이자소득으로 분류되어 이자소득세(지방소득세 포함 15.4%)가 과세되지만, 저축성보험의 보험차익 비과세 요건을 충족할 경우 이자소득세가 비과세 됨 ③ 저축성보험의 보험차익 비과세 요건(소득세법 시행령 제25조)	

구분	내용
저축성보험 (아래 월적립식 또는 종신형 연금으로 분류되지 않는 저축성보험)	최초의 보험료를 납입한 날부터 만기일 또는 중도해지일까지의 기간이 10년 이상으로서, 계약자 1명당 납입할 보험료 합계액이 아래 각 호의 구분에 따른 금액 이하인 저축성 보험 1. 2017년 3월 31일까지 체결하는 보험계약의 경우 : 2억원 2. 2017년 4월 1일부터 체결하는 보험계약의 경우 : 1억원 * 다만, 최초납입일부터 만기일 또는 중도해지일까지의 기간은 10년 이상이지만 최초납입일부터 10년이 경과하기 전에 납입한 보험료를 확정된 기간 동안 연금형태로 분할하여 지급받는 경우를 제외함
월적립식 저축성보험	최초로 보험료를 납입한 날부터 만기일 또는 중도해지일까지의 기간이 10년 이상으로서, 아래 요건을 모두 충족하는 계약 1. 최초납입일로부터 납입기간이 5년 이상인 월적립식 계약일 것 2. 최초납입일부터 매월 납입하는 기본보험료가 균등(최초 계약한 기본보험료의 1배 이내로 기본보험료를 증액하는 경우를 포함)하고, 기본보험료의 선납기간이 6개월 이내일 것) 3. 계약자 1명당 매월 납입하는 보험료 합계액[계약자가 가입한 모든 월적립식 보험계약(만기에 환급되는 금액이 납입보험료를 초과하지 아니하는 보험계약으로서 기획재정부령으로 정하는 것은 제외)의 기본보험료, 추가로 납입하는 보험료 등 월별로 납입하는 보험료를 기획재정부령으로 정하는 방식에 따라 계산한 합계액을 말함]이 150만원 이하일 것(2017년 4월 1일부터 체결하는 보험계약으로 한정)
종신형 연금보험	아래 요건을 모두 충족하는 계약 1. 계약자가 보험료 납입 계약기간 만료 후 만 55세 이후부터 사망 시까지 보험금·수익 등을 연금으로 지급받는 계약일 것 2. 연금 외의 형태로 보험금·수익 등을 지급하지 아니할 것 3. 사망시「통계법」제18조에 따라 통계청장이 승인하여 고시하는 통계표에 따른 성별·연령별 기대여명 연수(소수점 이하는 버리며, 이하 이 조에서 "기대여명연수"라 한다) 이내에서 보험금·수익 등을 연금으로 지급하기로 보증한 기간(이하 이 조에서 "보증기간"이라 한다)이 설정된 경우로서 계약자가 해당 보증기간 이내에 사망한 경우에는 해당 보증기간의 종료시를 말한다] 보험계약 및 연금재원이 소멸할 것

03

저축성 보험의 보험차익 비과세	종신형 연금보험	4. 계약자와 피보험자 및 수익자가 동일하고 최초 연금지급개시 이후 사망일 전에 중도해지 할 수 없을 것 5. 매년 수령하는 연금액[연금수령 개시 후에 금리변동에 따라 변동된 금액과 이연(移延)하여 수령하는 연금액은 포함하지 아니한다]이 다음의 계산식에 따라 계산한 금액을 초과하지 아니할 것 $$\frac{\text{연금수령 개시일 현재 연금계좌 평가액}}{\text{연금수령 개시일 현재 기대여명 연수}} \times 3$$
비과세종합 저축(보험)에 대한 조세특례		① 노인 및 장애인 등을 대상으로 하는 비과세저축상품에 대해 「조세특례제한법」 제88조의2(비과세종합저축에 대한 과세특례)에 의거 비과세종합저축 가입 대상자는 1인당 저축원금 5,000만원(세금우대종합저축을 해지 또는 해약하지 아니한 경우에는 5,000만원에서 세금우대종합저축의 계약금액 총액을 뺀 금액) 이내에서 비과세가 적용(직전 3개 과세기간 중 소득세법 제14조 제3항 제6호에 따른소득의 합계액이 1회 이상 연 2천만원을 초과한 자 제외)됨 ② 비과세종합저축 | 구분	내용 | |---|---| | 1 | 만 65세 이상인 거주자 | | 2 | 「장애인복지법」 제32조에 따라 등록한 장애인 | | 3 | 「독립유공자 예우에 관한 법률」 제6조에 따라 등록한 독립유공자와 그 유족 또는 가족 | | 4 | 「국가유공자 등 예우 및 지원에 관한 법률」 제6조에 따라 등록한 상이자(傷痍者) | | 5 | 「국민기초생활보장법」 제2조 제2호에 따른 수급자(단, 생계급여 및 의료급여 수급자에 한함) | | 6 | 「고엽제후유의증 등 환자지원 및 단체설립에 관한 법률」 제2조 제3호에 따른 고엽제후유의증환자 | | 7 | 「5·18민주유공자 예우 및 단체설립에 관한 법률」 제4조 제2호에 따른 5·18민주화운동부상자 | ③ 단, 2025년 12월 31일까지 가입하는 경우에 한하며 해당 저축에서 발생하는 이자소득 또는 배당소득에 대해서는 소득세를 부과하지 아니하며, 만기뿐 아니라 중도 해지 시에도 비과세가 적용됨 ④ 또한, 우체국보험 중 비과세종합저축에 해당하는 상품으로는 (무)그린보너스저축보험플러스(비과세종합저축)이 있음

❽ 상속세

개요	① 상속세 : 사망으로 그 재산이 가족이나 친족 등에게 무상으로 이전되는 경우에 당해 상속재산에 대하여 부과하는 세금 ② 상속세 납세의무가 있는 상속인 등은 신고서를 작성하여 신고기한까지 상속세를 신고·납부하여야 함 ③ 민법에서는 상속이 개시되면 유언 등에 의한 지정상속분을 제외하고 사망자(피상속인)의 유산에 대해 그의 직계비속·직계존속·형제자매·4촌 이내의 방계혈족 및 배우자에게 상속권을 부여하고 있음 ④ 상속의 순위 및 상속분

순위	상속인	법정 상속분	비고
1순위	직계비속과 배우자	배우자 : 1.5, 직계비속 : 1	
2순위	직계존속과 배우자	배우자 : 1.5, 직계존속 : 1	제1순위가 없는 경우
3순위	형제자매	균등분할	제1, 2순위가 없는 경우
4순위	4촌 이내의 방계혈족	균등분할	제1, 2, 3순위가 없는 경우

⑤ 단, 배우자는 직계비속과 같은 순위로 공동상속인이 되며, 직계비속이 없는 경우에는 제2순위인 직계존속과 공동상속인이 되며, 직계비속과 직계존속이 없는 경우에는 단독 상속인이 됨

금융재산 상속공제	① 금융재산상속공제 : 사망으로 인하여 상속이 개시되는 경우로서 상속재산가액 중 순금융재산가액(금융재산의 가액 – 금융채무)이 포함되어 있는 경우 이를 상속세 과세가액에서 공제하여 주는 제도 ② 금융재산에는 예금, 적금, 부금, 계금, 출자금, 금융신탁재산, 보험금, 공제금, 주식, 채권, 수익증권, 출자지분, 어음 등의 금액 및 유가증권 등을 모두 포함 ③ 금융재산 상속공제액

순금융재산금액	공제금액	비고
2천만원 초과	순금융재산가액의 20% 또는 2천만원 중 큰 금액	한도 2억원
2천만원 이하	순금융재산가액	

❾ 증여세

개요	① 증여 : 당사자 일방(증여자)이 자신의 재산을 무상으로 상대방에게 양도하는 의사를 표시하고 상대방(수증자)이 이를 승낙함으로써 효력이 발생하는 계약 ② 증여는 계약이라는 법률행위이므로 당사자 간의 청약과 승낙이라는 의사표시를 하고 합의가 있어야 함 ③ 증여재산에 대하여는 상속세에 준하는 세금이 부과됨 ④ 증여재산 공제금액

증여자	공제한도액(10년간)
배우자	6억원
직계존속	5,000만원 (미성년자는 2,000만원)
직계비속	5,000만원
직계 존·비속 이외 6촌 이내의 혈족, 4촌 이내의 인척	1,000만원

보험금의 증여의제	① 「상속세 및 증여세법」 제34조(보험금의 증여)에 의거 계약자와 보험수익자가 서로 다른 경우에는 계약자가 납부한 보험료 납부액에 대한 보험금 상당액을 증여재산으로 간주하여 증여세를 부과함 ② 또한, 계약자와 보험수익자가 동일하여도 보험계약기간 동안에 타인으로부터 증여받은 금액으로 보험료를 불입한 경우에는 보험금 상당액에서 보험료 불입액을 뺀 가액을 증여한 것으로 보아 증여세를 부과함
장애인이 수령하는 보험금에 대한 증여세 비과세	「상속세 및 증여세법」 제46조(비과세되는 증여재산)에 의한 장애인을 보험금수취인으로 하는 보험 가입시, 장애인이 수령하는 보험금에 대해서는 연간 4,000만원을 한도로 증여세가 비과세됨

상속 및 증여세율	과세표준	세율
	1억원 이하	과세표준의 10%
	1억원 초과 5억원 이하	1천만원 + (1억원을 초과하는 금액의 20%)
	5억원 초과 10억원 이하	9천만원 + (5억원을 초과하는 금액의 30%)
	10억원 초과 30억원 이하	2억 4천만원 + (10억원을 초과하는 금액의 40%)
	30억원 초과	10억 4천만원 + (30억원을 초과하는 금액의 50%)

TOPIC 20 확인문제 우체국보험 상품(저축성보험, 연금보험)과 관련세제

01 〈보기〉에서 우체국보험상품에 대한 설명으로 옳은 것의 총 개수는? 24. 계리직

─────〈 보기 〉─────

ㄱ. 무배당 어깨동무보험 2109는 장애인전용보장성보험료의 세액 공제 혜택이 있다.

ㄴ. 무배당 그린보너스저축보험플러스 2203은 장애인전용보험 전환특약 2007을 부가할 수 있다.

ㄷ. 무배당 우체국급여실손의료비보험(갱신형) 2109는 주계약의 경우, 질병형만 가입이 가능하다.

ㄹ. 무배당 우체국와이드건강보험 2112는 주계약 보험가입금액이 2천만 원 이상인 경우, 주계약 보험료를 할인하여 준다.

① 1개   ② 2개

③ 3개   ④ 4개

03

02 우체국 저축성보험상품에 대한 설명으로 옳은 것은? 24. 계리직

① 무배당 파워적립보험 2109는 주계약 상품유형에 일반형과 비과세 종합저축이 있다.

② 무배당 알찬전환특약 2109는 납입기간이 일시납으로 보험기간은 3년부터이다.

③ 무배당 그린보너스저축보험플러스 2203은 만기 유지 시 전체 보험기간 동안 보너스금리를 제공한다.

④ 무배당 우체국온라인저축보험 2109는 가입 1개월 유지 후 언제든지 해약해도 해약환급금이 납입보험료의 100% 이상이다.

정답 찾기

01 ㄴ. 무배당 그린보너스저축보험플러스 2203은 저축성 보험이며, 보장특약 등이 없으므로 장애인전용보험전환 특약을 부가할 수 없다. 해당 상품은 지정대리청구서비스 특약만 부가가 가능하다.

ㄷ. 무배당 우체국급여실손의료비보험(갱신형) 2109는 주계약으로 종합형, 질병형, 상해형이 있으며, 종합형으로 가입하는 것이 원칙이다.

02 ① 파워적립보험은 비과세종합저축 대상이 아니다.

② 알찬전환특약의 보험기간은 2년부터이다.(2, 3, 4, 5, 7, 10년)

③ 그린보너스저축보험플러스는 만기유지시 최초 1년에 한해 보너스 금리가 적용된다.

03 우체국 연금보험상품에 대한 설명으로 옳은 것은? ²⁴·⁴ 계리직

① 어깨동무연금보험 2109는 30세부터 연금수령이 가능하다.

② 우체국연금저축보험 2109는 납입주기를 월납과 일시납중에서 선택할 수 있다.

③ 무배당 우체국온라인연금저축보험 2109는 계약일 이후 1년이 지난 후부터 '연금개시나이-1세'까지 추가납입이 가능하다.

④ 무배당 우체국연금저축보험(이전형) 2109는 납입주기가 월납인 경우, 보험료를 추가로 납입할 수 있는 제도가 있다.

04 우체국연금보험 2312에 대한 설명으로 옳지 않은 것은? ²⁴·⁴ 계리직

① 가입나이는 0세부터 '연금개시나이 − 5세'까지이다.

② 연금지급 형태에는 종신연금형, 확정기간연금형, 더블연금형이 있다.

③ 관련 세법에서 정하는 요건에 부합하는 경우, 이자소득 비과세 혜택을 받을 수 있다.

④ 월납 계약으로 기본보험료가 30만 원을 초과하는 경우, 초과금액에 대해서는 고액계약 적립금액을 받을 수 있다.

05 〈보기〉에서 월적립식 저축성보험의 보험차익 비과세 요건에 대한 설명으로 옳은 것은 모두 몇 개인가? 22. 계리직

> ───────────〈 보기 〉───────────
>
> ㄱ. 최초 납입일로부터 납입기간이 5년 이상인 월적립식 보험계약
> ㄴ. 최초로 보험료를 납입한 날부터 만기일 또는 중도해지일까지의 기간이 10년 이상
> ㄷ. 2017년 4월 1일 이후 가입한 보험계약에 한하여 보험계약자 1명당 매월 납입하는 보험료 합계액이 250만 원 이하
> ㄹ. 최초 납입일로부터 매월 납입하는 기본보험료가 균등(최초계약 기본보험료의 1배 이내로 기본보험료를 증액하는 경우 포함)하고 기본보험료의 선납기간이 6개월 이내

① 1개　　　　　　　　　　　② 2개
③ 3개　　　　　　　　　　　④ 4개

🔍**정답찾기**

03 ① 어깨동무 연금보험은 20세부터 연금수령이 가능하다.
② 우체국연금 저축보험은 월납만 가능하다.
③ 우체국온라인 연금저축보험의 추가납입보험료는 계약일 이후 1개월이 지난 후부터 (연금개시나이 − 1)세 계약해당일까지 납입이 가능하다.

04 ② 우체국연금보험 2312의 연금지급 형태는 종신연금형(정액형, 조기집중형)과 확정기간연금형이며, 더블연금형은 해당되지 않는다.

05 ㄷ. 계약자 1명당 매월 납입 보험료 합계액이 150만원 이하('17년 4월 1일부터 가입한 보험계약에 한해 적용)

서호성

주요 약력

· 現) 박문각 계리직 예금, 보험
    해커스 경영 아카데미 회계사 경제학, 세무사 재정학
    해커스 감정평가사 경제학
    해커스 공기업 경제학
    해커스 금융 테셋, 매경테스트
    메가공무원 7급 경제학
    인스TV 보험계리사 경제학, 투자자산운용사
· 前) 윌비스 고시학원 7급 경제학 등 다수
    직업TV방송 노량진 특강 강사

주요 저서

· 박문각 계리직 서호성 예금일반 기본서
· 박문각 계리직 서호성 보험일반 기본서
· 해커스 경제학 시리즈 <해커스 경영아카데미>
· 해커스 재정학 시리즈 <해커스 경영아카데미>
· 쉽게 끝내는 공기업 경제학 <해커스 공기업>
· 해커스 테셋, 매경테스트 <해커스 금융>
· 메가공무원 ABC 경제학 시리즈
· 인스TV 보험계리사 경제학 기출문제집, 투자자산운용사 등 다수

서호성 계리직 보험일반

초판 인쇄 2025. 4. 10. | **초판 발행** 2025. 4. 15. | **편저자** 서호성
발행인 박 용 | **발행처** (주)박문각출판 | **등록** 2015년 4월 29일 제2019-000137호
주소 06654 서울시 서초구 효령로 283 서경 B/D 4층 | **팩스** (02)584-2927
전화 교재 문의 (02)6466-7202

저자와의
협의하에
인지생략

정가 16,000원
ISBN 979-11-7262-757-7